Vier Jahreszeiten

Auf der Suche nach dem Guten Leben

Wolfgang Abel

Zur Feier des Tages

In dieser Sammlung von Streifzügen, Glossen und Fundsachen aus zwei Jahrzehnten geht es um Orte, Menschen und Momente, die nachglühen. Es geht dabei immer wieder um eine ganzheitliche Sicht von Gastronomie und Kulinarik, Reisen und Ankommen. Also um Lebenskunst.

Dabei reizt mich eine Strandbude ebenso wie die Grand Hotel Lobby. Vergessene Rituale, vitale Klassiker und fragwürdige Moden schaue ich mir genauer an. Manchen Text, der bereits als Zeitungskolumne, in Magazinen oder online veröffentlicht wurde, habe ich gekürzt oder aktualisiert; anderes blieb unverändert, weil es auch nach Jahren nichts zu ändern gab. Die Jahre des ersten Erscheinens und der Überarbeitung stehen am Ende jedes Textes. Eine Auswahl an Markantem und Besuchenswertem wurde *kursiv* gesetzt und im kommentierten Stichwortverzeichnis ab Seite 450 aufgeführt.

Dieses Buch ist meine persönliche Spätlese. Ein Vademecum für gesellige Einzelgänger, gedacht für gute und weniger gute Tage. Auch im Sinne von Jean Pauls zwei Jahrhunderte alter Regel: „Die Probe eines Genusses ist seine Erinnerung."

"Ich laß' mich treiben" – Santander, Playa de El Sardinero

Gambas im Regenmantel

Auf Fragen, wie meine Texte entstehen, antworte ich je nach Lust und Laune. Manchmal ist die Antwort: „Ich mach' meinen alten Kahn flott, segle raus und laß' mich dann treiben." Irgendwas ist am Ende des Tages immer im Netz.

Mitunter geht es mir auch wie einem Schmetterlingssammler, der seine Beute nicht in Glaskästen verwahrt, sondern mit Worten konserviert. In der Hoffnung, daß ein paar Sätze daraus werden, in denen ein Hauch Segelfalter vorkommt. Oder Bläuling, Zitronenfalter, Kleiner Fuchs.

Innenstadtmärkte in historischen Hallen besuche ich aus Prinzip. Im nordspanischen *Santander* war es so, daß ich zunächst durch die Fußgängerzone bis zum *Mercado de la Esperanza* mäanderte. Markt der Hoffnung klang verheißungsvoll, die Gußeisenhalle aus dem Jahr 1904 ist bis heute eine Offenbarung auf zwei Stockwerken. Es gibt dort alles, was Kantabrien zu bieten hat und als Extra ein Seminar zu den Themen Landeskunde, Sozial- und Konsumverhalten. Das Untergeschoß gehört dem Thema Fisch und Meeresfrüch-

Jakobsmuscheln in der Schale – Markthalle, Santander

te. Alles wirkt dort sachdienlich, jedenfalls nicht touristisch herausgeputzt. Eine Speisekarte auf 2.200 Quadratmetern.

Das Gasthaus zum Markt erschien mir ein paar Gassen weiter, wo die *Bar del Puerto* am Ende der belebten Einkaufsstraße Calle de la Peña liegt. Wo um 12 Uhr mittags Freibeuter den Tresen bevölkern, die Welt richten, Weißwein und Gambas knacken, da laß' dich ruhig nieder. Was an allen Küsten gilt, gilt auch an der notorisch regenreichen kantabrischen. An diesem Tag wurden zu allem Überfluß gegen 13 Uhr die Sonnenschirme aufgespannt.

Als lokaltypisch gelten in Santander Gambas Gabardina, eine Tapa-Variation die mit „Gambas im Regenmantel" nur andeutungsweise übersetzt ist. Ein hauchdünner Teig umhüllte in der Bar del Puerto tagesfrisch ausgelöste Gambas, die knisternd heiß sowie ohne jede ablenkende Zutat serviert wurden. Die von einem Tempuramantel umhüllten Aromen warten einzig auf das Anbeißen der Gäste, die mit einem Glas Weißwein nachspülen. Die kleine Portion bestand aus einem

Gambas im Regenmantel – Bar El Puerto, Santander

guten Dutzend Einzelanwendungen, der korrespondierende Blanco kam im beschlagenen Glas. Mehr Daseinsverdichtung geht fast nicht.

Zur Halbzeit der Veranstaltung in Santander dachte ich, es wäre so langsam an der Zeit, solche Gambas-Augenblicke mitsamt dem ganzen Beifang aus zwei Jahrzehnten in einen Schaukasten zu stecken. Das Buch müßte „Gambas im Regenmantel" heißen und davon handeln, wie man über Land rudert, Schmetterlinge mit der Hand fängt und sie wieder frei läßt. Kulinarische Momente unterm Sonnenschirm und im Regenmantel sollen vorkommen, Abgründe und das Versprechen der Weite.

Zum Glück gibt es Sonnenschirme und Weißweingläser auch nebenan. Zudem läßt sich das Prinzip „Nichts muß, alles kann" auch am Süßwasser oder im Talschluß kultivieren. Zu allen Jahreszeiten. Deshalb heißt dieses Buch „Vier Jahreszeiten" und es fängt mit dem Satz an, mit dem ein anderes meiner Bücher aufhört. „Kommen Sie einfach mit."

Frühjahr

Frühling am Badenweiler Römerberg, Emil Bizer, 1934.

Gemalte Luft

Der Frühling aus Emil Bizers Vier-Jahreszeiten-Zyklus zeigt ein längst verschwundenes Bauernland in Reinkultur. Als das Bild im Jahr 1934 entstand, war die Moderne am Fuß des Badenweiler Römerbergs noch nicht angekommen.

Drei Landfrauen bestellen das Feld, sie tragen Rock und Kopftuch und sie wirken würdig und gelassen, fast schon entrückt. Würde und Gelassenheit, damals bei der Arbeit auf der Scholle eine Haltung, heute ein Lifestyle Thema im Wochenendseminar.

Der integrierte Naturkindergarten auf Bizers Frühlingsbild liegt links unten am Rand eines frisch bestellten Feldstreifens, die grasende Kuh im Vordergrund ist rank und schlank, fast wie ein Model. Der Kinderwagen, der Holzkübel, die Ackerfurchen, der Weinberg – alles Handarbeit. Damals, als geerdet sein alltägliche Schinderei war, kein Modewort

Der Telegraphenmast am linken Bildrand zeigt freilich auch, daß die Markgräfler Weinbergidylle zu dieser Zeit nicht unversehrt war. Eine neue Zeit kam in den 30er Jahren mit

Macht übers Markgräflerland, die moralische Volksertüchtigung namens Nationalsozialismus ebenso. Bizer wollte keine politisch korrekten Bilder malen, womit seine überregionale Karriere beendet war. Das Markgräflerland blieb seine Welt.

Zehn Jahre nachdem Bizers Frühlingsbild entstand, wurden in Badenweiler erste Hotels als Notlazarette requiriert. Gleich neben dem Rebhäusle, oben zwischen Erde und Himmel, blüht ein Bäumchen so zart und rosa, wie es nur die wilden Weinbergpfirsiche können. Darüber nur lichtblaue Unschuld, ein paar Vögel, getupfte Wattewolken.

Zum gemischten Doppel Rebhäusle und Pfirsichblüte paßt ein Satz von Bizer, den man heute allen schwer bewaffneten Outdoor-Aktivisten auf ihre Feldzüge mitgeben könnte: „Landschaft muß man fühlen. Wer die Landschaft nur sieht, der bleibe daheim und störe sie nicht."

Ein Freiburger Kunstprofessor schwärmte einmal posthum über Bizers Charakterhimmel: „Er konnte die Luft malen." Aber wer kauft schon die gemalte Luft eines Außenseiters? Zu Lebzeiten des Künstlers wurde mancher Bizer mehr verscherbelt als verkauft. Nicht für Luft, aber für ein Vesper und paar Viertele. Mancher Badenweiler Hotelier wurde so zum nebenberuflichen Galeristen.

Rebhäusle und blühender Weinbergpfirsich sind auch mir eine Lieblingsstelle auf jeder Frühlingswanderung. Auch Reben, Obstbäume, Lesesteinhaufen, Holzlattenzäune und andere Miniaturen wie sie Bizer wieder und wieder gemalt hat. Bizers schweigenden Landmarken läßt sich noch heute nachgehen – und für alle gilt ein Hauptsatz derer, die sehen und fühlen: Nichts ist wie anderswo.

Vom Friedhof in Müllheim-Niederweiler führt die Route des *Markgräfler Wiiwegle* über die Himmelswiese rüber nach Britzingen und weiter über Muggardt nach Sulzburg. Es ist eine etwa 10 Kilometer lange Königsetappe des insgesamt 80 Kilometer langen Rebwanderweges, der von Weil nach

Markgräfler Weinweg bei bei Muggardt

Freiburg St. Georgen führt. Wer also von Niederweiler rüber nach Sulzburg geht, wird im Bizerschen Sinne belohnt – mit gemalter Luft und anderen Sensationen der leisen Art.

Die Frage zur passenden Einkehr ist nicht leicht zu beantworten. Wo wird der Kachelofen befeuert, nicht dekoriert? Wo stehen die Tische so fest auf dem Boden, wie Bizers Landfrauen auf dem Feld? Und wenn, ist es Inszenierung oder gelebte Haltung?

In der *Krone* in *Müllheim-Zunzingen* ist jedenfalls gelebte Haltung, etwas Nostalgie und viel Lokalkolorit. Wer es noch erleben will, sollte bald hingehen, nicht jede Krone findet ein neues Haupt. Außerdem gibt es dort Lebensmittel wie Schäufele und Schnitzel mit Kartoffelsalat, kühlen Gutedel und ein paar einfach-gute Vesper. Darunter die seltene Feldarbeiter-Delikatesse Specksalat und den besten Wurstsalat im zentralen Markgräflerland (vgl. S. 232). Emil Bizer hätte es dort auch gefallen.

2016

Mein Traumberuf

Auf Reisen sind mir schon einige frustrierte Autoren begegnet, aber noch nie ein unzufriedener Bootsbauer. In Südportugal habe ich einmal einen Schiffszimmermann aus Bremen kennengelernt. Auf der Suche nach seinem Traumschiff hatte er Europas Atlantikküste abgeklappert. Über ein Jahr war er auf der Walz, als Taglöhner auf Werften, in seiner Freizeit ging er Schiffe anschauen. Der Mann hatte große Pläne, wenig Geld und viel Zuversicht.

Als der Bremer sein Projekt fast schon aufgegeben hatte, entdeckte er südlich von Lissabon, zwischen den Sandbänken des Rio Sado, einen halb abgesoffenen Lastensegler. Ein Dreimaster, der ein halbes Jahrhundert lang Meersalz längs der rauhen Atlantikküste Westeuropas transportierte.

Als Portugals Güterverkehr auf die Fernstraßen verlagert war, verrottete der seetüchtige Kahn im Schlick. Der Bremer kaufte sein Traumschiff für ein Handgeld. Als Erstes machte er die Kajüte flott, die ihm in der gesamten Umbauphase als Wohnung diente. Zunächst arbeitete er noch nebenher in einer Werft, wo er Kontakte zu Handwerkern und Schiffsaus-

Alles Handarbeit – in der Ria von Aveiro, Nordportugal

rüstern vertiefen konnte. Gute und falsche Freunde, Berber und Speckjäger kamen und gingen. Eine Frau blieb, sie hatte etwas Geld. Die beiden entwickelten bald einigen Ehrgeiz, den alten Salzkahn in einen stattlichen Großsegler zu verwandeln. Nach einem Jahr erschienen die ersten Fotografen an Bord. Sie machten Fotos für jene Bildbände, die in den elbnahen Salons Hamburgs ausliegen.

Auf ihrem ersten Törn segelten die beiden mit Freunden zur Südwestspitze Europas bei Sagres, dann ein Schlag raus ins Blauwasser, Richtung Kanaren. Der Kahn lief gut, ein paar Optimierungen standen aber noch an. Also beschloß man, vor großer Fahrt nochmals den Hafen von Tavira an der Algarve anzusteuern. Das Einlaufen des Dreimasters muß ein Ereignis gewesen sein. Bereits am nächsten Tag erschien ein Australier am Liegeplatz. Er fragte ohne lange Vorrede, ob er an Bord kommen dürfe.

„Er hat uns ein Angebot gemacht, das wir einfach nicht ablehnen konnten," sagte der Bremer. Mit dem Geld segelten die beiden ihr Traumschiff nach Übersee, danach gingen sie an Land. An der Algarve kauften sie eine alte Finca, renovierten und bauten Gästezimmer aus; seither segeln sie nur noch zum Vergnügen. Zumindest während unseres Gesprächs sah es so aus, als ob der Schiffszimmermann auch auf dem Festland klar käme. Die Geschichte ist aber nur eine Momentaufnahme. Wir haben uns seither nie wieder gesehen.

Natürlich können nicht alle Halbschuhe portugiesische Lastenkähne restaurieren. Aber man kann vom Bootsbau etwas in den Weinberg des Leben holen. Aus einem Baum einen Tisch machen, aus einem Fisch ein Gericht, aus Trauben Wein, aus Worten eine Geschichte, aus Chancen das Bestmögliche. Mit Erfahrung, Langmut und Zuversicht. Und wenn ich mich gräme, meinen Traumberuf versäumt zu haben, denke ich: das Leben ist Bootsbau.

Der Mensch kann im nächsten Gartencenter den Müll der Saison kaufen und damit seinen Vorgarten verhunzen. Man könnte aber auch ins nächste Sägewerk fahren und eine Idee, die schon seit hundert Jahren elegant und landschaftstypisch aussieht, auf Maß schneiden lassen. Dann sieht ein Gartenzaun eventuell nicht mehr wie ein Zwinger aus, sondern wie eine Umfriedung. Man kann im Biosupermarkt (was für ein Wort!) internationale Gesinnungsware mit Ablasszuschlag kaufen. Man kann aber auch zum Erzeuger gehen, ihm in die Augen sehen und danach seine Arbeit schmecken. Was ist nachhaltiger als der Weg zur Quelle?

Regional ist das neue Bio, heißt es. Aber leider ist nicht alles gut, was im Weidenkörbchen ruht. Es gibt mehr Spargel als Geschmack, mehr Bauernschlau als Bauernbrot. Hausgemacht ist Versprechen und Drohung zugleich. Wie im Bootsbau gehört auch auf dem Markt der wache Blick zum Handwerkszeug. Und wie der Schiffszimmermann hat auch der Binnenwanderer sein Wissen immer dabei. 2016

Aufwachen in Setúbal – Pousada de Sao Felipe

Ein paar Tausend Teller später

Als ich mit dem Schreiben begann, waren Rote-Bete-Schaum, schwarze Teller und Infinity Pools noch kein Thema. Vor vierzig Jahren konnte man nirgendwo „mit Karte" bezahlen, in Freiburger Studentenlokalen wurden ausgedrückte Zitronenscheiben in Aschenbechern paniert und Bouletten hatten dort mitunter das Aussehen einer Erdkröte ohne Beine. Ich habe gerne in Freiburg studiert, aber lieber dort, wo es Wein und Oliven gab dem Leben zugeschaut.

Nazaré an Nordportugals Atlantikküste war damals noch kein Surfer-Hotspot, an ein paar Ecken der ärmlichen Altstadt gab es aber frische Sardinen vom Holzkohle-Grill, gewürzt mit kehligem Lachen und grobem grauem Meersalz. Heute schreibt jeder irgendwo irgendwas vom Essen, noch mehr über das korrekte Nichtessen. Ein Kompass für jene, die mit der Inflation von kulinarischen Heilslehren und Einwegadressen nichts anfangen können, kann die eigene Erinnerung sein. An meine erste Nacht in einer portugie-

Camarões auf Papiertischtuch – Viana do Castello, Portugal

sischen Pousada erinnere ich mich noch: späte Ankunft in Lissabon, Irrfahrt bei waagrechtem Schlagregen auf einer Kopfsteinpflaster-Landstraße nach Setubal, am nächsten Morgen Aufwachen hoch über dem Hafen mit Sonnenschein.

Auch die nach Jod und Atlantik duftenden, brut servierten Camarões bleiben im Gedächtnis. Mein erster Fünf-Dollar-Hummer schmeckt bis heute nach, ebenso wie das letzte Hummermenü. Das war erst neulich, im März 2024, in der *Krone* in Freiamt-Mußbach. Alljährlich von Februar bis März folgen dort auf die sämige Hummersuppe drei schier schwerelose Hummerravioli, zum Hauptgang dann ausgelöster Hummer und das für 67 Euro. Den Fünf-Dollar-Hummer gab es übrigens auf einer winzigen Insel Caye Caulker vor dem mittelamerikanischen Zwergstaat Belize. Statt einem Weber-Grill mit Temperatursensor stand dort ein halbiertes Ölfass, befüllt mit glühendem Treibholz am Strand.

Die Schlachtplatte unter dem Ofenrohr im (längst geschlossenen) Adler in Forchheim bleibt ebenso im Gedächt-

Hummerravioli an Bügelfalte – Krone, Freiamt

nis wie jene beim Ebner Max im Rössle zu Tiefenhäusern, wo das Ofenrohr einst quer durch den Speisesaal lief. Unvergessen bleiben mir jene Momente, in denen die Dinge etwas Besonderes werden, unter Mitwirkung lokaler Sitten, Lebewesen und Gewächse. Für mich ist das Lebenskunst. Dazu gehören auch Vermeidungspraktiken wie die Kunst des seitlich dran Vorbeigehens im Sinne von Max Goldt (vgl. Seite 377), das Entfernen von Kiwischeiben auf Wurstsalat (nach Gerhard Polt), sowie die Ächtung von roher Paprika auf gemischten Salaten.

Was die paar Tausend Teller betrifft, die ich im Laufe meiner Wanderjahre genießen oder beklagen durfte, bleibt mir ein Satz des schon heute legendären Gastgebers *Vincent Klink* unvergessen. Mit jedem Teller, der mir irgendwo auf der Welt begegnete, auch mit jedem Lebensjahr, wird er immer wahrer. „Drei Aromen pro Teller, alles andere ist Matsche." Außerdem gilt Klinks Maxime über den Tellerrand hinaus.

2023

Brägeln heißt gemütlich braten

Brägeln und glänzen

Aus Einfachem das Beste machen. Alle reden davon, wenige tun es. Gelungene Brägele sind ein Zeichen für handwerkliche Sorgfalt in der Küche. Ebenso offenbaren Brägele, wie andere Zeigergerichte, die kulinarische Unfähigkeit. Man denke nur an Kalbfleischküchle, Kartoffelsalat oder einen sortenreinen Kopfsalat, der, nach den Regeln der Kunst zubereitet, zur Delikatesse wird. Vom Freiburger Autor und Ur-Feinschmecker *Franz Schneller* (1889 - 1968) gibt es dazu einen schönen und ewig wahren Satz: „Und es läßt sich sagen: von der Art wie ein grüner Salat bei Tisch erscheint, sind Rückschlüsse auf alles, was eine Küche hervorbringt, zu ziehen." Damit wäre alles gesagt, zu Fitnesstellern, migrierten Bowls, Grünschnittdeponien und Staunässe in sogenannten knackigen Salattellern. Brägele sind eine Kulturform der Bratkartoffel: dünner, subtiler und krustiger als ihre ordinäre Verwandtschaft.

Brägele sind typisch badisch, zum besseren Gelingen

braucht es etwas Zeit. Brägeln heißt auf deutsch gemütlich anbraten, bloß nicht hudeln. Man könnte die Sache so angehen: am Vortag gekochte, festkochende Kartoffeln schälen, in möglichst dünne Scheibchen hobeln oder Stifte reiben (was Brägele in Richtung der Schweizer Rösti rückt). Wichtig ist eine große und gut eingebratene Pfanne, die nach dem Brägeln nur ausgewischt wird und kein Spülmittel sieht. Beschichtet geht auch, eingebratenes Gusseisen ist aber erste Wahl. Brägeln heißt nicht verschärft anbraten, auch nicht sanft schmoren lassen. Beim Brägeln finden Pfanne, Hitze und Kartoffeln zueinander. Butterfett heiß werden lassen, manche nehmen auch Schmalz von Schwein oder Gans, was mehr Tiefe (und Schwere) gibt, Rapsöl geht ebenfalls und gibt mehr gelbe Farbe. Häufigster Fehler: zu viel Kartoffeln in zu kleiner Pfanne, also zu wenig Röstaromen.

Wer Kruste mag, bringt maximal einen Zentimeter Kartoffeln in die Pfanne und drückt mit einem Spatel etwas an. Erst eine Seite mehr als goldgelb fertig brägeln, dann die ganze Fuhre möglichst in einem Rutsch wenden (durch Stürzen auf einen Teller), dann die andere Seite fertig brägeln. Nichts in der Pfanne herumjagen, keine Zwiebeln, kein Speck! Kartoffeln, Kruste, Röstaromen.

Wer Referenzen sucht, findet gelungene Varianten in den *Hirschen* in Britzingen, Merzhausen und Kandern-Egerten, oder auch in der *Krone* in Freiamt-Mußbach.

Lauwarm, glänzend, schlonzig. Souverän ausbalanciert auf dem schmalen Grat zwischen nicht mehr bissfest und noch nicht Brei: Wie Brägele gilt auch Kartoffelsalat als Indikator einer handwerklich exakten Küche. Ohne Fleischbrühe und aromatische Kartoffeln kein guter Kartoffelsalat. Viele Pinzettenköche können schon deshalb keinen Kartoffelsalat, weil sie kein Gefühl mehr für Basisgerichte haben.

Plagiatoren glauben nach drei Tagen Österreich, sie könn-

Badisches Dreilerlei – Kartoffelsalat, Schnitzel, Bratensauce

ten mangelnde Sorgfalt durch Zugabe von Gurkenscheiben kaschieren. Grobfinger verhunzen alles mit Zwiebelkeilen. Schurken beleidigen den Gast mit kaltem Fertigmörtel aus dem Eimer. Wenige, sehr wenige machen einfach ihre Arbeit.

Jahrzehntelang war das im *Ochsen* in Emmendingen-Wasser so. Der badische Kartoffelsalat wurde dort tagein, tagaus in Referenzqualität serviert. Zum Tellerschnitzel, oder apart als Extra in einem kleinen Glasteller. Lauwarm, von echter Fleischbrühe überglänzt, die dort obligatorisch auf dem Herd stand. Weil gekocht wurde, nicht regeneriert. Der Ochsen-Kartoffelsalat war eine stille Delikatesse. Im Jahr 2024 geht dort eine Epoche zu Ende, nicht nur Kartoffelsalatverehrer sind deshalb sehr traurig.

Zum Glück ist es von Emmendingen-Wasser nach Heuweiler nicht weit. Dort erfüllt der Rebstock die heilige Funktion eines vitalen Zentralgasthauses. Zum Kartoffelsalat gibt es badische Beilagen wie Schnitzel und (im Ausland bitte weghören) Bratensoße im Schiffchen. 2010/2017/2022

Im leeren Kastilien – Castillo de Montealegre de Campos

„Ich hatte kein Ziel, ich war nur hier"

Der lange Marsch des Soloselbstständigen Laurie Lee (1914-1997) begann unspektakulär. An einem warmen Sommermorgen im Juni 1934 verließ der 19 Jahre alte Botenjunge Laurie sein Elternhaus in den hügeligen Cotswolds im Südwesten Englands. Über sein Heimatdorf Slad läßt uns Lee in seinem Klassiker (*) wissen, es gäbe dort ein „Ententeich-Zentrum".

Ausgerüstet mit festem Schuhwerk, leeren Taschen, einem Haselstock in der Hand und einer Violine als Multifunktionstool nimmt Lee zunächst die staubige Landstraße nach London. Seine erste Etappe liegt 160 Kilometer weiter im Osten. Schon sein letzter Blick zurück verrät den großen Romancier, dessen Sprachbilder einen betörenden Charme entwickeln. Lee konnte Momente festhalten, in denen Stimmung und Landschaft zu einem Bild verschmelzen, das wie die Schlüsselszene eines Films stehen bleibt.

„Die gebeugte Gestalt meiner Mutter, bis über die Hüften im Gras und dort wie ein Stückchen Schafwolle hängen geblieben, war das Letzte, was ich von meinem Heimatdorf sah,

* Laurie Lee, An einem hellen Morgen ging ich fort. Neu und gut übersetzt im: Milena Verlag, Wien 2018, 20 Euro.

als ich es verließ, um die Welt zu entdecken."

Die Landstraßen in den Midlands folgten damals noch den Windungen eines Tals oder dem schweifenden Band eines Flusses. Den wenigen Autoreisenden der hereinbrechenden mobilen Epoche fühlt sich Lee schon am ersten Tag seiner Tour überlegen. Der junge Wanderer bedauert die wohlhabenden Passanten wegen ihrer Bewegung auf Rinnsteinhöhe. Rasende Automobilisten sähen „noch weniger als ein Hund im Straßengraben." Lees erste Nacht ohne Bett und Dach war dennoch ein Albtraum. Als die Dämmerung kam, war er zu müde, ein Zelt aufzuschlagen. Lee legte sich ins Gras und blickte in die Sterne, bis ihn die nächtlichen Nebel einschläferten. Kurz nach Mitternacht wurde er vom einsetzenden Regen geweckt: „Zwei Kühe standen vor mir und bliesen mir ihren Atem ins Gesicht, der Jammer jenes Augenblicks verfolgt mich bis heute."

Zwei Wanderjahre durch Spanien, eine Attacke von Wölfen, mächtige Besäufnisse mit „dickem Rotwein aus Lederbechern" und zahllose Bekanntschaften später, nach unzähligen Feldlagern und gut zweitausend Kilometern strandet Lee kurz vor Gibraltar in den Wirren des Spanischen Bürgerkriegs. In höchster Gefahr entkommt er dem Chaos an Bord eines britischen Zerstörers. Aber schon ein Jahr später keucht er durch den knietiefen Schnee der Pyrenäen, um auf Seite der Republikaner an den Kämpfen teilzunehmen.

Verglichen mit Lees spanischer Reise erscheint manches Vollkasko-Abenteuer von heute wie ein Wohlfühlspaziergang. Lee war ein harter Knochen, dabei ein sensibler Beobachter und begnadeter Erzähler. In die morbide Fülle Madrids gleitet er hinein „wie in den Rachen eines Löwen". Im Dämmer der Tavernen entdeckt Lee das Hier und Jetzt der Tapas-Kultur, seine Zeilen lassen Momente wie im Strahl einer Taschenlampe aufleuchten. Wir sehen „kleine zischende Schalen mit Niercher oder gebraten„„en

„Die würzige Wärme fremden Bodens" – Sierra de Guadarrama

Sperlingen"; das gebratene Zicklein löst sich vom Knochen „wie Blütenblätter von einer Rose."

In der Sierra de Guadarrama badet Lee in Felsbecken, „eiskalt, grausam und belebend", er schnuppert am Harz von Pechkiefern, berauscht sich an der Höhenluft und bilanziert „vielleicht war ich nie wieder so lebendig und so allein." Die Glut Kastiliens durchschreitet Lee in tagelangen Gewaltmärschen: "Manchmal verbarg ich mich vor der Sonne unter den Pappeln am Straßenrand, das Gesicht nach unten, und beobachtete Ameisen. Ich hatte ja wirklich keine Eile. Ich hatte kein bestimmtes Ziel. Ich war nur hier. Dicht bei der würzigen Wärme diesen fremden Bodens, der ein paar Zentimeter von meinem Gesicht entfernt war."

Ich hatte kein bestimmtes Ziel. Ich war nur hier. Mit zwei kurzen Sätzen ist der universale Programmcode von großen Reisen und kleinen Touren gesetzt. Wer diese Sätze verstanden hat, vor allem aber, wer den Mut hat, sie zu leben, kann immer und überall reisen, zur Not auch mit dem Gesicht nach unten. Reisewarnung, Gutschein, Rücktrittsversicherung – das große Rauschen erstickt im Keim, was Reisen ausmacht. Ich war nur hier.

2020

Am Elzpfad bei Wittenweier

Frühlingsausbruch

Wieder mal im Taubergießen. Anfahrt über Rheinhausen, Ortsteil Oberhausen. Im Zentrum bot einst ein Salon Klär „moderne Haarmode", jetzt gibt es dort „King Kebab". Im Norden grüßen schon die himmelhohen Installationen des Europapark Rust und im Autoradio wird von einer „SWR3-Elch Party" berichtet. Zu den Ereignissen im Park äußert sich ein unmittelbar Betroffener. Alles sei dort „echt subber" gewesen.

Animation bietet auch das Naturschutzgebiet Taubergießen, welches von Rheinhausen auf kurzem Weg zu erreichen ist. Vom Rathaus in Oberhausen führt die Rheingasse nach Westen. Vorbei am Tennisclub Weiss-Blau, später dann zur Linken der im rheinnahen Ried typische Abzweig zum Anglerheim (mit Bewirtung); anschließend der Wanderparkplatz *Weier-Taubergießen*.

Auch vom Ortsteil Niederhausen führt eine Rheinstraße in Richtung der Altrheinarme und Auen, ein günstig gelegener Touren-Ausgangspunkt liegt am Schützenhaus.

Von hier, oder auch von Wittenweier aus, erschließen sich reizvolle Partien, die nicht so intensiv bewandert werden, wie der Bereich um die Parkplätze bei der Rheinfähre Kappel. *Gießenweg* und *Elzpfad* führen zu den klaren, nährstoffarmen Fließgewässern (Gießen), zu markanten Plätzen und Uferpartien einer Auenlandschaft, die jetzt mit Saft und frischem Grün betört. Kaum sonstwo bricht der Frühling so ungestüm aus dem Unterholz wie im Taubergießen. Nicht echt subber, aber belebend grün. 2004/2013

Handeln, nicht reden – Hannes sägt ab

Stihl oder Husqvarna

In meiner Nachbarschaft herrscht die brutalst mögliche Idylle. Alle Bewohner im wehrfähigen Alter besitzen eine Motorsäge, entweder Stihl oder Husqvarna. Schienenlänge um die 40 Zentimeter, minderes Gerät führt hier draußen zu Ansehensverlust. Wer mit einem Scherzartikel aus dem Baumarkt auftaucht, hat verwachst. Das gilt auch für Schneeschaufeln und Besen. Wir haben hier noch keine Psychotherapeuten, über den Zen des Hofkehrens kann man aber mit jedem reden.

Im Club gilt eine lockere Kleiderordnung, die englischen Wachsjacken akademischer Freizeitgärtner sind tabu. Eine Latzhose mit Schnittschutzausstattung sorgt nicht nur im Forst für Respekt. Zudem bewege man tunlichst keinen schwarzen Gattinnen-SUV mit Hundeverschlag, sondern idealerweise einen älteren Unimog mit grüner Nummer.

Neubürger bedenke, ohne Hängerkupplung wirst du hier ein Fremder bleiben. Aufsitzmäher gelten als Prothesen für Weicheier, auch ein kurz geraspelter Zierrasen fällt hier rasch auf. Der robotergemähte Vorgarten hat ja was vom Fünftagebart der Zwangskreativen und wir mögen keine Leute, die komplizierte Brillen tragen. Außerdem sagen wir Problem statt Herausforderung und das Baumfällen wird nicht zur Holzernte weich geredet.

Beim Dorfschmied

Meister und Hausmeister

In Argentiniens Pampa heißt es: „Wenn Du keinen Schmied kennst, bist du verloren." Bei uns draußen, im hinteren Markgräflerland, kann man ohne Schmied überleben. Es gibt sogar Bewohner der Südschwarzwälder Vorbergzone, die meinen, ein Rechtsanwalt oder eine Globuliexpertin seien wichtiger als ein Schmied. So etwas kann zwar nur behaupten, wer sein Geld im Sitzen verdient, aber das ist die Mehrheit und man nennt es sozialen Wandel. Spontane Metallbearbeitung gehört im ländlichen Raum jedenfalls nicht mehr zur Leitkultur, dafür haben wir jetzt mehr Institute zur Lösung sozialer Verknotungen.

Wer jedoch ackert, eine Zugmaschine besitzt oder Holz macht, braucht irgendwann auch einen Dorfschmied. Und wenn es soweit ist, gibt es keine Alternative. Der Besuch beim Dorfschmied hat dann etwas vom Gang zur Notfallambulanz, allerdings kommt man schneller dran.

Der Dorfschmied ist der Facharzt meiner Kleinmaschinen. Er kuriert Ermüdungsbrüche, Gelenkschäden und Divertikel am Auspuff. Wenn andere aufgeben und ihr verschlissenes Gerödel zur Wertstoffsammelstelle fahren, wirft er sein

Hurra, der Elektriker ist da!

Schweißgerät an und setzt dem Mäher ein neues Gelenk ein. Das ist aber nur der eine, der sichtbare Teil seiner Arbeit. Der immaterielle Teil ist mir ebenso wichtig. Der Dorfschmied steht für eine seltene Form des Pragmatismus; er praktiziert frei nach Goethe: „Die Tat ist alles, nichts der Ruhm." Wenn ich beim Dorfschmied die Tür zur Werkstatt aufmache, schaut er kaum auf, geschweige denn unterbricht er seine Arbeit. Eine gewisse Grundbrummigkeit gehört bei einem Dorfschmied dazu. Ein Schmied soll nicht lafern, sondern schweissen.

„Ich könnte mir vorstellen, daß wir hinten am Fenster sitzen möchten," sprach neulich eine Bachblütenexpertin beim Einschweben in einen der letzten Markgräfler Landgasthöfe. In guten Gasthöfen wird übrigens auch frei nach Goethe gearbeitet: Die Tat schmeckt, nicht der Ruhm. Kleine Zwischenbilanz: Überforderte Werkstätten, Küchen, Ambulanzen und Therapeuten erkennt man am inflationären Gebrauch des Konjunktivs. Außerdem grüßen Dilettanten besonders freundlich.

Auch unter jenen Handwerkern, die ambulant ins Haus kommen, gibt es am Schwarzwaldrand einen besonderen Schlag. Die besten sind wie Katzen – sie erscheinen, verschwinden und naschen, wie es ihnen paßt. Gute Behandlung, frischer Kaffee und verständnisvolle Gesprächsführung verschaffen einem jedoch Vorteile gegenüber konkurrierenden Bewerbern. Außerdem muß man ihren Humor verstehen. Neulich meinte der Gerhard: „Ein Handwerker ist eben kein Hausmeister." Damit wollte er andeuten, daß er zum Kreis jener Universalgelehrten gehört, die alle Gewerke beherrschen, die man ums Haus rum so braucht.

Mein Hausmechatroniker Jürgen erweist mir seine Ehre nur, weil er beim Vesper gerne über Gasthäuser im Besonderen und die Welt im Allgemeinen redet. Manchmal geht es dabei um Höhenlandwirte und Anthroposophen, die er aber nur „Antilopen" nennt. Manchmal erzählt Jürgen auch von Bratwürsten, seltenen Bräuchen und sozialen Winkeln, die man erst mal finden wollen muß. Etwa die *Bierstube* von Adelheid Kiefer am Fischbachweg zu *Zell im Wiesental*, wo es noch Russische Eier gibt, oder einen „Salatteller mit Wurstsalat garniert". Oder er erzählt vom kleinen Schwimmbad im himmlisch gelegenen *Schweigmatt* bei Schopfheim, das mehr Sommerclub als Freischwimmbad ist. Und nebenher wächst eben eine Verteilerdose aus der Wand.

Zuletzt noch zu Handwerkern, die partout nicht reden wollen. Die stummen Profis haben ihren besonderen Reiz. Sie erscheinen meist lautlos im Frühnebel, haben alles, wirklich alles Werkzeug und ausreichend Material dabei und arbeiten so spurenarm wie der Mossad. Zuletzt sagen sie, „So, ich wär' dann fertig." Die Bekanntschaft mit solchen Sondereinsatzkräften ist ein Vergnügen. Meist wird über alle Details der Zusammenarbeit Stillschweigen vereinbart. 2016

Kleinbasler Rheinufer, vor der Kaserne

Rheinaufwärts

An Ostern ging ich vom Rheinhafen in Kleinhüningen gegen den Strom nach Basel. Ein paar Stunden rheinaufwärts, einfach so. Weil es anregender ist, eine Stadt in Begleitung eines Flusses zu betreten, als auf einer mehrspurigen Schnellstraße reinzufahren. Außerdem gibt es am Kleinbasler Ufer und am unteren Rheinweg ein paar einladende Buvetten. Weiter rheinabwärts in Nordrhein-Westfalen würde man zu solchen Ladestationen Trinkhalle oder auch Büdchen sagen.

Das ufernahe Areal am Kleinbasler Klybeckquai wird derzeit alternativ bis gebremst anarchisch bespielt. Bereits seit Jahren wird dort eine sogenannte Zwischennutzung toleriert, im Jargon der Stadtentwickler und Redenschreiber wurde das Soziotop zu einem „kulturellen Freiraum am Wasser." Das ehemalige Hafen- und Lagerareal wirkt nun wie eine etwas struppige Spielwiese für erwachsene Kinder. Mit bemalten und begrünten Containern, improvisierten Bars, bewirteten Sonnendecks, halbfertigen Ideen und Panorama auf die Großbasler Rheinseite gegenüber.

Dort steht der Novartis Campus für das Gegenteil einer Zwischennutzung. Am einen Rheinufer Illusionen, Bierbänke

Frühlingserwachen – Höhe Wettsteinbrücke

und Palettenmöbel, am anderen Ufer High-end-Käfighaltung internationaler Teams.

Näher als am Basler Rheinufer kommen sich die Gegensätze der Moderne selten. Am Karfreitag saß ich dazwischen, mit weitem Campusblick und einem Campari in der Hand. Das leuchtende Rot im Glas kontrastierte wunderbar mit dem heiteren Mittagshimmel und dem zarten Grün der frisch austreibenden Linden – spontane Freuden eines Freigängers. Mein Mitgefühl galt allen, die am Gotthard festhingen, sowie allen Geiseln internationaler Konzerne und alternativer Wagenburgen. Aufstehen und weitergehen und niemand, der einem sagt, wann und wohin. Mehr kann das Leben kaum bieten.

Je weiter man vom Klybeckquai stadteinwärts geht, desto bürgerlicher werden Buvetten, Publikum und Fassaden. Bereits zwischen Johanniterbrücke und dem mit Bar, Bistro und Buvette bewirteten Areal der ehemaligen *Kaserne* trifft man sich vor Jugendstilfassaden zu Apero und Hum-

Seit 1883 – Clubtraining im Weidling-Fahren

mus-Dipp – die Streichwurst wird heute aus Kichererbsen gemacht. Szenenwechsel dann weiter am Oberen Rheinweg, wo zwei Bootsmänner Wasserfahren im Weidling trainieren. Ruhig und konzentriert vor der Großbasler Kulisse, die ja auch so eine Art Campus ist, nur ein paar Hundert Jahre älter als der von Novartis. Ansonsten auch am Schaffhauser Rheinweg ein lässiges Gehen und Sehen. Man flaniert, sitzt, trinkt und schaut aufs Wasser, kein Stau nirgends.

Zur Umgehung von Klumpenrisiken und heiklen Feiertagen kann man eine Begehung der Kleinbasler Rheinseite nur empfehlen. Möglichst der ganzen Länge nach. Je nach Pause und Neigung dauert das zwischen zwei und vier Stunden, von Kleinhüningen bis zum Solitudepark an der Schwarzwaldbrücke (zurück mit Bus/Tram ab Grenzacherstrasse).

Man gehe flußaufwärts, weil das Gehen gegen die Strömung auch auf Stadtwanderungen oft mehr Dynamik bietet, als der Gang in Flußrichtung. Viele Buvetten, ein Weidling, Urbanität und die Freiheit, den Campus jederzeit zu verlassen. Ein Tag am Rhein, ein Tag voll Leben. Ostern 2017

Gehäkelt und gebügelt – bürgerliche Sonntagstafel

Meerkutteln und Hungerturm

Worte lassen sich so schön verstecken wie Ostereier, auch die Suche nach ihnen kann erfreuen. Bei Theodor Fontane findet man den Krebsgang als Synonym für den wirtschaftlichen Niedergang einer Firma. In einem antiquarischen Werk über Kaffeehäuser habe ich die fast ausgestorbene Sitzkassiererin gefunden – ein Archetyp der Gastronomie, einst weit verbreitet. Namentlich im südlichen Europa und überall dort, wo man den Männern im Haus nicht so recht trauen konnte, dem Personal schon gar nicht, war die Sitzkassiererin Kassenwart und Inspektor in Personalunion. Ihr Platz war nahe des Ausgangs hinter der Registrierkasse, oft leicht erhöht. Gleichsam am finanziellen Paß. Meist war die Sitzkassiererin bewaffnet mit Brillenband und Halbbrille fürs Klimpergeld; ihr Adlerblick reichte bis in hintere Winkel des Gastraums. Allein ihre Anwesenheit sorgte für stabile Betriebsabläufe.

Rabatte für Einheimische und Günstlinge sowie Erschwerniszuschlag für schwierige Patienten berechnete die Sitzkassiererin sekundenschnell aufgrund persönlicher Algorithmen. In einem Satz: Die Sitzkassiererin hatte keine künstliche, aber praktische Intelligenz.

In der gastronomischen Welt wimmelt es nur so von Worten, die nach und nach aussterben oder nur noch von Liebhabern goutiert werden, was bezeichnend ist. Online reservieren, lecker essen und kontaktlos bezahlen, ist längst Standard und so schmeckt es auch immer öfter. Belanglos wie Warteschleifenmusik. Würde ich irgendwo einen Spießbraten auf der Karte finden, wäre ich schon mal neugierig, aber das Garen am drehenden Spieß über offenem oder verdeckten Feuer scheint mittlerweile zuviel verlangt, ebenso wie ein Rostbraten, der einen Rost gesehen hat, der aromatische Spuren hinterlassen hätte. Auch der Würzschluck bezeichnet eine nützliche Sitte, hilft doch erst ein Schuß Wein mancher Crèmesuppe oder hellen Sauce auf die Sprünge.

Tintenfische wie Sepia, Kalamar und Polpo hießen früher auch Kuttelfische oder Meerkutteln, was all jene bestätigen mag, die den Verzehr von Weichtieren, welche ihre Beine am Kopf haben, grundsätzlich ablehnen, aber immerhin ein Hinweis auf die Konsistenz ist, die da kommen könnte. Oder Eier, die bekanntlich zu allem fähig sind. Auch zu „Soleiern“, also hart gekocht und in gewürzter Salzlake eingelegt und sodann in einem „Hungerturm“ genannten Weckglas auf dem Tresen präsentiert – als letzter Gruß aus der Trinkhalle.

Womit wir endlich bei nährkräftigen Speisen wie Ratsherrentoast, Studentenfutter, Hirtenspieß, Zigeunerschnitzel und N-Gerichten wären, die kaum mehr auf Speisekarten zu finden sind, was in Zeiten totaler Sprachraumüberwachung nicht weiter wundert. Aus kulturkritischem Trotz müßte man unter dem Titel „Empört Euch doch“ eine kleine rote Liste mit Zigeunerschnitzelgaststätten veröffentlichen. Wenn es dort auch noch Russische Eier gibt oder ein Restaurationsbrot, das nicht Ciabatta heißt, soll es recht sein.

Trotz aller Fortschritte bei der restriktiven Männerhaltung gibt es im Oberbadischen immer noch einige freilaufende

Höher gelegt – Abtritt im Hirschen (Schillighof), bei Weitenau

Hagseicher. Urviecher, mitunter scheu wie ein einsamer Wolf, im Rudel aber enthemmt auftretend. Ganz im Sinne des Poltschen Gesamtgasthauses sollten dennoch auch gastronomische Nebenschauplätze gewürdigt werden. Auch weil eine gewisse Schlichtheit des Aborts eine Schutzwirkung gegenüber neurasthenischen Gästen verspricht. In diesem Zusammenhang sei der vitale Reliktgasthof *Hirschen* auf der Schillige bei *Weitenau* erwähnt. Der Gang zum Abtritt führt dort seit sechs Generationen links über den Hof (von innen gesehen).

Manche Biotopschützer gehen so weit, daß sie über dem Stammtisch das Anbringen von Fliegen-Leimfallen empfehlen, weil diese gegen Statusallergiker helfen sollen. Manchmal schützt auch Schlagfertigkeit vor Schadgästen. Gegen die Gästefrage „Machen Sie hier wirklich noch alles selbst ?“ hilft seit jeher die Antwort: „Ja, sogar die Kinder.“ 2023

So geht's doch auch – Speisekarte Hirschen, Kandern-Egerten.
Mittlerweile hat der Hirschen Do Fr Sa geöffnet.

Schutzhüllengastronomie

Die Speisekarte ist die Visitenkarte des Gasthauses, heißt es. Warum wählen dann manche Gastgeber eine Ausstattung, die niemand für seinen Lebenslauf verwenden würde? Und warum zirkeln Hobbykalligraphen ein Tandaradei aufs Papier, das Augenschmerzen bereitet? Auch das lehmfarbene Plaste-Ringbuch mit Klarsichthüllen ist kein Augenschmaus, es will uns vielmehr sagen: „Hier wird gegessen, was auf den Tisch kommt." Die verbreitete Sitte, Speisekarten zu laminieren, ist ebenfalls symptomatisch. Wo das Angebot mit der wischfesten Sinnlichkeit eines Ausweisdokumentes präsentiert wird, ist nicht mehr als Sättigungsküche zu erwarten.

Auch Kleingedrucktes ist zu beachten. Mein Favorit ist leider diversen Pächterwechseln zum Opfer gefallen. In der reizenden Dorfwirtschaft *Krone* in *Mauchen* war einst jede Seite der Karte mit einer geheimnisvollen Gleichung versehen: „Ware = Endpreis." Knapp darunter stand die Botschaft zur Dauer des Gasthausvollzugsdienstes: „Lokalschluß = 22.30 Uhr".

Bliebe noch die von Preisen befreite Damenkarte, wie sie nur noch selten präsentiert wird. Immer interessant, wie sich eine Frau von heute angesichts einer Karte von vorgestern verhält. Mögliche Antwort zum Service: „Darf ich dieses Relikt unserem Heimatmuseum zur Verfügung stellen?" 2006

DRÜCKEN

Secret Escapes

In einer Episodensammlung mit dem feuchtfröhlichen Untertitel „45 Kurze aus Berlin" berichtet der Autor *Helmut Krausser* aus seiner imaginären Lieblingseckkneipe Zur Wildnis. Das Biotop verortet Krausser im Stadtteil Neukölln, also dort, wo nach landläufiger Meinung kopfhörertragende Bärte, führerscheinlose Taxifahrer und dealende Schutzsuchende in bunter Vielfalt koexistieren. Manni, der Wirt der Wildnis, regiert sein Reich mit harter Hand. Für Veganer gibt es Brot und eingelegte Gurken, Hipster werden wortarm oder gar nicht bedient.

Eine der 45 Kurzgeschichten aus der Wildnis erzählt, wie einige Stammgäste den Wirt fragen, ob er sich vorstellen könne, ein paar Tische zusammenzurücken, um einmal in der Woche eine Tischtennisplatte aufzustellen, wie dies in angesagten Berliner Kneipen üblich sei. Manni lehnt den Wunsch entsetzt ab, weil er verhindern möchte, daß sein Feuchtbiotop zur hippen Location wird.

Kraussers Manni ist ein Wirt vom alten Schlag, ein autoritärer Menschenversteher. Einer, der anschreiben läßt, aber niemals die Lufthohheit zwischen Schwingtür und Zapfhahn aufgibt. „Manni hat etwas gegen Kunden, die in seiner Wildnis ihr Notebook aufklappen und in drei Stunden selbstreferentieller Schweigsamkeit gerad mal einen Tee konsumieren."

Selbstreferentielle Schweigsamkeit ginge ja noch. Ich habe aber was gegen selbstreferentielle Tastaturhacker und Lautsprecher, die eine Wirtschaft ungefragt als Workspace vereinnahmen. Tische zusammenrücken und Gänge blockieren, gleich ob zum Tischtennis spielen, Hunde therapieren, Babycastoren parken, oder Umsatzzahlen an die Zentrale durchgeben. Das Gewese von emissionsreichen Narzisst*Innen schadet der sozial verträglichen, also heiligen Grundstimmung, die ein vollwertiges Gasthaus auszeichnet. Für Eckkneipe und besserbürgerliche Gaststätte gilt gleichermaßen: Charakter würzt, Egoismus nervt.

Manni aus Neukölln hat recht. Wer Kopfhörer trägt, signalisiert seinem Umfeld, ihr könnt mich mal. Demonstrativ online sein, mag ein moderner Status sein, aber weshalb sollte ein Wirt und Kommunikationsexperte wie Manni so jemandem seine Referenz erweisen und obendrein noch erklären, weshalb es in seinem Haus keinen gewaltfrei gepflückten Mate-Tee gibt? Nur ein Narr ist zu allen freundlich.

Auf der Online-Plattform Secret Escapes haben sich 55 Millionen Mitglieder angemeldet. In steter Hoffnung auf Brückentage und Eskapismus mit Höchstrabatt. Geheime Fluchten für 55 Millionen, Hauptsache online und mit Discount – von mir aus, aber gerne ohne mich. Helmut Kraussers Neuköllner Wildnis, auch letzte Hinterwälder Ochsen und Hirschen mit umgebautem Rinnenpissoir wie auf Seite 45 zu sehen sind zum Glück inkompatibel mit Online-Portalen wie Secret Escapes. Im wilden Südwesten gibt es noch ein paar solcher Exemplare; Kopfhörertragende werden dort in aller Regel von einer Firewall abgehalten, manchmal

Mehr Sein als Schein – Abo-Essen „Am Berg", Schliengen

genügt schon ein Wort auf der Speisekarte am Eingang. Ochsenmaulsalat, Schlachtplatte, Sulz und Leberle sauer wirken zuverlässig gegen Hipster und Aktivisten.

Auch ein kantinenüblicher Muldenteller, der dem Hauptgang einen praktischen Rahmen verleiht, hält Statusgourmets zuverlässig ab. Leider gibt es die Wirtschaft „Am Berg" am Schliengener Buck nicht mehr, wo das oben gezeigte *Werktagsessen* über Jahrzehnte hinweg so brauchbar wie schmucklos aufgetragen wurde. Zum Kantinentarif.

Der überglänzte Kartoffelsalat im Bildhintergrund gehörte bis ins Jahr 2021 zu den herausragenden seiner Art im südlichen Markgräflerland. Der Kopfsalat im Berg war so erfrischend essigsauer angemacht, wie es üblich war, als es weder Secret Escapes noch Toppings gab. Das Schweineschnitzel natur paßte in seiner Reduktion auf Wesentliches zu einer Gastronomie, die nicht mehr sein wollte. Aber schlicht und einfach brauchbar.

2016/2021

Überbelegung im Weckglas

Alles artisanal

Reizend ist es, in der Vorsaison auf Nebenstraßen durch das Rhônedelta zu gondeln. Das Schilf steht noch nicht so dicht wie im Sommer, der Blick geht kilometerweit über Marschen, Binnengewässer und Salinen. Selten Gegenverkehr, ab und zu Flamingos, die auf einem Bein stehen und ebenfalls nirgendwo hin müssen. Letztlich führen aber fast alle Straßen in der Camargue nach Les Saintes-Maries-de-la-Mer. Von der Küstenlinie kann ich nach 30 Jahren Abwesenheit nur sagen: Heilige Maria, wie hast du dich verändert! Promenade neu, Bootshafen neu, Stimmung neu. Wenig Bohème, viel Boutique.

Die Konsumverweigerer von damals sitzen in einem der unzähligen Devotionalienläden und verkaufen Silberdraht-Schmuck, Fleur de Sel, Stiersalami, natürlich artisanal. In Südfrankreich ist ohnehin fast alles artisanal. Vorne in den Restos an der Uferpromende gibt es Anchovis im Weckglas und natürlich nur tagesfrischen Fisch von kleinen Booten.

Wer nicht weiß wohin, schaut nach bei Tripadvisor und erfährt, daß Geschmack sehr relativ ist. Gerade im Netz, wo Laienurteile allgegenwärtig sind, somit auch lästig. Einmalerlebnisse, wie sie die Masse in Smartphones tippt, mag lesen, wer will. Vor lauter Hobby-Advisoren wünsche ich mir den unbestechlichen Terminator, der in alttestamentarischer Strenge urteilt: Hervorragend, brauchbar, ungenügend. Amen.

2012

Prächtiger Ausgangspunkt – Steinbuck, Bischoffingen

Baden im Rebmeer

Am Steinbuck oberhalb von Bischoffingen steht ein Wanderwegweiser, aber eigentlich ist es egal, in welche Richtung man dort geht. Alle Wege führen durch sattes Rebland – Käsleberg, Eichberg, Enkenberg, Henselberg, alles fließt in ein weites, grünes Meer und wenn Ende Mai die Rebblüte beginnt, weht zu all dem Überfluß auch noch ein betörender Duft über dem grünen Gewoge.

Angeblich kann man im Wald baden. Es soll Waldbademeister geben, die einem zeigen, wie man Bäume ganz arg lieb hat. Von mir aus. Im Juni sollte man aber mindestens einmal in den Reben baden gehen. Die unauffälligen Gescheine der Rebstöcke blühen nur kurz und sehr diskret. Ihr süßer Duft – im betörenden Irgendwo zwischen Lindenblüte und Grünem Apfel – gehört zum stillen Weltkulturerbe. Eintritt frei, inklusive tief durchatmen und eintauchen ins Glück. Das geht am Bischoffinger *Steinbuck* und überall, wo Reben in langer Reihe stehen. Hundert Tage nach der Blüte sind die Trauben dann hoffentlich reif, der Sommer geht zu Ende und es beginnt ein neuer Akt im guten Leben.

Auf dem Steinbuck blühen aber nicht nur die Reben, auch

Die Terrasse im Kaiserstuhl – Köpfers Steinbuck, Bischoffingen

das Hotel-Restaurant *Köpfers Steinbuck* steht gut im Saft. An einem warmen Tag gibt es im Kaiserstuhl kaum eine andere Restaurant-Terrasse, die mit der auf dem Steinbuck mithalten könnte: Man sitzt und tafelt unter großen Sonnenschirmen wie auf einer Insel über dem Rebmeer. Horizontweiter Blick nach Südwesten, aufmerksamer Service. Nach Qualität und Vielfalt bekömmlich angelegte Weinkarte mit über 100 Positionen, darunter besonders viele Kaiserstühler Burgunder, Entdeckungen und übliche Verdächtige, die freilich bezahlt sein wollen. Exemplarisch gelungen sind Standards wie das Wiener vom Milchkalb. Andere Zeigergerichte passen ebenso zum gehobenen, aber nicht gekünstelten Stil der Küche.

Bei solchen Qualitäten ist es etwas schade, daß der Steinbuck nicht an mehr Tagen geöffnet hat. Andererseits gehört ein ohne Anlaß gefeierter Wochenbeginn zum Strauß jener Möglichkeiten, die Lebenskunst ausmachen. Eine Einkehr garniert mit frischer Luft und freier Zeit außenrum, möglichst in erhöhter Lage und am Rande der Strömung, aus

Kaiserstühler Probierstube – Sonne in Schelingen

solchen Zutaten entstehen jene Tage, die einem bleiben. Und falls der Stundenplan an einem lauen Abend vollends aus den Fugen gerät, gäbe es auf dem Steinbuck auch noch 19 Zimmer; nach der Renovierung 2024 wieder auf der Höhe der Zeit, komfortabel, ruhig und angenehm sachlich.

Und ja, der Vater des Steinbuck-Gastgebers Stephan Köpfer ist das gastronomische Urgestein Paul Köpfer. Dessen Schelinger *Sonne* liegt nicht in den Reben, sondern mitten im Dorf bei der Kirche. Gemütlich, praktisch, gut. Eine zuverlässige Adresse für Regionalküche und faire Weinpreise.

Gleich um's Eck in Oberrotweil gibt es übrigens ein kleines, jüngst umfassend saniertes Freibad. Dort fühlt sich ein Tag im Mai noch an wie damals, als es noch keine Waldbademeister gab. Alles in einem Satz: Zwischen Rebblüte und Weinlese ist der Kaiserstuhl eine prall gefüllte Wundertüte, das Auspacken bleibt jedem selbst überlassen. 2019/2024

Luitpold Bauer
EISEN WAREN
ST. PAULI

Männerläden

Luitpold Bauer, Eisenwaren“ steht über dem Schaufenster eines inhabergeführten Einzelhandelsgeschäftes in Freiburgs oberer Altstadt. Ende 2022 wurde der knapp 90 Quadratmeter große Charakterladen von den Landschaftsgärtnern Nico Winterhalter und Thomas Weisser übernommen. Gartenscheren, Messer und handverlesenes Gartengerät gehören seither zum Sortiment, wie der Laubaustrieb zum Frühling. Es gibt dort aber auch Wühlmausfallen, formschöne Emaille-Eimer, verzinkte Gießkannen für alle Ewigkeit sowie Kippdübel, die Mann braucht, um Frau beim Lampen aufhängen zu umgarnen.

Vor den beiden Schaufenstern am Schwabentor stehen auch stets einige Spaten, Schaufeln und Gabeln aus der Schwarzwaldschmiede SHW in Friedrichstal bei Baiersbronn. Dabei handelt es sich um Arbeitsgerät, das Männer in Schwertkampfkursen weniger gerne schwingen. Es heißt, der Glaube könne Berge versetzen. Mit der richtigen Schaufel geht es aber einfacher. Je nach Beschaffenheit des Berges wählt der Mann eine Frankfurter Schaufel, eine Holsteiner oder eine Kellerschaufel mit dreiseitigem Aufbug. Die ist praktisch, wenn Kohle oder Kies schnell von hier nach dort müssen. Außerdem gibt es noch Spezialwerkzeug wie die Autoschaufel, die bei Schlammlawinen, Schneesturm oder Parkplatzdiskussionen hilfreich sein kann. 2022

Im Garten blühen nicht nur Pflanzen

Die Welt der Hacken ist noch feiner ausdifferenziert als die der Schaufeln. Allein die Schwarzwaldschmiede fertigt bis heute über 80 Modelle für unterschiedliche Volksgruppen: von der Wegmacherhacke über die kompakte Oberbadische bis zur breitschultrigen Kaiserstühler Hacke. Es gibt aber auch Wiedehopfhacken mit Ovalblatt, Lahrer Rundhacken und Neuenburger Hacken.

Sicher gab es bis vor wenigen Jahrzehnten in Deutschland eine größere Auswahl an Hacken, Sicheln und Sensen als an Golfschlägern. Vermutlich hat auch die Zunahme der Körperstudios im ländlichen Raum etwas mit dem Verschwinden der Kellerschaufel ebendort zu tun.

Die heftige Blüte einer rastlosen Freizeitgesellschaft entwickelt sich auf dem Humus abgelegter Werkzeuge und Handgeräte, die mittlerweile nur noch in Fachsortimenten wie bei Luitpold Bauer zu bekommen sind. Wenn ich eine Frau wäre, würde ich meinem Mann zur Hochzeit eine Wegmacherhacke schenken, allein aus praktischen und emotionalen Erwägungen. Oder ein schönes Sackmesser mit Kapselheber und Korkenzieher. Ein Mann, der mit Weghakke und Korkenzieher umgehen kann, wird selten eine Frau enttäuschen. 2017/2023

Himmelburg nebenan

Die Sonnenseite eines Rebhäusles gehört neben der Bucht am Meer zu den Fluchtpunkten erster Klasse. Hinsetzen, zum Horizont schauen, runterkommen. Bis zum nächsten Weinberg ist es aber nicht so weit wie ans Meer. Man könnte also einfach mal in die Reben fahren, ein gutes Buch oder einen guten Menschen mitnehmen und alles andere sein lassen. Im Rücken die Wärme einer verwitterten Holzwand spüren, sich lang machen und warten, bis nichts passiert.

Dreihundert Rebhäusle soll es früher allein um Ihringen am Kaiserstuhl gegeben haben. Sie dienten als Wasserstelle, wetterfester Unterstand und Geräteschuppen. Heute gibt es flotte Schlepper mit Kabine und die Arbeit im Weinberg ist kein Tagwerk, sondern es wird nach Stunden abgerechnet. Immerhin, einige Exemplare stehen noch und meistens bietet sich von dort ein meerweiter Blick gen Tal. Das Rebhäusle im Bild nebenan steht übrigens auf dem Lenzenberg bei Ihringen. Gleich neben einem Wanderwegweiser, dessen Standort sehr zutreffend *Himmelburg* heißt. 2006

Weg schlecht, Aussicht gut – am Lago Maggiore bei Viggiona

Abseits vom Jakobsweg

Letzte Woche ging ich auf einem steilen, namenlosen und teils verfallenen Plattenweg an der Westküste des Lago Maggiore entlang. Bei Cannero Riviera ging es so lange über Granitstufen aufwärts, bis der Helikopterblick auf den See grandios und das Ziehen in den Oberschenkeln unerträglich wurde. In drei Stunden sind mir unzählige Eidechsen, ein allein fliegender Schwalbenschwanzfalter und kein Mensch begegnet.

Je höher ich kam, desto schlechter wurde der Weg. Manchmal war die Route nur noch zu ahnen. Das Gestrüpp und Unterholz wurden so dicht, daß ich mit den Füßen gehen und mit den Händen den Weg wie ein Brustschwimmer freihalten mußte. Vom wilden Lorbeer am Weg habe ich ein paar der frischen noch hellgrünen Triebe abgezwickt und im Rucksack verstaut.

Der Rückweg war deutlich angenehmer, er führte über die Trattoria *Usignolo* in *Viggiona*. Dort habe ich die Lorbeertriebe über einem Teller Tagliolini verteilt. So wurde eine Wegruine nachträglich zum Premium-Wanderweg. 2017

Bitte hier anstellen – Starthilfe im Bernauer Hochtal

Premiumwege

Das enge Korsett eines preisgekrönten Rundweges und das fest gefügte Gourmetmenü haben eine Schnittmenge. Beide Formate versprechen Erregung durch Betreuung. Die mundet aber nicht zwingend und manchmal zwickt sie auch. Es zwickt zum Beispiel schon am Start, wenn der Parkplatz am Beginn des Hochtal-Steiges am Bernauer Ankenbühl an einen Autobahnrastplatz erinnert. Inklusive Werbeaufsteller an der Landstraße, der für die integrierte Imbissmöglichkeit mit Currywurst und Pommes wirbt.

Achtsam wandern, Mutter-Kind- und Seniorenwandern, Klimawandern, Wandern auf Premiumwegen – das betreute Gehen nimmt kein Ende und an Gebrauchsanweisungen ist kein Mangel. Viele lesen sich banal bis deppert, manche geben zumindest eine brauchbare Anregung. Jede Empfehlung einer Route oder Wanderweise leidet allerdings unter einem grundsätzlichen Dilemma: Der Wesenskern des Wanderns und eine strikte Anleitung passen nicht zusammen.

Vom Psychoanalytiker Carl Gustav Jung wird berichtet,

Frühsommer ohne Premiumweg – bei Dachsberg

daß er auf Italienreisen mitunter an Rom vorbeifuhr, weil er sich der großen Stadt nicht gewachsen glaubte. Die hilfreiche Technik des seitlich dran Vorbeifahrens – oder Gehens – ist erkennbar etwas aus der Mode gekommen. Dabei wäre sie auf Reisen so hilfreich wie beim Wandern.

Essenz des Wanderns ist das Erlebnis von Freiheit. Ich verfüge souverän über Raum und Zeit.“ *Ulrich Grobner*, einer der klügeren Wanderautoren, hat das Dilemma von Nach-100-Metern-links-ab-Geistern auf zwei Sätze reduziert. Der weltweit bewanderte Hans Kammerlander sieht es ähnlich, wenn er rät: Verliere nie das Lockere, dann gehören die Berge dir. Sonst gehörst du ihnen.

Wandern im Sinne von Grobner, Kammerlander und unzähligen (Italien)-Klassikern wie Goethe, Johann Gottfried Seume, Ferdinand Gregorovius ist eine offen angelegte Kulturtechnik, wie sie der passionierte Jäger und Sammler seit jeher kultiviert. Ergebnisoffenes Wandern ist eine Lebenshaltung, die mit den Auswüchsen der Freizeitkultur nichts gemein hat. Es ist ein Gehen, das wenig Spuren hinterlässt, ein Reisen und Erleben, das Kraft aus der Distanz gewinnt.

Der Genießerpfad Belchensteig, 2020 von einem Wandermagazin als Deutschlands schönster Wanderweg gekürt, mag abschnittsweise ein prächtiger Weg sein. Die Chancen des Wanderns verdeckt der Premiumwege allerdings eher, als daß er sie erschließen würde.

Der freie Wanderer und der selbstbewußte Kulinariker verzichten leidenschaftlich gerne auf die Sicherheit von zertifizierten Höhepunkten mit integriertem Pommes- oder Pastetenangebot. Der Freisinn sieht Wege und Möglichkeiten, aber er folgt ihnen nicht immer und überall. Souveränität über Raum und Zeit, über Hunger und Durst, Ofenbank und Stoffserviette – Essenz des Reisens. Manchmal erscheint vor einem alles auf einmal, dann spricht man von Glück. 2020

Illustration aus:
Der Mann von Welt. Ein Herrenbrevier. Von F. W. Koebner, Berlin 1913.

Der Mann von Welt

In einem Herrenbrevier aus dem frühen 20. Jahrhundert geht es neben Themen wie Autokultur, Clubsessel, Handschuh und Handkuß auch um die Krawatte: „Die Kunst, eine Krawatte auszuwählen ist außerordentlich subtil. Stimmung, Wetter, Anzug, Gelegenheit, alles muß gleicherweise berücksichtigt werden, um gute Resultate zu erzielen." Und weiter: „Nicht minder subtil ist die Kunst, die ausgewählte Krawatte zu binden. Geübte Schleifenbinder schlingen den Knoten ihrer Krawatte lediglich nach dem Gefühl, ohne Benutzung eines Spiegels."

Von der Krawatte führt ein schmaler Pfad zur allgemeinen Lebenskunst. Ein Mann von Welt formt eben nicht nur den Knoten seiner Krawatte mit sicherem Gespür für die Verhältnisse, er gestaltet seine Biographie, ohne dabei in den Narrenspiegel von Moden und Zeitgeist zu starren. „Man zieht ihn nicht an, sondern er zieht sich an," steht im Vorwort desselben Herrenbreviers. Gut hundert Jahre später ist manchem Stenz von Welt schon das Zuknöpfen eines Hemdes zuviel.

Zeitgenössische Funktionskleidung, präsentiert im Oberengadin

Noch ein letzter Satz aus dem Herrenbrevier: „Wenn wir uns geschmackvoll gekleidet fühlen, dann ist es der Geist und nicht der Körper, der die Freude fühlt. Ein freudiger Geist ist stark und schaffensfroh.“

Ob Einweg-Sneaker etwas mit Schwarmdummheit oder Freiheit zu tun haben, muß jeder selbst entscheiden. Krawatten nach Parteifarbe zu tragen, wie es einige Politbüromitglieder seit einiger Zeit schick finden, scheint nur ein vorläufiger Höhepunkt von offensiver Selbstverleugnung zu sein. Alte Haudegen verachten diesen Typus von Parteigängern. So gab Peter Gauweiler einmal im kleinen Kreis bekannt, daß er Bekanntschaften nicht nach weltanschaulicher oder politischer Einstellung auswähle; er unterscheide vielmehr zwischen Menschen, mit denen er gerne zu Abend esse und anderen, bei denen er darauf keinerlei Lust verspüre. Das kann ich nachvollziehen, wobei mir auch die Worte des Vorsitzenden Mao Tse-tung einleuchten: „Studiere deinen Feind.“

Bei der Suche nach charakterfesten Bekannten lasse ich mich manchmal auf ein Gedankenspiel ein. Wäre es in einer zugespitzten Notsituation ratsam, an der Haustür eines Bekannten zu klingeln oder lieber vorbei zu gehen. Es geht dabei um ein finales Klingeln, um eine Fluchtsituation, bei der mir die Verfolger dicht auf den Fersen sind. Zum Beispiel Tugendwächter jener schadmenschenarmen Republik, deren Umrisse mitunter am Horizont aufleuchten: Zero-Fanatiker, die zum Zigarrenrauchen den kleinen Waffenschein fordern, Weltenretter, die Steuerprivilegien für eingetragene vegane Bedarfsgemeinschaften ebenso befürworten wie medizinisch-psychologische Untersuchungen für Metzger und bekennende Queresser. Lachen Sie nicht, was kurios beginnt, kann im lückenlosen Betreuungsstaat enden, der natürlich ausschließlich unser Bestes will. Der Freigänger in der schönen neuen Welt schätzt deshalb den zuverlässigen Fluchthelfer mehr als die Integrationshilfe.

Die Klingelfrage hilft übrigens nicht nur beim Abtauchen. Auch im gewöhnlichen Alltag, speziell beim Enttarnen von Blockwarten, taugt sie als Lackmustest. „Du, jetzt paßt es gerade nicht so,“ drucksen die einen. „Mensch, komm doch rein“, sagen andere. Helden sagen mitunter gar nichts. Sie schauen einem in die Augen und tun, was zu tun ist. Bei Kellnern ist es übrigens ähnlich. Schon im Herrenbrevier von 1913 erfährt man, daß nur die besten unter ihnen die hohe Kunst der lautlosen Unterhaltung beherrschen, außerdem können Spitzenkellner angeblich auch mit dem Rücken sehen. Die Schlechten beherrschen den Kanaldeckelblick, rennen eckig und reden zuviel.

Gauweilers Abendgäste, die Klingelfrage, ein frisches Hemd, auch das Wissen, wo und mit wem man ohne Begründung eine Flasche Wein (Hummer/Speck/Butterbrot) teilen kann, weisen dem Mann von Welt seit jeher die Richtung.

2016

Sommer

Ankunft in Soglio im Bergell

Der Handkoffer

Der Weg ins kleine Paradies führt selten über Gate A-14. Eher über eine Pflastergasse, barfuß über Dünen oder auf einem Plattenweg in die Höhe. Waren Sie schon einmal mit einem Rollkoffer über die Dünen in Richtung kleines Paradies unterwegs?

Gegen Ende des letzten Jahrtausends, kurz vor Ausbruch der Rollkoffer-, Billigflug- und All-inclusive-Pandemie, habe ich mir einen englischen Handkoffer von Papworth gegönnt. Man konnte damals noch nicht im Internet bestellen. *Michael Sohr*, der bis heute einen kleinen, feinen Laden für Lederwaren, Taschen und Accessoires in der Freiburger Talstraße hat, bestellte damals den Koffer für mich. Die Lieferzeit betrug gut sechs Wochen.

Mein Koffer hat keine Räder und kein Zahlenschloß, es ist ein Modell an der Schwelle vom Reisen zum Befördertwerden. Seine nicht vorhandenen Rollen haben zwei Vorteile: man achtet auf leichtes Gepäck und emittiert auf historischem Pflaster weniger Lärm als ein Geschwader von Roll-

Chesa Grischuna
Klosters
and Hôtel MIR
S. MARGHERITA LIGURE
ITALY
PALACE
HOTEL
RUXE
GENOVA
HERRENANZÜGE
NACH IHREN MASSEN
Brioni
ROMA

koffern. Soviel Rücksicht muß sein, gerade fremden Völkern gegenüber.

Mein Koffer hat hakelnde Förderbänder und sizilianische Fuhrknechte gut überstanden. Auf einer stürmischen Überfahrt von Milazzo auf die Liparische Insel Vulcano hat ein neben mir sitzender seekranker Insulaner mittelschwer auf den Koffer gespuckt. Der Ärmste bestand darauf, das Malheur sofort nach Ankunft durch eine Einladung in die nächste Hafenbar zu beheben, außerdem revanchierte er sich mit einigen Restaurantempfehlungen für die Inseln.

So nach 20 Jahren im Einsatz, es war im Burgenland am Neusiedler See, haben sich zwei Nieten des Schnappschlosses gelöst. Der ungarische Wagenmeister des Hotels fixierte die Messingnieten mit ein paar Schlägen. Ein Hammer, ein paar Feilenstriche zum Entgraten und das Schloss war wieder nietfest. Versuchen Sie das mal mit einer Plastik-Hartschale von Samsonite.

Außerdem haben Portiers und Wegelagerer einen guten Blick fürs Gepäck. Selbst abgebrühte Taxifahrer werden wieder zu Menschen, wenn sie keine telefonierende Hartschale befördern müssen. Manchmal bekam ich sogar von einer der Damen am Check-in ein Kompliment, immerhin für meinen Koffer. Alleinreisende mit Handkoffer lösen eine Art Beißhemmung aus – das gilt meines Wissens weltweit. Der Effekt kann verstärkt werden, wenn unter die Koffergürtel eine Zeitung geschoben wird. Mit Aufklebern darf man es nicht übertreiben. Und wenn, die richtigen.

Zusammenfassend läßt sich feststellen: Über den Lebenszyklus gerechnet, relativieren sich Mehrausgaben für Taschen und Gepäckstücke allemal. Gegen den Einwand, man könne mit einem tragbaren Anachronismus schlechter drängeln und rennen, hilft die Einsicht, daß auf Reisen das Vergnügen oft dann beginnt, wenn der letzte Zug gefahren ist. 2011

Klare Kante – Speisesaal Hotel Krafft, Basel

Kein Wind auf dem Teller

In Joseph Wechsbergs kulinarischem Klassiker *Forelle blau und Schwarze Trüffel* gibt es eine Passage zum Thema draußen essen. „Ich erklärte, ich würde meine Mahlzeit lieber drinnen einnehmen. Monsieur Thuilier stimmt mir zu. Für einen Imbiß mit kaltem Fleisch, Käse und Salat ist die Terrasse ja sehr hübsch, aber Ihr Essen können Sie dort draußen nicht richtig genießen, denn da weht der Wind Ihnen den Staub auf den Teller und die Blüten fallen ins Weinglas."

Draußen weht nicht nur Wind, auch der Service agiert draußen manchmal böig, zu schweigen von den Unannehmlichkeiten, denen der Gast im Freien oft schutzlos ausgeliefert ist. Von der marodierenden Junggesellengruppe bis zu den sprichwörtlichen zwei Frauen mit vier Möpsen droht allerlei Treibgut – und manches davon bleibt eben doch im Vorgarten hängen. Ein gutes Gasthaus hat stets eine auch schützende Funktion. In einer kulinarischen Kapelle sorgen mitunter getönte Glasfenster, wie in der traditionellen Weinstube, für eine andächtig gedämpfte Lichtstimmung. Wie ein Filter wirkt auch die schwere, den Alltag bremsende Holztür. Dann die umlaufende, in Kirchenbankmanier gehaltene

Bistro 1911 im Hôtel Terminus, Cahors

Sitzbank, unverrückbar fest stehende Tische statt wackliger Tischchen. Drinnen ist Sicherheit und Andacht.

Beglückend kann es sein, an einem heißen Sommertag bei geöffneten Fenstern drinnen zu essen und das Treiben draußen aus der Distanz wahrzunehmen. Gerade in südlichen Ländern schätzt man bis heute die Distinktion im Speiseraum. „Nur Hunde und Touristen schwimmen im Meer," hieß es früher in Spanien. An Spaniens Küsten hat sich einiges verändert, der Comedor als Alternative zum Touristenteller hat sich gehalten.

Schon im 19. Jahrhundert schrieb ein Nervenarzt und Gastrosoph unter dem Pseudonym *Anthonius Anthus* über kulinarische Erfahrungen. Seine *Vorlesungen über Eßkunst* gehören zu den Klassikern der deutschsprachigen Gastrosophie. Zweihundert Jahre vor dem Aufkommen von Food Huntern begab sich Anthus auf eine kulinarische Entdeckungsreise nach Venedig. Mit Bedacht logierte der Eßkünstler am Markusplatz in einen Gasthof zweiten Ranges. Anthus wußte, „dass die Nationaleigentümlichkeit der Kochkunst dort noch mehr in Reinheit besteht, während sie in den Luxushotels anglisiert und französiert ist."

Auf einem obligatorischen Marktrundgang inspiziert Anthus zunächst die allgemeine Lage, er erfreut sich am „froschartigen Geschrei der Aqua-Verkäufer" und dem Anblick von Frauen, „die bunte Blumen in den schwarzen Haaren trugen und ebenso blumengeschmückte Würste und Schinken feilboten". Dann war es endlich Zeit zum Mittagessen. Natürlich drinnen. „Einen sehr günstigen Eindruck machte die für mich hingestellte, statt mit einem prosaischen Korkstöpsel mit einem zierlich gefalteten Weinblatt verschlossene Flasche. Heiter und frei stimmten auch die offenen Fenster." Noch heute gilt: Einem Gasthaus, wo Fenster etwas offen stehen und Weinflaschen mit einem Weinblatt verschlossen werden, kann man vertrauen. 2022

Grün ohne Grenzen – Schlegelhof, Kirchzarten

Glück im Freien

Aber es gibt auch Orte, welche ihren Ruf unerschütterlich behaupten. Hierher gehören all jene, welche durch den stillen, aber dauerhaften Reiz guter Speisen und Getränke wirken." In seinen „Studien und Skizzen aus dem alten Wien" beschäftigt sich Adalbert Stifter ausführlich mit Kaffeegärten und Ausflugslokalen seiner Zeit. Stifter beschreibt Moden und Trends, auch der unverlangte Auftritt von Musikanten war im Wien des 19. Jahrhunderts eine Herausforderung. Geübte Gäste verstanden es jedoch, sich derlei Zwangsunterhaltung „durch ein paar Groschen vom Halse zu schaffen".

Unter den gastronomischen Disziplinen ist die gepflegte Bewirtung unter freiem Himmel bis heute eine der heikleren Übungen. Selten vereinen sich hervorragende Lage, anwesende Gäste, gute Speisen und Getränke zur perfekten Welle. Eine Bewirtung auf Betonformstein mag heute die Regel sein, aber eine Einfriedung mit Baumarktkübeln macht noch keinen Wirtsgarten. Im Schatten von ambulantem Kübelgrün kann das Beruhigende einer verwurzelten Gartenwirtschaft kaum gedeihen.

Nostalgisches Rückzugsgebiet – Zum Rheintal, Reckingen

Kies und Kastanienschatten – Rebstock, Buchholz

Auch aufgehübschte Durchgänge und eng bestuhlte Trottoirs, die im Zuge eines hysterischen Draußensitzzwangs erblühen, sind alles, aber keine Gartenwirtschaft. Tische verteilt auf englisch kurzem Rasen, Rittersporn im Sommerwind, womöglich noch ein Salatbeet und ein alter Holunder hinten beim Lattenzaun, dichter Kastanienschatten – die Zutatenliste einer Gartenwirtschaft ist lang und längst steht die vollwertige Gartenwirtschaft auf der roten Liste aussterbender Arten. 150 Jahre nach Adalbert Stifter gibt es genug Geländewagen, aber kaum mehr Gelände für Gartenwirtschaften. 2012/2023

Eine kleine Auswahl **angenehmer Gartenwirtschaften** (mit Vesper- oder Speisenangebot, Reihenfolge von N-S, ohne Wertung): Rebstock, Buchholz (Kastanienschatten & Kies). Sonne, Oberglottertal. Köpfers Steinbuck, Bischoffingen (wg. Terrasse). Schlegelhof, Kirchzarten (Tische im Rasen), Bruggaa, Oberried-Geroldstal (wg. der Veranda). Drei Lilien, Sulzburg-Laufen. Ochsen, Müllheim-Feldberg (Pergola & Staudengarten). Hirschen, Kandern-Egerten (reizende Landpartie). Walsers Landhotel, Efringen-Kirchen. Zum Rheintal, Reckingen am Hochrhein.

Auf den Spuren vergangener Zeiten – Hederle 3, bei Oberprechtal

Nachhaltig

Unter Serientiteln wie „Bauen und Bewahren", „Topographie" und „Bayrische Hauslandschaften" schuf der 1937 geborene Dokumentarfilmer und Autor *Dieter Wieland* bis ins Jahr 2015 mehr als 250 Architektur- und Heimatfilme, überwiegend für den Bayrischen Rundfunk. Gültigkeit und Tiefgang seiner Arbeiten sind beeindrukkend. Filme wie „Unser Dorf soll häßlicher werden", „Hilfe, mein Haus ist ein Denkmal" und „Der Jodlerstil" belegen die architektonische Verlumpung des ländlichen Raumes durch mißratene Renovierungen und Neubauten. Wegen seines Engagements trägt Dieter Wieland den Ehrentitel „die kritische Stimme Bayerns"; die meisten von Wielands Fernsehfilmen sind in der Mediathek des BR abrufbar.

Wieland zeigt aber auch positive Beispiele und Lösungen. „Die große Kunst, ein kleines Haus zu bauen" ist eine Hommage an das schlichte, aber konsequent durchdachte und materialsensible Bauen. Der Zaun, die Tür, das Fenster, das Dach, der Brunnen, das Wirtshaus – ruhige Bildfolgen mit sekundenlangen Detailaufnahmen, dazu ein eindringlich

Vergangenheit mit Zukunft – Im Hederle 3

suggestiver Text mit kräftigen Vergleichen – Wielands Filmdokumente wirken im Umfeld des Hüpfburgfernsehens von heute wie ein ruhender Pol – so könnte Heimat aussehen. Könnte, wenn Geschmacksbildung zu den bürgerlichen Tugenden zählen würde.

Eine vergleichbar konsequente Filmreihe zur Topographie von Heimat und zu unserem architektonischen Erbe haben andere Rundfunkanstalten nicht zustande gebracht. Werden sie auch nicht mehr zustande bringen, weil die Verbreitung von Puderzucker mittlerweile zum unverzichtbaren Programmauftrag gehört. In der Mehrzahl der Heimatfilme sollen Moderatoren nicht kritisch hinschauen, fragen und kommentieren, sondern konsequent grinsen.

Intern heißen die für süßliche Regiotümelei zu intelligente Gebührenzahler „Beifang". Damit hat die Anmaßung mancher Sender die Haltung Marie-Antoinettes erreicht. Wenn die Denkenden nichts zu sehen bekommen, sollen sie doch ins Internet gehen. Gäbe es jemanden, der die Volksbespaßer

Originalität statt Komfort – Ferien im Baudenkmal

zur Rücknahme ihrer unverwüstlichen Heiterkeit anhält, ich würde gerne einen Beitrag in Höhe der monatlichen Rundfunksteuer überweisen.

Sicher, Wielands Filme sind in der Mediathek zu sehen. Ein Dieter Wieland von heute hätte es dennoch schwer, seine vielfach prämierten Heimatfilme im Fernsehen so prominent zu platzieren wie seinerzeit. Eine im Wielandschen Sinne hinschauende Lokalredaktion gibt es im Südwesten ohnehin schon länger nicht mehr. Beim Bürgermeister, bei der Bürgermeisterin auf dem Schoß sitzt es sich halt bequemer als auf den Knackpunkten im Bauausschuß. Eine amtliche Pressemitteilung ist schneller verwurstet, als ein architekturkritischer Beitrag geschrieben. Sehen Redakteure all die mißratenen Bauwerke eigentlich nicht, an denen sie Tag für Tag vorbeifahren oder sind sie zu feige, darüber zu berichten?

Und noch was: Mancher Beitrag zum Scheitern eines Großprojektes ist so bequem wie folgenlos. Nebenan, wo es wehtut, würde Kritik Zeichen setzen, vielleicht auch Wirkung

Ferien im Vorgestern – Eingang Hederle 3

entfalten: Empört euch über eure verhunzten Ortseingänge, über Brunnen, aus denen Hunde, aber keine Menschen trinken mögen, über totsanierte Rathausplätze, ökologische Ausgleichsflächen für alleinerziehende Eidechsen, über Biotope und sündteure Amphibientunnel bei gleichzeitiger Storchenansiedlung. Schreibt über die sinnfreie Fledermausbrücke an der Oberrheinstrecke bei Müllheim und empört euch angesichts der Ödnis des Aufmarschplatzes an der alten Synagoge in Freiburg, schreibt über die für immer und ewig verhunzte Ortsmitte von Efringen-Kirchen.

Früher stand neben dem Eingang eines Wohnhauses eine Sitzbank. So eine Bank ist eine Geste. Heute geht die Garagentür automatisch auf und die Bewohner verschwinden in einer gedämmten Burg mit Sehschlitzen und Bewegungsmeldern. Leute, die in solchen Castoren wohnen, sitzen in Bauausschüssen, wollen „Bürger abholen" und sie reden von Teilhabe. Ich traue aber keinem, der Bürger abholen möchte. Dieter Wieland sagte vor 30 Jahren zum Thema Hauseingang: „Der Eingang ist der Anfang eines Hauses. Das Glück des

Die gute Stube im Hederle

täglichen Nachhausekommens. Ein paar Schritte können das entscheiden.“ 2012/2023

Alle Fotos zu diesem Text sind anlässlich eines Ortstermins Im Hederle Nr. 3 bei Oberprechtal entstanden. Auf Einladung von Constanze und Christoph Freudenberger fuhr ich im Juni 2023 in das ruhige Seitental des Elztals, wo die Freudenbergers das baufällige Ensemble im Hederle ersteigert und überaus engagiert saniert haben. Das Baudenkmal aus dem 18. Jahrhundert wurde auf Eigeninitiative seiner neuen Eigentümer im Jahr 2018 zunächst unter Denkmalschutz gestellt, danach von 2020 bis 2023 in Eigenleistung so fundamental wie detailverliebt saniert.

Das Ensemble wird als Ferienhaus vermietet, aber nicht nur. Es soll auch als motivierendes Beispiel für Entwickler ähnlicher Konzepte dienen. Durchhaltevermögen und Enthusiasmus der Eigentümer sind ebenso beeindruckend wie deren handwerkliche Konsequenz. Alles Weitere zur Geschichte des Hauses und zu den Optionen eines „Urlaubs in der Vergangenheit“: hederle3.de und Ferien-im-Baudenkmal.de.

Über das Hederle, auch über ein Bahnwärterhaus in Triberg/Gremmelsbach vom selben Bauherren gibt es zudem zwei Filme, die sich von der eingangs beklagten Berichterstattung unterscheiden: „ZEITMASCHINE Urlaub wie 1740“ und „Urlaub im 'Posten 61': Wohnen im Bahnwärterhaus“, beide sind von der SWR-Autorin Inès Plume.

St. Alban Vorstadt, Basel

Nachladen

Der Umgang mit Brunnen sagt viel über uns. Die Pflege und Achtung von öffentlichen Brunnen war über Jahrtausende existenziell für ein Gemeinwesen. Seit wenigen Jahrzehnten werden Brunnen, speziell jene im urbanen Raum, nur ausnahmsweise als Lebensspender gesehen und entsprechend respektiert. Der Brunnen mit Trog, Brunnenstock und Trinkwasser in Mundhöhe hat vielerorts ausgedient. Moderne Brunnen sind als beleuchtete Pfütze, infantile Hüpfburg oder Restmüllcontainer gestaltet und sie werden auch so genutzt. Man nennt das auch innerstädtische Aufwertung. Umso mehr fallen mir Ausnahmen wie in Staufen auf, wo am Brunnen auf dem Rathausplatz eigens ein Trinkwasser"-Schild angebracht wurde.

In Freiburg hat es der Platz an der Alten Synagoge zum Negativbeispiel einer geschichtsvergessenen Brunnenkultur gebracht. In der historisch kurzen Zeitspanne, in der öffentliche Brunnen zur Karikatur degenerierten, konnten hyperventilierende Aktivisten zum Vorbild werden. Mitunter beginnt der lange Marsch zur Rettung des Planeten sogar an einem Brunnen, dessen Schild „Kein Trinkwasser" verspricht. Außerdem gibt es ein inverses Verhältnis zwischen

Jahrhunderte in Betrieb – Holzbrunnen bei Guarda, Unterengadin

dem Verschwinden von Trinkbrunnen und der Zunahme von Ladesäulen. Aus humaner Sicht erscheint mir die Möglichkeit zum Auftanken an einem Trinkbrunnen jedoch ebenso bedeutend wie das Laden an der E-Säule.

Ganz anders die Brunnenkultur in der Schweiz. Allein in Basel gibt es 200 gepflegte und kräftig schüttende Trinkwasserbrunnnen, viele davon sind ganzjährig in Betrieb. Ebenso exemplarisch sind die historischen Holzbrunnen im Engadin, die selbst im tiefsten Winter weiterlaufen. In der grünen Hochburg Freiburg spenden mittlerweile wieder einige Brunnen im Sommerhalbjahr immerhin einen bleistiftdünnen Strahl Trinkwasser (Rathausplatz, Schwabentorplatz, Martinstor, Herrenstraße, Bertold-/Ecke Niemensstraße). Die kostenlosen E-Ladepunkte werden sich in Freiburg dennoch stärker vermehren als Trinkbrunnen. Auch deshalb schätzen Distanzwanderer und Tourenfahrer im Neuland die Lademöglichkeiten am obligatorischen Wasserhahn auf Friedhöfen.

Der Mensch ist, was er ißt – der schon etwas ältere Hut von Ludwig Feuerbach schützt bis heute vor kulinarischen Irrungen. Eine Schweinenackendiät befördert die Bildung humaner Problemzonen, klimaneutraler Seealgensalat mag für einen moralisch makellosen Teint sorgen. Aber wer hat mit einem Ernährungstaliban jemals einen anregenden Abend verbracht? Paleo-Puffreis zum Dinner für Zwei ist vermutlich keine gute Idee.

Der Mensch ist, was er trinkt – stimmt auch. Bier schäumt, Sekt moussiert. Bierkultur und Weinkultur sind zivilisatorische Meilensteine, aber grundverschieden. Zwischen dem sozialen Gefüge von Weinstube und Brauhaus liegen Welten. Nach getanem Tagwerk läuft Flaschenbier gut rein. Flaschenwein, speziell ein Frühschoppen ohne Trinkbecher, geht nach wie vor nur draußen auf der Platte.

Wobei in jeder Regel auch Chancen verborgen sind. Wer seinen lästig gewordenen Bekanntenkreis nachhaltig reduzieren möchte, setze sich an einem schönen Frühlingsmorgen mit einer Flasche Weißburgunder auf die nächste Parkbank, lese eine gedruckte Zeitung und schaue dann und wann gen Himmel. Außerdem sei in diesem Zusammenhang an einen Aphorismus von Jean Paul erinnert: „Entwirf beim Wein, exekutiere beim Kaffee.“

Der Mensch ist, wie er wandert und rastet. Proviant, ein Tischtuch und Becher in Rucksack oder Kofferraum und eine Pause wird zum kleinen Fest. Wo Trinkwasser aus der Erde kommt, verweilt man zudem angenehmer als in Nachbarschaft einer Ladesäule. Das Schlußwort spricht der emeritierte Rallyesportler und späte Philosoph Walter Röhrl: „Ich bin 74 und habe keine Zeit mehr, die ich an Ladesäulen verschwenden könnte.“ 2021

Abends auf der Lütholdsmatt – oberhalb CH-Alpnach

Vesperplatz

Eine Tour ohne Einkehr ist wie ein Berg ohne Gipfel. Aber auch die Wegzehrung ist genußrelevant. Etwas Proviant, womöglich in einem speziellen Laden am Ausgangsort komplettiert, ersetzt zwar kein Gasthaus, ein gefüllter Beutel beruhigt auf Streifzügen aber ungemein. Zudem wissen empfindsame Landjäger, daß eine Tour dank klug gewählter Rastplätze mehr Tiefe verspricht, als mancher Gipfel, auf dem es so unheilig zugeht wie auf einem überladenen Ausflugsdampfer. Proviant beruhigt und er bereichert das Panorama.

Rastplätze versprechen Sicherheit, bieten Übersicht und Orientierung. Ein exponiert gelegener Fleck am Waldrand, eine Terrasse am Steilhang, die stille Bucht am Wasser, allesamt Orte, die instinktiv zur Stärkung im Freien einladen. Aber gleich wo man sich niederläßt, zur offenen Perspektive gehört immer ein sicherer Rückraum.

Auf Nummer sicher gehen gehört zu unserem Erbgut. Der Wanderer, der aus dem Wald ins Freie tritt, genießt die Aus-

Im Breisgau zwischen Attental und Glottertal – Wildtaler Eck

sicht, nach einem archaischen Programmcode sichert er aber auch vor ihm liegendes Neuland. Historisch betrachtet, ist die Baumsavanne der Idealtyp einer humanen Landschaft. Parkweite Savannen bieten ein Mosaik aus vegetationsreichen, erhaben gelegenen Schutzinseln. Von dort erschließen sich offene Räume mit der Option auf naheliegende Wasserstellen, Stärkung und Erholung. Solche evolutionsbiologischen Gründe für die Attraktion gewisser Rastplätze sind uns modernen Nomaden nicht mehr gegenwärtig. Aber bis heute bieten Halbhöhenlage, Waldrand und Felssporn einige Vorteile. Darunter auch die Sicht auf allerlei Kulturformen moderner Savannen, mitsamt Fluchtmöglichkeit ins Unterholz. Für unsere Vorfahren konnte das lebensrettend sein, heute kuriert ein gut gewählter Vesperplatz manche Schwachstelle im Wegverlauf.

Im englischen Landschaftspark, in William Turners Malerei der Romantik, Jahrhunderte später im Konzept sogenannter Premium-Wanderwege – stets wurden Strukturen und Elemente anthropologisch günstiger Lebensräume wieder und wieder neu arrangiert und idealisiert. Aus dem Teehaus des alten Landadels wurde der Frühstücksplatz des Wandervogels. Dem kulinarischen Freigänger genügen Stoffserviette, Korkenzieher und Aussicht, einen Tisch findet er überall.

Zum Thema Erlebnistiefe bleibt mir eine Jahrzehnte zurückliegende Skitour aufs Walliser Allalinhorn bis heute unvergessen. Nicht wegen der schlaflosen Nacht im rappelvollen Massenlager der Britanniahütte auf 3.000 Metern, auch nicht wegen der mühsamen Gletscher-Latscherei mit hämmernden Schläfen und kurzem Atem im Morgengrauen. Die Schlüsselstelle der technisch eher leichten Tour war ein sozialer Moment kurz vor dem letzten Anstieg zum Gipfel. In einer windgeschützten Nische neben der Route plauderte ein sichtbar heiter gestimmtes italienisches Paar. Die beiden teilten sich zum Sonnenaufgang ein Heißgetränk aus der Thermosflasche, Feuer und Zigaretten. Motto: „Frohen Herzens genießen", 200 Höhenmeter vor dem gut 4.000 Meter hohen Allalinhorn – unsere pflichtbewußte Alpenvereins-Karawane keuchte sprachlos vorbei. Ich beneide die beiden bis heute.

Spätestens seit der Szene am Allalinhorn sind mir Momente am Weg wichtiger als Höhenmeter und prominente Ziele. Genuß im Freien ist unter manch anderem auch ein Akt der Befreiung. Solange es Menschen gibt, die aus Proviant, Waldrand und Panorama ein Menü komponieren und danach spurenlos weiterziehen, lebt die Lust an Freisinn. 2021

Zum Bild am Kapitelanfang: Die herausragend gelegene **Bergbeiz** auf der ***Lütholdsmatt*** (1.150 m) liegt auf der Südseite des Pilatusmassivs. Guter Tourenausgangspunkt mit Panoramaterrasse, aber auch ein Platz zum nur Hinfahren und Sitzenbleiben. Asphaltierte, landschaftlich anregende Zufahrt ab Alpnach-Dorf über die Grunderbergstraße.

Direkt am Anfang der Auffahrt liegt die Käserei Flüeler, Grunderbergstraße Nr. 7; dort u.a. auch hervorragender Sbrinz von Milchlieferanten der Umgebung (Bio- und konventionell). Zwei weitere Käsefachgeschäfte im Ort.

Meerblick im Suppentopf

In Portugal gibt es Autofahrer, die ohne ersichtlichen Grund plötzlich von der Hauptstraße abbiegen und auf irgendeiner Stichstraße vor ans Meer fahren. Meistens sitzt dabei nur eine Person im Auto. Mitunter auch ein Paar, aber so gut wie nie ist das Fahrzeug der Spontanabzweiger voll besetzt. Am Wendeplatz in den Dünen oder auf einer windigen Klippe angekommen, verläßt selten jemand das Auto. Die Portugiesen bleiben einfach still sitzen und schauen dem Atlantik beim Arbeiten zu; meist hinter geschlossener Seitenscheibe.

Um schöne Aussicht zu haben, bleibe man an Land und blicke aufs Meer, heißt jedenfalls eine alte Seefahrerregel. Oft dauert die Visite nur ein paar Minuten, selten bleiben die Besucher länger als eine halbe Stunde vorne am Meer. Die Rückfahrt in Richtung Realität erfolgt dann ebenso beiläufig wie die Hinfahrt.

Der anlaßlose Abstecher ans Meer zählt offenbar zum kulturellen Erbe Portugals, das über mehrere Jahrhunderte mit dem Rücken zu Europa und dem Gesicht zur See lebte, hoffte

Leider Geschichte – Backfische in der Krone, Wittenweier

und bangte. Der Nachlaß der Landesgeschichte wurde zu einem Ritual. Angewandt zur Stärkung der Gelassenheit, bei aufkommender Wehmut oder milder Sehnsucht.

Eine weiteres Motiv aus meinem mentalen Fotobuch Portugal heißt Arroz de Marisco. Ein sämiger Meeresfrüchte-Eintopf, direkt vom Herd weg serviert, in einem matten, meist auch schon etwas verbeulten Aluminiumtopf. Nach Lüften des Deckels steigt ein Duft von Meer, Korianderkraut und Aufbruch auf. Ein Gericht, immer vielstimmig, nicht vorlaut, sättigend, aber nicht plump. Besonders wohlschmeckend in einer Holzbude an der Küste, an deren Vordach der Wind zerrt. Ein Land verdichtet in einem dampfenden Eintopf, eine Stimmung am rauhen Ende der Straße, viel mehr kann man von einer Mahlzeit nicht erwarten.

Die Entfernung zum Meer ist freilich nicht das Entscheidende bei solchen Charaktereinkehren. Projektionsflächen sind austauschbar. Aus dem portugiesischen Alutopf schmeckt es so gut wie aus der badischen

Löwenkopfterrine. Eine regional geerdete Küche und die Phantasie des Reisenden sind ein unschlagbares Doppel.

Vielleicht ist hier und heute der richtige Moment, allen Gastgebern zu danken, die ihre Gäste immer schon in diesem Sinn bewirtet haben und es nach einer Zwangspause weiter tun werden. Es braucht den Leuchtturm im Nebel nicht nur an der Küste, sondern auch an Land. Habt also Dank für all die Platten, die geteilt werden können oder auf einem Rechaud serviert werden, für Schüsseln und Terrinen, statt noch einer verkünstelten Kreation, die in einem abgrundtiefen Teller ruht, schwer zu fassen und noch schwerer zu essen ist. Danke für Kraftbrühe, statt Süppchen, für Braten, statt Gebrätel, für Jus, statt Tunke, für Gemüse mit Biß, statt Brei ohne Aroma. Danke für Service statt Gehüpf, für Weinkühlschrank statt Weingeschwätz. Danke für Messer, die schneiden, Gabeln, die stechen; warme Teller und weiche Servietten nicht zu vergessen.

Danke nochmals nach Portugal für all die Entenmuscheln und Seespinnen in hüfthoch gekachelten, neonhellen Werkstätten, die mehr Atmosphäre haben als ein bewirteter Kühlschrank voller Narzissten. Danke für Backfische und Kartoffelsalat in der Krone zu Wittenweier (die es leider seit einem Jahrzehnt nicht mehr gibt). Ein Lob für jeden Teller dünn geschnittenen Rohschinken, der mehr über die Tier- und Menschenhaltung in einem Gasthaus verrät als frommes Getue.

Daß wir zu jeder Zeit und überall nur Gäste auf Zeit sind und eher zu den Auserwählten im großen Garten zählen, wäre Grund genug für ein angemessenes Mahl, gewürzt mit einer Prise Demut, mitunter auch mit Wehmut. Auch das kann man in Portugal beim Abbiegen ans Meer lernen.

2020 (während der Corona-Restriktionen)

Grüner wird's nicht

Zwischen der Kinzig im Norden, dem Elztal im Süden und dem gewundenen Talgang der Schutter im Westen grüßt der Mai mit allen Grüntönen, die ein deutsches Mittelgebirge zu bieten hat. Ich habe nicht mitgezählt, aber ein Farbensammler fände auf den Höhen zwischen Elzach und Haslach sicher eine hohe zweistellige Zahl von Grüntönen, mit denen er seinen Vortrag anreichern könnte. Auch ein Parfumeur fände zwischen frisch gemahten Fettwiesen, Buchen- und Nadelwäldern nach Regenschauern und Maikäfer in der Schuhschachtel genug Worte zum Schmieden duftiger Verse.

Zunächst führte mich die Landstraße 101 aus dem Elztal über diverse Ortsteile, Weiler, Gehöfte und Zinken der Flächengemeinde Biederbach bis nach Oberbiederbach. Dort wäre mit der in blühendem Barock ausgestatteten Wallfahrtskirche eine erste Landmarke erreicht, zugleich ein günstiger Ziel- oder Ausgangspunkt für Touren ins satte Grün. Noch gut einhundert Höhenmeter darüber liegt die Paßhöhe an der

< **Auf der Breitebene bei Hofstetten**

Frisch geduscht – Breitebene nach dem Gewitter

L 101 bei den Höhhäusern und der 640 Meter hohen Breitebene. Zwei Fußstunden lang und ebenso breit mißt allein schon die Gemarkung von Biederbach. Gerade 54 Einwohner kommen hier auf einen Quadratkilometer Landschaftspark. Das ist eine Bevölkerungsdichte wie im Süden Brandenburgs, allerdings bietet das Land dem Auge mehr Abwechslung als die Norddeutsche Tiefebene.

Von der Breitebene streben Breitenbach und Salmensbach in freiem Lauf gen Hofstetten. Wir sind im Hansjakobland, also Wanderland, also Wegkreuze, Viehweiden, Mähwiesen und gepflegte Wirtschaftswälder sonder Zahl. Und dazu immer wieder eine dieser butterblumengelb lackierten Ruhebänke an Stellen mit Berg-, Tal- und Durchblick. Der Verkehr besteht wesentlich aus Paketdienstfahrzeugen und Elterntaxis. Ansonsten nichts als Weite und Stille.

Auch der Schwarzwaldverein hat zwischen Kinzig und Elz mit Wegweisern nicht gespart, ein Verirren ist im Revier zwischen Biederbach und Hofstetten somit kaum möglich,

Gasthof mit Vergangenheit und Zukunft – Drei Schneeballen

Verfahren aber durchaus. Selbst kleinste Hofstellen sind mittlerweile mit asphaltierten Nebenstraßen erschlossen, die Zahl der Sackgassen und Schranken ist dennoch nicht zu unterschätzen. Auch das Warnschild am Salmensbach bei Hofstetten sollte man als Spediteur ernst nehmen. Es weist darauf hin, daß die Routen über Lachen und Weißer Brunnen in Richtung Freiburg und Lahr mit Hänger nicht befahrbar sind – schmale Straßen, enge Kurven, weite Landschaft.

Zur Krönung schöner Stunden zwischen Kinzig und Elz dienen zwei bemerkenswerte Einkehren sehr unterschiedlichen Formats. Bereits in der außerordentlich akkurat frisierten Talgemeinde *Hofstetten* könnte man den gediegenen Landgasthaus-Charme und die zuverlässige Küche der *Drei Schneeballen* genießen. Auffallend großzügig gestellte Tische locken in die historische Gaststube: flaschengrüner Kachelofen, weiße Tischdecken, Ahnengalerie an holzgetäfelten Wänden, Sauerbraten vom Hofstetter Weiderind, aufmerksamer Service, Gästezimmer jeder Art. Und zu

Bereit zur Brotzeit – Schmalzenhof bei Hofstetten

guter Letzt sind die Drei Schneeballen auch zum Mittagstisch dienstbar, was mittlerweile alles andere als selbstverständlich ist. Meine Güte, welche Würde und Vitalität kann ein Gasthaus der Ortsmitte einer Landgemeinde verleihen? Und nochmal meine Güte, weshalb wurde das Potential solcher Kulturinstitute so oft vernachlässigt oder gar verspielt?

Ein weiterer günstiger Ausgangspunkt für Touren liegt wenige Kilometer den Breitenbach aufwärts auf der *Breitebene* Nr. 7. Auf dem *Schmalzenhof* der Familie Neumaier wurde die denkmalgeschützte Kornkammer zu einer Vollholz-Vesperstube, im Stock darüber entstand eine behagliche Ferienwohnung. Die Stube bietet Berg- und Talblick, sowie kitschfreies Nestgefühl. Dazu gibt es nahrhaft warme und kalte Küche mit Bio-Rindfleisch und Wurst aus hofeigener Schlachtung, auch außer haus Verkauf . Nicht nur die familiäre Grundstimmung, auch die Tiefe der Direktver-

Es geht heimwärts – Breitebene bei Hofstetten

marktung auf dem Schmalzenhof ist beeindruckend. Vier Dutzend Limousin-Mutterkühe stehen mit ihren Kälbern von April bis November auf hofnahen Weiden. Geschlachtet, zerlegt, gereift, gevespert oder auch verkauft wird das Bio-Rindfleisch direkt ab Hof, auch in küchenfreundlichen Formaten – mehr Heimat auf dem Teller und mehr Saft in der Landschaft ringsum, geht fast nicht. 2023

Sahnestrecke – K 6526 im Ibacher Hochtal

Bewegungsfahrer

Die Bewegungsfahrt ist eine Sonderform der Mobilität. Oft ziel- und absichtlos, allein dem Hier und Jetzt und dem Band des Asphalts verpflichtet. Man wähle dazu landschaftsnahe Straßen mit wenig Verkehr und schließe Störungen oder Kommentare durch unverständige Begleitung aus.

Das Spiel von Kraft und Fliehkraft, Berg-, Tal- und Gegenanstieg kann durch passende musikalische Begleitung unterstrichen werden. Etwa *Ludovico Einaudis* Klavier zur gut zweistündigen West-Ost-Querung des Schwarzwaldes. Manchmal genügt aber schon ein Schiebedach, an dem der Sommer anklopft, um spontan in den Modus der Bewegungsfahrt zu fallen.

Solche Bewegungsfahrten beginnen mitunter absichtslos, aber sie könnten weitreichende Folgen haben. Ein Fläschle, zwei Weingläser und Stoffservietten, im Kofferraum neben dem Bordwerkzeug des Kraftwagens klammheimlich verstaut, können den Beginn einer langen Freundschaft markieren, mindestens. Eat.Drink.Woman. Das intuitive Anhalten an einer besonders geschmeidigen Biegung des Asphalts gehört zu den Kulturleistungen, über die niemand lange redet. Entweder man sieht es oder man fährt dran vorbei.

Mit Schwung – von Vorderibach nach Ruchenschwand

Im Muchenland bei St. Blasien

Neulich bin ich mit meinem Wälderfreund Johannes niedertourig durch den Hochschwarzwald gerollt. Auf Nebenstraßen letzter Ordnung über St. Blasien hoch zum Muchenland um *Blasiwald*. Es gab dort taunasse Wiesen statt befahrbarer Seitenstreifen, wenig Wanderparkplätze, kaum Biker, Luft wie kühle Seide. Höfe, die da stehen, wo sie schon immer standen. Auf der Sommerseite oder auf der Winterseite, wo die Sommerhalter und Winterhalter leben.

Und am Abzweig zur Sommer- und Winterseite wartet eine *Sonne*, die nach langer Pause auch wieder auf hat. Bratwürste, Sauerbraten, Hirschgulasch könnten die Bewegungsfahrt ausbremsen. Manchmal kann man sich das Aussteigen schenken, Augen auf und Fenster runter genügen. Aussteigen nur an Stellen, wo die Landschaft einem stillen Höhepunkt zustrebt. Durchatmen und das Bauchgefühl fragen, ob es zur Landesgartenschau erste Kommentare vom Sonnengeflecht gibt. In der nächsten Metzgerei à la minute ein Weckle belegen lassen, oder doch nochmal ins Gasthaus, sofern vorhanden?

2022/2023

Grün 9, Golfclub Baden Baden

Einkehren ohne Platzreife

Unter den Besitzern größerer Ländereien kursiert der Spott, Sport sei ein Privileg von Landlosen. Ein Golfplatzbesuch, ohne Golf zu spielen, ist auch ein Privileg. Einfach hinfahren und zuschauen, die offene Bühne inspizieren. Die Aussicht ins Grüne ist meist ganz ordentlich und mitunter gibt es auch was zum Essen.

In Baden-Baden beginnt das Vorprogramm bereits am villengesäumten Fuß des Fremersbergs, wo Baden-Baden seinem nostalgischen Beinamen Kurstadt Ehre macht. Dann folgt die großzügige Abstellgelegenheit für Kraftwagen, die oben beim Golfplatz ohne Rangieren ausrollen. Kein Parkautomat nirgends. Danach schreitet der Gast zur Restaurantterrasse des Clubhauses, wo weit gestellte Tische 100 Plätze im Schatten alter Kastanien und Buchen bieten.

Dann und wann weht ein trockenes Klacken vom angrenzenden Grün 9 herüber. Der teppichkurze Rasen duftet, der Hausaperitiv moussiert, die Preise sind zivil, die Gastgeberfamilie Krause sorgt seit 2001 für professionelle Gastronomie, auch für Passanten und Golftheoretiker.

Schöne Aussichten – Golfclub Kandern

Die entspannte Grundstimmung auf diesem besonderen Stückchen Erde straft im Übrigen auch Kapitalismuskritiker Lügen. Die vermeintlich so zerstörerischen Kräfte des Kapitals scheinen sich in Golfplätznähe ins Gegenteil zu verkehren und für Baden-Baden gilt das im Besonderen. Das Grün des drittältesten Golfclubs von Deutschland (gegr. 1901) beruhigt und es stärkt sicher auch die Resilienz von einkehrenden Zaungästen. Die Golfplatzgastronomie fügt sich somit trefflich ins große Baden-Badener Ganze. Wer die Gunst von Lage und Stunde auskosten kann, ist hier richtig. Golfabstinenz oder andere Handicaps sind kein Problem, solange der Gast über einen Grundfundus an mitteleuropäischen Kleidungs- und Anstandsregeln verfügt.

Die kurze Hose und das bleiche, stachelbeerige Bein des reifen Herren stehen bekanntlich in heikler Beziehung zueinander. Mit zunehmendem Abstand vom Golfplatz wird die Sache nicht nur in Baden-Baden wenig besser, im Gegenteil.

Auch deshalb seien Freikörper-Ultras und Aktivisten zum Sommerbeginn daran erinnert, daß der öffentliche Raum nicht nur durch die böse kapitalistische Kommerzialisierung, sondern auch von individueller Enthemmung bedroht wird. Die Einkehr unter freiem Himmel ist jedenfalls kein Freibrief für Marotten, vielmehr eine Verpflichtung, das eigene Heim möglichst nur halbwegs angezogen zu verlassen.

Unter der Vielzahl der Golfplätze im Südwesten gibt es natürlich noch weitere, die sich für eine unsportliche Einkehr eignen würden. Zum Beispiel in *Kandern*, wo der Gast auf der Terrasse erhöht über dem Grün sitzt und im Rahmen der üblichen Clubzeiten sehr ordentlich bewirtet wird.

Der clubfreie *Golf Campus* und das integrierte komm-wie-du-bist *Café Mijo* liegen wie eine kleine Ranch in der Tiefe des oberrheinischen Raumes nahe dem Bad Krozinger Ortsteil Schlatt. Schon die Zufahrt auf einer schmalen Agrarpiste mit Ausweichbuchten ist ungewöhnlich, das Schwarzwaldpanorama vor dem Campus einzigartig. Die ehemals weiten Äcker und Feldschläge wurden bei der Umgestaltung zum Golfgelände so modelliert und bepflanzt, daß der Gast das Gefühl bekommt, auf Ländereien von epischer Weite zu blicken.

Das gepflegte Grün scheint sich zum Horizont im Osten zu weiten, wo die weich gezeichnete Kammlinie des Südschwarzwaldes das Landschaftsbild abschließt. Die Stimmung auf der großzügigen Terrasse und im verglasten Café ist informell und leger, manche kommen zum Golf, andere zum Feierabendviertele. Hier könnte ein ungewöhnlicher Rastplatz auf einer Rad- oder Cabriotour durchs topfebene Oberrheintal sein. Eintritt frei, Blick weit – selbst im kurzen Hemd.

2020/2023

Hotel Aiguablava, Costa Brava

Aufwachen und Aufwärmen

Aufwachen in einem kleinen Hotel, wo der Klang von Geschirr und Besteck von der Frühstücksterrasse durch die Fensterläden bis hoch an die Bettlaken weht. Ein paar ferne Schritte und ein Gärtner, der die Beete wässert. Oder die Zimmerstunde am Nachmittag im Dämmer einer halb geschlossenen Balkontür. Davor ein langer Vorhang, lautlos bewegt von der Seebrise.

Manchmal öffnet sich die Tür zur süßen Ewigkeit einen Spalt weit und wenn es unterwegs geschieht, dann sind wir an einem besonderen Ort und fühlen uns leicht und weit entfernt vom Alltag. Und irgendwann geht es auf Reisen nicht mehr darum, an wie vielen Orten wir waren, sondern was wir dort fühlen, hoffen, ahnen. Der Süden nährt uns – „auf Verlangen der Ausländer, die aus Ländern ohne Sonne kommen und sich wieder für das Leben erwärmen wollen," schreibt der portugiesische Schriftsteller Alves Redol zu unserer ewigen Sehnsucht nach langen Vorhängen im Sommerwind.

Es braucht ein paar Jahre, einige Länder und mißratene Versuche, bis wir spüren, ob die Eingeborenen an der Bar

Im Fischerhafen von Jávea, Costa Blanca

eine Mauer bilden oder mit einer einladenden Geste ein wenig von ihrem Raum abgeben. Was unter anderem auch damit zu tun hat, ob der Fremde respektvolle Kleidung trägt oder in Lappen und Schlappen in ein Revier eindringt, das eigentlich gut besetzt ist.

Einer meiner liebsten Momente unterwegs ist das stille Einverständnis, der verbindende Augenblick, wenn eine Geste alles Reden ersetzt. Nach wie vielen Besuchen wird ein Blick mit einem kurzen Nicken beantwortet? Wann erscheint einem eine Bar so selbstverständlich wie das Zifferblatt einer Uhr? Angekommen bin ich dort, wo ungefragt der richtige Wein serviert wird.

Natürlich ist die Vollkaskoreise mit Halbpension, Kräuterseminar und arrangierter Ehe mit dem ach so authentischen Hinterland ungeeignet für Jäger und Sammler besonderer Momente. Online mal schnell beim Tripadvisor vorbeischauen genügt nicht, es stillt allenfalls den Hunger von Schwarmdummen.

Intensität gibt es auch nicht mit Frühbucherrabatt. Im Verzicht auf Gewohnheit und Sicherheit liegt die Chance auf Leichtigkeit und den einen Moment, der bleibt. Die Oliven im Bild oben wurden mir ungefragt in der *Cantina* der Fischer von *Jávea* serviert. An den Tischen nebenan saßen alte Männer, die auf Spanisch über die Niederschlagsmenge des Vortages diskutierten. Es ging um 40 oder 60 Liter in 24 Stunden. Später kam die Sonne raus und die ersten Touristen dazu. Ich hatte noch den frühen Abflug in den Knochen, aber ich ahnte, daß es ein langer Tag am Meer werden könnte.

In den Tag hinein leben klingt banal, ist aber angewandte Lebenskunst, erkennbar an der Langzeitwirkung. Anhalten, wo andere durchfahren, wäre ein Anfang. Das Bleibenkönnen an einem Ort, der gerade vom Himmel fällt, ist eine Chance, die viele überfordert. Dabei verspricht sitzenbleiben, in die Luft gucken, vereint mit weitertrinken, weiterreden, weiterschweigen hohen Lustgewinn bei überschaubarem Aufwand. Besonders in der Nähe von Gewässern gerät man dabei in den wohligen Sog des Nichtsmüssens.

Die Strömung beginnt mitunter auch anläßlich einer kleinen Mittagsrast, die länger als geplant dauert und irgendwann am frühen Nachmittag mit der Reservierung desselben Tisches für denselben Abend endet – was weltweit hohe Sympathiewerte garantiert. Dazwischen bleibt vielleicht noch etwas Zeit, um sich auf irgendeiner Promenade den Wein aus dem Leib zu laufen. Schwimmen wirkt schneller, macht aber mehr Umstände.

Es heißt immer, beim Essen könne man Freunde, Land und Leute am unmittelbarsten kennenlernen. Das stimmt. Aber auch dann, wenn die Tageszeit ihre Bedeutung verliert und nur der Moment zählt, erfährt man einiges über sich und die Welt. Wo es scheinbar nichts zu sehen gibt, sieht man plötzlich alles. Auch deshalb reise ich. 2022

Orte zum Rumkriegen

Es ist schon einige Jahre her, da riet mir ein frisch getrennter Kollege: „Schreib doch mal ein Buch über die schönsten Orte zum Rumkriegen." Wir haben dann den Gedanken etwas weiter gesponnen: Auf was kommt es an, Whirlpool oder puderfeiner Strand? Klosteratmosphäre mit Kreuzgang oder Bergtour mit romantischer Hütte? Humidor oder Himmelbett? Sind Fensterläden mit ausstellbaren Lamellen förderlich oder nur altmodisch. Schwer zu sagen, alles ganz dünnes Eis. Nur eines war klar: Ein gutes Restaurant hat in der Damen-Toilette eine falsch anzeigende Waage.

Ich habe das Thema seinerzeit nicht weiter verfolgt, was feig oder auch klug gewesen sein könnte. Jetzt ist es sowieso zu spät. Außerdem gibt es mittlerweile mehr schwarze Teller mit unsinnlicher Bauklötzchenküche als Gasthöfe mit Schmelz. Und die Wellnessbereiche sind größer als die Küchen; mir ist es aber lieber, wenn die Küche duftet, nicht die Aromasauna. Außerdem müßte das Thema Rumkriegen von einem Autorenpaar bearbeitet werden und ich als alter weißer Mann bin mir nicht sicher, ob es überhaupt bearbeitet werden sollte.

2004

Trend zum Drittöl

In gewissen Kreisen wurde das Kleine Latinum vom Olio vergine abgelöst. Sortenreines Olivenöl aus apulischer Einzellage macht selbst in einer unaufgeräumten Junggesellenwohnung was her. Ersatzweise geht natürlich auch handgepflückter Arabica oder kolumbianische Lagenschokolade, deren klimatischer Fußabdruck durch eine integrierte Sonderzahlung getilgt wurde. In der endklugen Verbrüderung von Konsum und Moral läuft das Geschmacksbürgertum ohnehin zur Höchstform auf. Dennoch wäre der leicht variierte Klassiker „Kommst du noch mit hoch auf ein Schlückchen Jungfernöl," wohl eine Spur zu übergriffig.

Selbst ein Großteil der alten Rollenmodelle funktioniert auf dem neu ausgesteckten Spielfeld. Der blasierte, mit Zitaten und Querverweisen nervende Altsprachler feiert eine zeitgemäße Auferstehung im allzeit dozierbereiten Weinverstehcr. Dessen reifes Obst-, Gewürz- und Verwesungsnotenvokabular überdröhnt jede Situation, bei der mehr als zwei Flaschen aufeinandertreffen. Einer Aromenexplosion ist schwer beizukommen und so ist es nur noch eine Frage der Zeit, bis irgendein Weinpapst im letzten Drittel eines Superburgunders eine Ohrenschmalznote erschmecken wird.

Nur Weinverstehen genügt im Geschmacksbürgertum allerdings längst nicht mehr. Ein Essigseminar sollte man heutzutage schon absolviert haben. Die Pflege einer Essigmutter, ersatzweise die Kenntnis eines promovierten Essigmachers schmücken ebenfalls. Eine zeit lang waren Essigflacons unerlässlich, aber das hat sich wieder gelegt. Balsamicoimitationen sind mit ähnlicher Verachtung zu quittieren wie Groschenromane. Hobbyköche mit Essigdrang, die getürkten Balsamico über alles und jedes träufeln sind gesellschaftlich erledigt.

Auch die rituelle Verkostung gehört zum guten Ton; keine Einladung ohne „Zeig mir dein Salz und ich sage dir, wer du bist." Meersalz ist derzeit besonders in, Bretonisches Fleur de Sel verspricht allerdings kaum noch Statusgewinn. Der Trend geht zum Drittsalz, ein Hauch slowenischer Salzblüte, leicht mystifiziertes zartrosa Himalaya-Ursalz oder ein fair gehandeltes Kleingebinde aus einer Saline der Kapverden wären auch mal ein Zeichen der Solidarität mit dem globalen Süden. Schließlich kompensiert ein politisch korrekt bestücktes Gewürzregal längst die Bücherwand mit ein paar Jahrgängen Kursbuch et al.

Neulich auf einer Einladung. Auf dem backsteindicken, dem Hörensagen nach aus einer umbrischen Fattoria stammenden Massivholztisch, war die folgende Versuchsanordnung aufgebaut: eine getöpferte Schale mit Weißbrotscheiben, eine Schale mit langen Dessertlöffeln, Olivenöl in neutralen, durchnummerierten Flaschen, dahinter sechs Sorten Meersalz in Petrischalen. Dazu gab es keine Gebrauchsanleitung, jeder durfte sich nach Kräften selbst blamieren. Der

„Zeig mir dein Salz und sage dir, wer du bist."

Test wurde nach anfänglichem Fremdeln aber noch ganz anregend. Man kam sich Salz sei dank näher. Zum Glück hatte ich einen Spruch aus dem Meersalzuniversum parat, der auf Sommerfesten fast immer ankommt: „Salz ist Meer, das nicht in den Himmel zurückkehren konnte." Die Aufnahmeprüfung war damit schon mal erledigt. 2009

Exklusiv – Badeanlage Wyden, Erlenbach an der Goldküste

Schöner schwimmen

Für Besucher der Parks von Versailles hat Alain Baraton, Chefgärtner der Anlagen, einen wichtigen Rat: „Nicht den Wegweisern folgen. Der Park ist groß, da kann man einsame Orte finden, wenn man auf Entdeckungsreise geht." Nicht den Wegweisern folgen, Zufälle zulassen, das gilt nicht nur in Versailles, sondern in Ballungszentren aller Art.

Die Zürcher Goldküste, das sonnige rechte Seeufer der Mehrbesseren zwischen Rapperswil und Zürich, ist eine jener Agglomerationen, deren exklusive Orte allenfalls zurückhaltend ausgeschildert sind.

Villen und Lieblingsplätze der „Gestopften" längs der nahezu lückenlos bebauten Seestraße erkennt man daran, daß man sie nicht sofort erkennt. Offensichtlich gibt es hier genug Gärtner, die eine Hecke blickdicht schneiden können. Das adrett frisierte Buchsarrangement im Vorgarten ist freilich längst out, ein durchkomponierter Staudengarten zwischen Bootshaus und Terrasse wäre das Mindeste.

Eintritt gratis – Seebad Tracht in Rüschlikon

Zurück an die Goldküste, wo das feine Leben Spuren hinterläßt. Eine Metzgerei in Erlenbach bietet zum Lammfilet in ihren Auslagen praktischerweise einen korrespondierenden Grand Cru aus dem Bordeaux. Die Existenz einer Grand Cru Metzgerei in einer Zürcher Landgemeinde – das wäre auch mal ein sozialer Indikator. Satellitenschüsseln, in Stockwerkshöhe montiert, markieren dann das andere Ende der Skala. Die sind längs der komplett urbanisierten Seestraße natürlich nicht zu sehen. Dafür an den Hängen hochwachsende Architekturplantagen für jene, die es zur Seesicht, aber nicht zum Seeanstoss gebracht haben.

Wobei man sich an der Goldküste als dahergefahrener Deutscher ohnehin mehr wie ein geduldeter Gastarbeiter vorkommt. Bestenfalls, was ja auch mal eine interessante Erfahrung ist. Nur ein kleiner Kreis von Migranten wie der Milchbaron Theo Müller hat es zur Steuerpflicht an der Küste der Mehrbesseren gebracht.

Erste Lage am See – Badeanlage Wyden in Erlenbach

Wer die latente Diskriminierung durch forcierte Parkplatzverknappung am Seeufer überwinden konnte und am Kassenhäusle artig Danke sagt, darf im Zürichsee auch als Deutscher schwimmen. Und wie. Die Zahl öffentlicher Bäder und Badestellen am See ist legendär. Manche sind sogar gratis, etwa das gepflegte Seebad in Rüschlikon (Bilder vgl. vorige Seite), aber das liegt am linken Seeufer, an der im Winterhalbjahr einigermaßen schattigen Pfnüselküste, auf deutsch Schnupfenküste. Die ist im Sommer aber nicht so schattig wie sie heißt, außerdem hat man von dort den schönsten Blick auf die Goldküste.

Am richtigen, also rechten Ufer in *Zollikon* gibt es zum Beispiel eine historische *Holzkabinen-Seebadi*, Jahrgang 1922, geöffnet von Mai bis September bei aufgezogener Fahne.

Zwei Liegewiesen, „Kioskbetrieb mit frischen Speisen und reichhaltigem Angebot", was wortwörtlich so stimmt. Auf den Holzdecks sind an heiteren Sommertagen auch mal Damen zu sehen, die schlanke Zigaretten mit weißem Mundstück bevorzugen. Das sieht sicher auch zum Sunset-Aperol am Abend gut aus, der sich am See ohnehin größter Beliebtheit erfreut. Für die ebenfalls weit verbreiteten Fischknusperli mit Salat sollte man spätestens am Vormittag seinen Tisch reserviert haben.

Zu einem der kleinsten und diskretesten Freibäder an der Goldküste führt gar kein Wegweiser. Der Zugang zur *Badeanlage Wyden* in Erlenbach führt über den fußpfadschmalen Wydenweg, der unmittelbar neben dem Haus an der Seestraße Nr. 30 beginnt. Nach wenigen Schritten betritt man eine Art öffentliches Privatbad, Unterkategorie historisches Holzbad. 1902 erbaut, 2003 saniert. Saniert, nicht popularisiert, wozu auch folgende Regelung beiträgt: „Erlenbacher/innen erhalten gratis eine Saisonkarte auf der Einwohnerkontrolle."

Der Tarif für Auswärtige beträgt acht Franken (die jeden Rappen wert sind, nahe gelegene Parkmöglichkeit beim Bahnhof Erlenbach). Die Liegewiese der Wydener Badi ist klein, aber oho. Qualität und Stil der Bewirtung entsprechen der exzellenten Lage. Ansonsten gilt das Badegeheimnis.

2008/2023

WEISHEIT
DES
ESSENS

Dicke Portefeuilles, dünne Hüften

Im Duden vom guten Leben, der immer noch nicht lieferbar ist, müßte irgendwo zwischen den Wörtern Lebensgeister und Leberwurst das Stichwort Lebenskunst auftauchen. Die Gabe, mit dem Leben fertig zu werden und sich obendrein noch darüber zu freuen, ist ein Geschenk des Himmels. Alle wollen wir Lebenskünstler sein. Aber die Gabe Lebenskunst kann weder gelehrt noch gelernt, weder gelikt noch gepostet werden. Auch alle Gebrauchsanleitungen zur Lebenskunst sind grober Unfug, weil sich ein Lebenkünstler dadurch auszeichnet, daß er einen erfüllten Tag auch ohne Montageanleitung oder digitalen Beifall komponieren kann.

Genießer wissen zudem, daß Lebenskunst nur schwach mit der finanziellen Ausstattung korreliert. Joseph Wechsberg, Autor des 1953 erschienenen Klassikers „Forelle blau und Schwarze Trüffel“, hat den wenig ausgeprägten Zusammenhang von Geld und Genuß so zusammengefaßt: „Die Herren mit den dicksten Portefeuilles führen zwar manchmal die Damen mit den dünnsten Hüften in die teuersten (wenn auch nicht die besten) Restaurants, aber 76 Kaviarkörner und 76 kleine Nerze machen noch keine Lebenskunst.“ 2021

< **Buchumschlag aus dem Jahr 1922**.

Himmlischer Sommer – im Strandbad Strämu, Thun

Blau machen

Das Thuner *Strandbad Strämu* ist mittlerweile über 100 Jahre alt und fitter denn je. Die Liegenschaft am Westufer des Thunersees zählt zu den schönsten Freibädern Europas; an Föhntagen mit Südstau zu den schönsten Flecken überhaupt. Die Restauration *Strämu-Beizli* reicht über zwei Etagen, mit Buvette und Selbstbedienungstheke tagsüber und bedienter Außenterrasse am Abend, von Anfang Mai bis in den Herbst. Zum Frühstück wird ab 7 Uhr geöffnet, natürlich gibt es Bircher Müsli, frische Gipfeli, Brioche und Kaffee, der wie Kaffee schmeckt. Ab 11.30 wird ein Mittagsmenü geboten, abends von 18 bis 21.30 Uhr warmes Buffet auf der Seeterrasse.

Das sanierte 50 Meter lange Olympiabecken des Strämü hat zehn Bahnen, das Sprungbecken einen Zehnmeterturm. Der parkweite Umschwung mißt fünf Hektar. Ruhezonen, alter Baumbestand, Golfplatzrasen, Kiesstrand, sanfter Abfall in den See, Panoramablick aufs Berner Oberland – ein monumentales Strandbad, ein Tagesprogramm. Im Angesicht von Eiger, Mönch und Jungfrau hinaus ins weite Blaue schwimmen, oder einfach nur Eis essen, lange duschen und den Sommer umarmen. Mehr Leben paßt nicht in einen Tag.

Sehr speziell – Flußbad Schwäbis, Thun

Auch zum Flußschwimmen ist Thun ein lohnendes Ziel. Das türkisfarbene Wasser der Aare wird Flußbad *Schwäbis* auch im Hochsommer selten wärmer als 22 Grad, der Fluß hat ordentlich Zug. Alleine schon die Holzkabinenanlage mit den Brückenstegen über die Innere Aare ist sehenswürdig im eigentlichen Sinn des Wortes. Für Freischwimmer ein Pflichtziel.

Als deutscher Steuerknecht wundert man sich angesichts der Schweizer Badi-Kultur ohnehin, warum sich so viele Freibäder – selbst jene in tiefer Provinz – bei günstigem oder gar freiem Eintritt wie z.B. im Marzili-Bad in Bern (vgl. S. 159 in einem derart gepflegten Zustand befinden. Dagegen wird manche öffentliche deutsche Badeanstalt wie eine lästige Kostenstelle betrieben und sieht auch so aus. Ganz zu schweigen von einer Bewirtung, die an Körperverletzung grenzt. Aber zurück in den Sonnenschein:

Eine Badi-Spezialität am Thunersee wäre die kleine, fast schon familiäre Badi von Merligen am rechten, östlichen Seeufer. Dort bietet die ufernahe Route der Staatsstraße 221 über Hilterfingen, Gunten, Merligen und Sundlauenen einmal

Eines schönen Tages im Mai – Seebad Lido, Luzern

mehr ein grandioses Alpenpanorama. Solange der See noch zu kalt ist, lockt im Ortszentrum von *Merligen* ein 25 Meter langer Infinity-Pool mit Blick auf die Pyramide des Niesen und das Berner Oberland (vgl. auch S. 284). Bei hellem Wetter leuchten die Alpen wie auf Ferdinand Hodlers Gemälde „Thuner See mit Stockhornkette". Ein Freibad ist kein Museum, aber nach einem Bad gibt es diesen feinen Moment der Läuterung, wie ihn ein ansprechendes Bild schenkt.

Architektonisch herausragend wirkt die großzügige Anlage des *Seebades Lido* in *Luzern* (beim Verkehrshaus), sie zählt zu den repräsentativsten Seebädern der Schweiz. Das Freibad Stil der Moderne wurde 1929 eröffnet und Ende der 1990er Jahre durch einen Neubau ersetzt, der sich am Altbestand orientiert. Der Sandstrand mit den Seestegen vor extrabreiter Alpenkulisse ist eine Klasse für sich. Besonders stimmungsvoll ist eine Anfahrt mit dem Linienschiff ab Luzern Bahnhofsquai bis zur Anlegestelle „Verkehrshaus/Lido". 2008/2019/2024

Infos zu allen Frei-, Fluß- und Seebädern der Schweiz: badi-info.ch

Im Park, am See – Schloß Schadau am Thunersee

Reserviert für Nichtschwimmer

Um schöne Aussicht zu haben, blicke man aufs Meer und bleibe an Land“ – altbewährte Soforthilfe-Maßnahmen wirken in der Hochsaison besser denn je. Nicht nur am Meer, auch im Binnenland können selbst kleinere Gewässer während der Sommerferien schnell zur Falle werden. Parkraumnot und Panoramaverschmutzung durch Stand-up-Paddling drohen mittlerweile selbst an Kiesgruben. Pack die Badehose ein war einmal, lass‘ die Badehose sein, verspricht mitunter mehr Genuß. Gerade während der großen und lauten Ferien gehört konsequentes Nichtschwimmen zu den erbaulichen Sportarten.

Mit Genugtuung erinnere ich mich an einen vertrödelten Nachmittag im Park von Schloß Schadau. Das liegt, nein, es thront dort, wo die Aare den See in Richtung Thun und Bern verläßt. Natürlich hätte man auch im See schwimmen können, zum Beispiel im grandiosen Thuner *Strandbad Strämu* mit Mönch- und Jungfraublick (vgl. S. 138). Wo ein Hotelgarten wie eine Loge über dem See liegt, werden Luftmatratze und Gummiboot aber zur Beleidigung von Landschaft und

Afternoon Tea mit See- und Alpenblick – Schloß Schadau

Umschwung. Zudem kann das Nichtschwimmen in und um *Schloß Schadau* dank einer überaus fair kalkulierten Wochentagskarte im Restaurant, oder auch anläßlich des Afternoon-Tea (zu 36 Franken) kommod ausgestaltet werden. Die Übernachtung in einem der neun so gediegen wie individuell ausgestatteten Zimmer wäre eine angemessene Zugabe. Womit wir dem Absatzanfang mit dem schönen Hauptwort Genugtuung alle Ehre erwiesen hätten.

Die hohe Kulturtechnik des Aufenthalts am Wasser, ohne ins Wasser zu gehen, läßt sich unter anderem auch im äußersten Nordwesten Spaniens perfektionieren. Dort, wo die Küste nicht zufällig den Beinamen „de la Muerte" trägt. An der galizischen Altantikküste um La Coruña und Ferrol führen Stichstraßen und Pisten zu rauhen, kaum erschlossenen Buchten mit haushohen Sanddünen.

Weiter im Süden, im Land der Rias um Pontevedra und Vigo, wird es dann grüner und zivilisierter. Die fruchtbaren

Im Zeichen der Jakobsmuschel – die Ria von Pontevedra

Mündungstrichter von Flüssen reichen tief ins Land, Eukalyptuswälder wachsen bis vor zur Küste. Manchmal ragt eine Bananenstaude oder eine einsame Palme aus einem Maisacker. Die atlantischen Winter sind mild, das Wasser bleibt ganzjährig kalt und der Fisch immer frisch. Die Sommer sind nie heiß, oft neblig, am offenen Meer oft windig, nicht selten stürmisch. Tretbootfahren wäre Selbstmord, Badetourismus ist Nebensache.

Einmal lagen wir im Nordwesten Galiziens an der Playa de Pantin in einer Felsnische im Sand. Als die Flut auflief, trauten wir uns nur bis zu den Knien ins Wasser, als Seenebel dazukam, fuhren wir landeinwärts auf der Hauptstraße zur Ria von *Cedeira*, wo ein kleiner Fluß in den Atlantik mündet. Dort gibt es ein Dutzend Bars, aber keinen Liegestuhlverleih. Für ein improvisiertes Tapas-Menü mit Meeresfrüchten bezahlt man im wilden Westen Galiziens weniger als für die Tagesmiete eines Liegestuhls am Mittelmeer. Also gilt in den Alpen, am Atlantik und im Hochsommer: Wo niemand schwimmt, da kehre ruhig ein. 2008/2022

Ein Herz für Raucher – Hach bei Auggen, Markgräflerland

Die Bundesregierung warnt

Das Ziel ist ein Schadstoffmanager in jeder Gaststätte. Falls wegen ausbleibender Gäste kein Regelungsbedarf mehr besteht, könnten bislang unterschätzte Gefahrenquellen untersucht werden. Eine Unbedenklichkeitsbescheinigung für Topfpflanzen in Gastwirtschaften kann erst nach einer Analyse ihrer halluzinogenen Inhaltsstoffe ausgestellt werden. Des Weiteren wäre zu prüfen, ob der demnächst vorgeschriebene Ruheraum für werdende Väter mit Wickeltischen auszustatten ist. Ein Abstrich vom Stammtisch liefert Hinweise auf Delikte, die noch verübt werden müssen.

Die freie Abgabe von Rauschdrogen, sei es Wein, Trinkschokolade oder Blut- und Leberwurst ist auf Dauer nicht mehr tragbar. Ähnlich wie beim Abenteuerspielplatz und Hochseilgarten muß die Kontrolle des gesamten Gefahrenhorizontes das Ziel sein. Erst dann kann man wieder beruhigt in Gaststätten gehen, die es nicht mehr gibt. Die Wirtschaft alter Form mit verkeimten Holztischen, an denen toxische und/oder systemkritische Reden geschwungen werden, findet allenfalls noch im „Haus der deutschen Geschichte“ einen letzten Ruheplatz.

2004

Unterwegs – von Müllheim-Feldberg gen Hochblauen

Kraftorte am Luftkurweg

Ein Jahrhundert vor den derzeit so beliebten Kraftorten gab es die antiquiert klingenden Luftkurorte und heilklimatischen Kurorte. Im Grunde funktionieren solche Orte alle nach dem Prinzip der kontaktlosen Aufladung. Man findet sich dort ein und wartet ab, bis das grüne Lämpchen angeht. Ladekabel oder Steckdosen sind an solchen Plätzen nicht erforderlich, gleich ob sie staatlich anerkannt, sonstwie prämiert oder privat entdeckt wurden.

Manche Wanderwege wirken ähnlich induktiv wie Luftkurorte, wobei die kontaktlose Energieübertragung beim Dahinschreiten besonders angenehm abläuft. Kein Kabelsalat, dafür Dreitälerblick, Fernsicht, Alpenpanorama. Auch Höhensonne, Bachrauschen oder eine weich federnde Grasnarbe können den Ladevorgang beschleunigen.

Ohne Nähe und Vertrauen zum Weg funktioniert die Sache mit der Energieübertragung aber nicht. Ein Weg ist so reich oder so banal wie jene, die ihn begehen. Eine Stradivari macht den Fidler am Eck nicht besser, Dumpfbacken werden auf Premiumwegen nicht empfindsamer.

Auf manchen Wegen stellt sich die Frage, ob ihnen eine

Wanderwege sind Energiespeicher

bevorzugte Laufrichtung eigen ist, ob gleichwertige Stationen am Weg liegen oder ob ein kräftiges Ziel einer Begehung die Richtung gibt. Der Pilgerweg, ein alter Säumerweg in den Süden, ein Hirtenpfad, der talaufwärts begangen wurde, der Marktfrauenweg vom Dorf in die Stadt, die tausendfach bewährte, Tritt für Tritt ins Gelände tätowierte Normalroute zum Gipfel, ein der Steigung angepaßter Treppenweg im Tessin – es gibt Einbahnstraßen und manchmal auch Einbahnwege. Wer auf denen gegen den Strich geht, verliert Energie und Wanderlust, im Extremfall auch das Leben.

Das Gehen auf einem guten Weg heilt, ihrerseits können Wege aber auch krank werden, verfetten, verkümmern. Nichtnutzung, Übernutzung, naturkundliche oder touristische Aufrüstung sind Risikofaktoren. Die infektiöse Multisignaturitis ist nur ein Wegleiden unter vielen. Der sächsische Kartograph und Landkartenautor Dr.-Ing. Rolf Böhm betreibt auf seiner Internetseite (boehmwanderkarten.de) eine virtuelle „Klinik für Wanderweg-Heilkunde." Böhm beschreibt Symptomatik, Pathologie und Therapie von immerhin 16 Krankheitsbildern, darunter Zivilisationsleiden wie Lehrpfaditis und Schlängelitis, auch der Weginfarkt wird behandelt. Ein plötzlicher Wegverschluß kann viele Gesichter haben. Das Ende eines Holzrückeweges ist für den ambitionierten Tourengänger eher Herausforderung als Malheur. Waldverhau nach Sturm, brückenlose Gewässer oder Privat-Kein-Durchgang-Schilder können den Lauf mancher Landpartie aber unerwartet behindern.

Der gemeine Rundweg ist eine ebenso populäre wie problematische Form des Wanderweges. Dr. Böhm meint zum Krankheitsbild der Circularitis: „Der Wanderer wandert, um ein Ziel zu erreichen. Landschaft soll erlebt werden, ein Ort, bestenfalls ein Wirtshaus erreicht werden. Letztendlich Rom. Wandern heißt, ein Gebirge zu überschreiten, einen Kamm oder eine Tallinie durchmessen zu wollen. Letztendlich stellt das Zurücklegen einer Wegstrecke, bei der Start- und Zielpunkt identisch sind, einen Widerspruch in sich dar." Böhms Rundwege-Polemik gipfelt im Spott, Rundwandern sei eine Art Voltigieren an der Longe.

Ganz so weit würde ich nicht gehen. Es gibt, namentlich im hohen Schwarzwald, sehr lohnende Rundwege, die zur induktiven Selbstaufladung taugen. Wobei eine gute Landkarte den Effekt weiter verstärkt. In allen neu herausgegebenen, detailreichen 1:25.000er Wanderkarten des Schwarzwaldvereins sind besonders attraktive Wegoptionen nun als „Erlebniswege" besonders hervorgehoben. Allein im Blatt W 258 Titisee-Neustadt sind 26 solcher Wege zwischen drei und 21 Kilometern Länge markiert (ähnlich in den anschließenden Blättern W 257 Schönau und W 256 Müllheim).

Eine gute Wanderkarte erweitert Horizont, Autonomie und Landschaftsverständnis. Smart-Phone-Wanderer voltigieren übrigens an einer digitalen Leine. 2020

Auch eine Art Sommermärchen

Private Viewing

Animieren kommt aus dem Lateinischen; *anima* heißt Seele, es kann auch Atem, Windhauch oder Lebenskraft bedeuten. Der Animateur beatmet eine wenig beseelte Kundschaft, oft betäubt der Eintänzer aber mehr, als daß er belebt. Brot, Spiele, Fanmeile – wo alle euphorisch tun, wird es mir peinlich.

Die Fußball-Weltmeisterschaft in Deutschland 2006 bleibt mir auch deshalb in Erinnerung, weil sich zu Zeiten des Sommermärchens lange vor Beginn wichtiger Spiele die letzten übertragungsfreien Gartenwirtschaften wie von Zauberhand in stille Inseln verwandelten. Man konnte dort unbehelligt von kollektiven Wallungen mit einer Begleitung seines Vertrauens schöne Abende verbringen. Bei richtiger Ortswahl klang das Fangeheul vom anderen Ufer wie Wetterleuchten. Wankende Gestalten waren fern, der Service hatte Zeit. Clubstimmung stellte sich ein, alles war gut.

Je näher damals die Finalrunde rückte, desto kleiner wurde der inoffizielle Sommerclub und umso spezieller die Stimmung. Als finales Sommermärchen des heißen Juli 2006 sind mir Fahrten ins Blaue in Erinnerung, die mit Schwimmen in Seen und Flüssen zwischen Südschwarzwald und Alpen veredelt wurden. Manchmal mit einem Picknick am menschenleeren Ufer, manchmal mit offenem Ausgang der Partie in einer halbwegs geöffneten Gartenwirtschaft. 2016

Heiße Hütte – die Stegsauna heißt jetzt „Kelosauna"

Sauna am See

Wer die Zivilisation schätzt, ihre Auswüchse aber fürchtet, dem könnte das *Bora-Resort* gefallen. Das Kürzel *Bora* steht für Bodensee und Radolfzell und ein wenig nach Südsee klingt es auch. Bora liegt aber am Stadtrand zwischen einem Naturschutzgebiet und dem Seeufer. Es wartet ein Refugium, das in Zeiten von Riesenrutsche und Ganzkörperbespaßung wie eine Insel erscheint. Eventismus und Radau müssen draußen bleiben und so trifft man hier Gäste, die auf einem Liegestuhl verweilend noch Zeitung lesen können.

Andere hören zu, wie die Wellen zwischen Schilf- und Kiesufer ausrollen. International saunieren geht natürlich auch, in geräumigen Schwitzhütten, finnischer Kelosauna, japanischem Onsenbad, deutschem Dampfbad, draußen und drinnen, dazu eine parkweite Liegewiese, ein beheizter Außenpool und direkter Zugang zum großen Tauchbecken, genannt Bodensee. Bei all dem ist das Bora-Spa kein exklusiver Club, sondern ein Rückzugsgebiet mit integriertem Hotel, auch bestens geeignet als Tagesversteck zum Abtauchen. Dazu paßt eine Gastronomie mit Biergarten, Restaurant und Sky-Lounge, die über den Zumutungen öffentlicher Badeanstalten liegt. 2008/2023

Persönlicher Nahverkehr im Schweizer Jura

Umsonst und draußen

Die Schweiz sei teuer, heißt es. Ein Café Crème fünf Franken, mindestens. Allerorten Parkautomaten, Halteverbote, Radarfallen, Verzeigung, Bußen – und überhaupt, eine gewisse Fremdenmüdigkeit. Da und dort mag das stimmen, aber wer fährt schon wegen da und dort in ein anderes Land? Im Großen und Ganzen ist das Leben zu Hause am preiswertesten, sichersten und freundlichsten. Hoffentlich jedenfalls.

Unterwegs können hohe Preise auch die Demut des Reisenden beflügeln. Analoge Apps wie Vesperbrot und Thermoskanne kommen zu alter Ehre. In der Schweiz sorgt Mundvorrat für Autonomie, vor allem aber für jene Freude am Verzicht, die eine Reise zur transzendenten Erfahrung werden läßt. Eine Schweiztour kann zelebriert werden wie eine Kur bei Buchinger: viel trinken, wenig essen, lange kauen. Bald wird es leicht um einen, man schwebt. In einem Fastenresort kosten solche Erfahrungen ein paar Hundert Euro am Tag.

Eintritt frei – Sentiero panoramico im Bergell

Es geht aber auch anders. Die *Albigna Hütte* ist ein Rastplatz zwischen Oberengadin und Bergell auf 2.336 m Höhe, eine Dreiviertel-Wegstunde über dem gleichnamigen Stausee, der halb Zürich mit Strom versorgt. Eine Kabinenseilbahn gondelt spektakulär bis zur Dammkrone hoch. Für einen alpinen Schweizer Außenposten ist die Küche der SAC-Hütte außergewöhnlich: Es gibt hüttengemachte Suppen, frisch gebackene Kuchen, Käse und Wurst aus dem Bergell, Tees aus dem Puschlav, ein halbes Dutzend Rotweine wird auch offen ausgeschenkt. Abends wird auf Vorbestellung ein Menü serviert.

Außerdem kann man auf der Albigna Hütte auch duschen. Es ist schon ein paar Jahre her, als ich das letzte Mal dort war, 2013 kosteten 20 Liter heißes Wasser noch vier Franken. Die Duschdauer betrug laut Aushang „ca. 1 Min 30 Sek. Jeder Liter dazu -. 50 Fr. usw., siehe oben. “

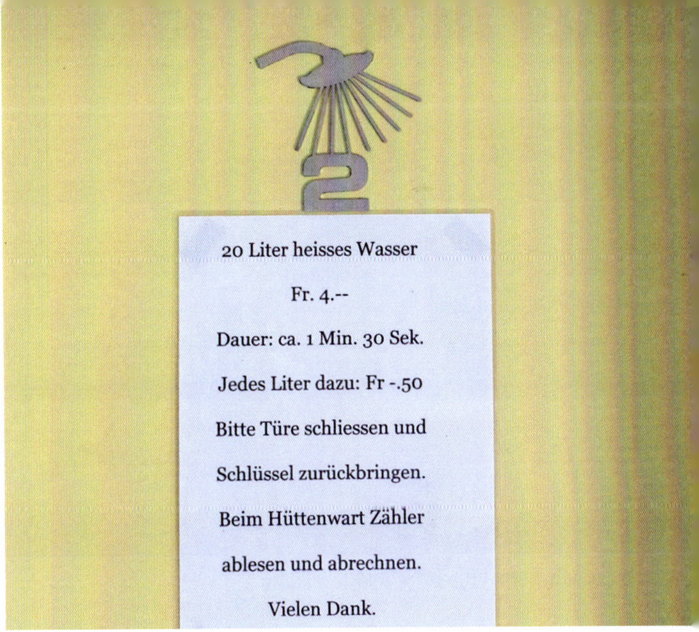

Relativ preiswert – heiß duschen auf 2.336 Metern über dem Meer

Für das Auferstehungsgefühl, das sich nach einem langen Bergtag beim anderthalb Minuten dauernden Warmduschen einstellt, erscheinen mir vier Franken aber selten preiswert. Wir ahnen spätestens hier, alles ist relativ. Der „Marschtee“ am nächsten Morgen ist für Hausgäste der Albigna Hütte übrigens gratis.

Quellkühles Marschwasser strömt im ganzen Engadin, selbst in vielen Schweizer Städten, in bester Qualität aus gepflegten Brunnen. Allein in Basel gibt es 170 Trinkwasserbrunnen. Damit wäre das wichtigste Lebensmittel in der Schweiz umsonst und draußen erhältlich – 24/7.

Glückliche Schweiz, welche Fülle an schwimmbaren Seen und Flüssen. In kaum einem Land Europas ist das Freischwimmen wohlfeiler und kultivierter als in der Schweiz. Im *Berner Marzili-Bad*, einer Mischung aus

Last exit Bern – die Aare im Marzilibad

Stadtpark, Schwimmbad und Bühne an der Aare, ist der Eintritt gratis. Bei Hochsommer-Temperaturen ist das *Muribad* in Muri an der Aare schier unschlagbar. Wer es aushält, kann sich von der selten über 20 Grad kalten und kräftigen Strömung der Aare bis nach Bern ins Marzilibad treiben lassen. Wer dort als Überlebender mit blauen Lippen aus der Aare steigt, nimmt die Hitze voller Dankbarkeit entgegen. Als ein Geschenk des Sommers.

Bewohner der Hochrheinregion haben eine der größten Freischwimm-Arenen Europas vor ihrer Haustür. Dabei ist Flußschwimmen mehr als Schwimmen. Lange Sommertage am Fluß sind eine intensive Form den Hochsommer zu erleben. Zeit haben, sich treiben lassen, Picknick auf einer Kiesbank. Von einer der 1001 freien Badestellen zwischen Waldshut und Stein am Rhein in den Abend hinausschwimmen. Im Grenzland zwischen CH-Schaffhausen und D-Büsingen werden die Rheinuferstraßen (Nr. 329/L 202) an Sommerabenden zur Freiluftbühne.

Unter Volldampf – gegen den Strom am Hochrhein

Weiter rheinaufwärts in CH-Diessenhofen gibt es dann nochmal die schön gelegene *Rhybadi* im Ort (mit Kiosk), sowie weiter östlich, an der N 13 in Richtung Stein am Rhein eine Badewiese beim Camping Läui/Gasthaus Schupfen. Noch weiter flußaufwärts in CH-Stein am Rhein das parkweite *Strandbad Niderfeld*, am Nordufer des Rheins gelegen.

Zuletzt noch eine Spezialität: Die kleine, fast etwas versteckte *Bachdelle Badi* liegt am südlichen Ortsrand von Dachsen, etwa zwei Kilometer flußabwärts des Rheinfalls bei Schaffhausen. Die Badi liegt so idyllisch an einer „Delle" des Mülibachs, daß man nur guten Freunden davon erzählen mag. Das kleine Becken mit vier Bahnen ist zwar nur 16 Meter lang, aber die schier endlose Gegenstromanlage von Vater Rhein liegt nur ein paar Schritte entfernt. Bratwurst und Cervelat zum selbst Grillen gibts dort auch, von Mai bis Oktober. 2023

Unter den Linden, am oberen Doubs

Linden statt Palmen

Ursprünglich in den Ballermannzonen am Mittelmeer beheimatet, konnte sich die Thekenpalme mittlerweile auch nördlich der Alpen etablieren. Das Gewächs besteht aus einer runden Holzscheibe, durch deren Zentralbohrung eine Palme gen Himmel strebt. Auf dem Palmenkübel ruht ein Traggestell, es fixiert das Thekenrund auf Bierbauchhöhe. Eine Handvoll Gäste findet an so einer Thekenpalme Platz. Stehend, fernsprechend, sonnenbrillentragend, witzelnd.

Stammesgeschichtlich betrachtet rückt die Thekenpalme den Menschen in Richtung kronenbewohnender Primaten, von Speis' und Trank in Palmenzonen läßt sich das auch behaupten. Manchmal sitzt der König von Mallorca gleich nebenan. Sein Motto: „Mein Lieblingstier ist der Zapfhahn."

An das Kontrastprogramm mögen sich einige Ältere noch erinnern. Das oft mißbrauchte Wort Sommerfrische stand einmal für eine Reise in die Berge oder an die See. Man logierte in einer Pension, deren Telephonnummer dreistellig war. Wochenlang rief niemand an.

Im grünen Abseits – am Doubsübergang bei Pont de la Goule

Nur sehr weit im Abseits werden solche Erinnerungen wiederbelebt. Vielleicht auf einer Fahrt durch den hohen Schweizer Jura. Eine besonders entspannende Landschaft, weil man dort eigentlich nichts gesehen haben muß. Der Weiler Le Noirmont liegt hoch über dem Doubs, der sich dort gut 400 Meter tief in den Kalk gegraben hat. Im Süden grüßen drei Windmühlen auf der Höhe, links und rechts der D 18 ist Tête de Moine-Land. In der *Fromagerie Kälin-Roy* (Le Noiremont, Rue du Doubs 5) könnte man sich das Original und noch mehr für ein Picknick am Flußufer besorgen.

Die Rue de la Côte führt an die Felskante über der Schlucht, die Rue du Doubs führt als abgründiges Sträßle in die Doubsschlucht zum unbesetzten Grenzübergang Pont de la Goule, der unmittelbar unterhalb einer Staustufe liegt. Zugleich wäre hier ein Ausgangspunkt für eine Wanderung oder Radtour längs des hohen Doubs, der je nach Jahreszeit und Wetterlage tosen oder flüstern kann.

Noch weiter im Abseits – Restaurant de la Bouège am Doubs

Einkehren direkt am Fluß ginge auch, im ausgesprochen sommerfrisch und pittoresk gelegenen *Restaurant de la Goule*. Direkt hinter dem Gasthaus beginnt aber noch dieser Fahrweg an den Uferauen entlang, die romantische Route führt dreieinhalb Kilometer flußaufwärts bis *La Bouège*, sie endet vor der verträumt gelegenen gleichnamigen Auberge. Die Terrasse direkt überm Doubs wird von einer mächtigen Linde beschattet, unter der stehen ein paar lange, stabile Tische im zweckmäßigen Schweizer Landi-Stil.

Zum Mittagessen werden weiße Decken aufgelegt, es gibt nicht allzu viel: Salate, Rösti, Forellen oder auch mal ein „Jagdessen", in sieben Zimmern könnte übernachtet werden, falls Wettersturz droht oder das Mittagsessen sich bis in den Abend ausbreitet. Die Stimmung der Außenstelle am hohen Doubs ist einzig, allerdings nur bei Terrassenwetter. Das im Wortsinn entlegene Restaurant verträgt ohnehin keinen Radau, deshalb soll es hier nur zaghaft empfohlen werden. Zudem: keine Palme, nirgends. 2007/2023

Immer wieder freitags – gefüllte Kalbsbrust in der Wolfshöhle

Lebenssatt

Empfindsame Naturen unterscheiden die Luft einzelner Länder. Der hierzulande wenig bekannte Schweizer Schriftsteller Paul Nizon (*1929) schreibt in seinem Tagebuch, die Luft sei in Deutschland immer etwas dünner, „nicht entseelt, aber entfettet, entzogen ist das Lebensschmieröl, verarmt, eine Art Magerluft, kein Begehren in der Luft, kein Glücksversprechen, kein Erotikum, das dich in die Zirkulation aufnähme." An anderer Stelle witterte Nizon in der deutschen Luft den „beinernen Goodwill einer verklemmt-verdrängten Moraldiktatur", Nizon vermißt „Leichtsinn und das Aroma der Illusion".

Was das „Aroma der Illusion" angeht, möchte ich mich als Mann bei allen Frauen aus Nah und Fern bedanken, welche die Freiburger Umweltzone ohne Schluppenbluse, Rucksack oder Barfußschuhe betreten. Und bei Männern, die sich anziehen.

In diesen Kontext paßt auch ein Dankeschön an Martin Fauster und sein Team in der freiburger *Wolfshöhle*. Die gefüllte Kalbsbrust aus dem Ofen wurde dort am helllichten Freitagmittag von zwei gut gelaunten Damen am Tisch präsentiert. Was für Begehren sorgte, nicht nur in der Luft.

2023

Art Basel
Real cheese - Swiss Raclette
M|N
N|P

Eine Art Kolumne

Pünktlich zur Art in Basel brachte die NZZ eine Sammlung von wohlfeilen Sprüchen, die man auf Vernissagen besser für sich behält. „Das hätte mein Kind auch gekonnt," war vorne mit dabei. Wobei man sich keine Illusionen machen sollte. Der Vernissagengast 2. Klasse, der in Basel immerhin einen Tag vor dem gemeinen Volk in die Hallen darf, kann wissend nicken, wichtig lächeln und so lange am Champagner nippen, wie er möchte, zur Familie wird er niemals gehören.

Der Club wittert die Seinen spätestens zwanzig Schritte gegen den Wind. Laufpublikum ohne Stallgeruch wird geduldet, aber nicht akzeptiert, geschweige denn hofiert. Da ist die Kunstmesse in Basel nicht anders als die *Forst live* in Offenburg oder die Buchmesse in Frankfurt. Hobbyautoren und Kleingärtner gelten als nette Kulisse.

Auf Messen sind Distinktionsrituale für mich oft das Interessantere. Deshalb gehe ich auch gerne auf die Forst live, die als Messe für Technik, Energie und Jagd firmiert. Man sieht dort nämlich Männer und Frauen, die sich nicht bewegen

Kritische Besucher in einer Daur-Ausstellung
(Postkarte an Freund R.)

Enttäuschung ist das Ergebnis falscher Erwartung

wie Krebse und Politiker (seitlich gehen, um vorwärts zu kommen). Die Art Basel ist der Gegenpol zur Forst live, die Frankfurter Buchmesse liegt dazwischen. Auf der Art sieht man zudem Männer und Frauen, die eleganter gekleidet sind als Politiker. Außerdem sind selten so viele Frauen auf so engem Raum zu sehen, die das Schicksal von Geschlecht, Klasse und Schönheit mit so gelassener Eleganz tragen wie auf der Art Basel. Schwebende Engel, entschlossen blickende Amazonen, Palastwärterinnen, Kupplerinnen, Königinnen. Keine Rolle, die sich hier nicht mehrfach besetzen ließe. Und alle sind perfekt geschminkt, edel kostümiert und demonstrativ gut gelaunt. Journalistinnen und Wasserträgerinnen erkennt man am Bequemschuhwerk.

Männer können da nicht mithalten. Natürlich sieht man schon in Halle 2.0 in wenigen Minuten mehr Typen (auch mehr Fatzkes) als auf einem Freiburger Wochenmarkt in Jahren. Das Entmaterialisierte, die Aura bleibt aber eine Domäne der Frauen im Kunstbetrieb.

Objektkunst – Türgriff, Basel, ohne Jahr

„Die Kunst geht nach Brot", heißt es spätestens seit der Aufklärung mit stark steigender Evidenz. Die Kunst geht aber auch zur Frau und sie steht ihr gut zu Gesicht. Die fanatisierten Krieger des Morgenlandes mögen von einem Paradies voller Jungfrauen träumen, wir Ungläubigen haben es nicht so weit. Die Kunstmesse in Basel liegt gleich ums Eck und man kommt nach oberflächlicher Taschenkontrolle alljährlich gegen ein vergleichsweise geringes Entgeld problemlos rein.

Für mich als geduldeten Beobachter war der Besuch jedenfalls mehr Motivationsseminar als Kunstmesse. Es lohnt sich, jeden Morgen aufzustehen – wegen der nie endenden, wundervollen Ungleichheit von Frauen, sublimierten Formen und Gedanken. Zur Rundung des Themas noch ein Gedanke des virtuosen Autors und Chronisten Michael Klonovsky: „Ich verachte den Feminismus nicht, weil er die Männer, sondern weil er die Grazien angreift."

2016

Hält kühl bis zum Dessert – Weinkühler von Alfi

Aktivkühlung

Kommt der Sommer, leidet die Weinkultur. Mitunter stehen selbst im Hochsommer die Rotweinflaschen ungekühlt hinter dem Buffet. In der Hitze schwitzt der Rote dann so vor sich hin und dem Weißen geht es nicht viel besser. Er findet über eine nicht frappierte Karaffe ins warme Glas. Dabei würde sich kein Sportheimpächter trauen, eine Flasche Cola zehn Grad zu warm auf den Tisch zu stellen.

Ein Viertele verabschiedet sich an einem heißen Sommertag schon nach ein paar Minuten aus dem wohltemperierten Bereich – so es diesen je hatte. Wer seinen Weißen nicht ex-kippen oder handwarm trinken möchte, dem bleibt nur ein Kühler mit Eis oder die doppelwandige Variante aus Plexiglas, wobei die aktiven Modelle, etwa jene von *Alfi* mit eigener Kühlflüssigkeit, die Temperatur am besten halten.

Die eigenartige Zurückhaltung bei der Weißwein-Kühlung geht in der Trendgastronomie oft mit Eiseinsatz im Mineralwasser einher (gerne mit Zitronenfragment und Minzblatt). Offensichtlich halten es manche Gastronomen für angebracht, den Gaumen ihrer Gäste mit eiskaltem Wasser zu betäuben. Angesichts der Offenweinqualität in manchen Etablissements könnte das aber auch als gastfreundliches Angebot durchgehen.

2022

Kulturheidelbeeren (vorne) sind keine Waldheidelbeeren

Buckeln, nicht chillen

Von Dienstag bis Freitag steht Bernhard Brüderle auf dem Freiburger Münstermarkt. Erzeugerseite, auf Höhe der Stadtbibliothek, mit Hut. Brüderle hat einen Obstbaubetrieb im Renchtal, er kultiviert dort ein besonders breites Sortiment an Beeren, Stein- und Kernobst. Das Sortiment reicht vom Frühjahr bis weit in den Spätherbst. Im letzten Jahr kam Brüderle noch im Dezember auf den Markt, mit Renchtäler Haselnüssen und sieben Birnensorten. Darunter auch Spezialitäten wie Boscs Flaschenbirne, auch Kaiser-Alexanderbirne genannt. Oberflächlich wirkt die Sorte eher unscheinbar, mit grünlicher Fruchtschale, zur Reife zimtfarben berostet, innen eine Wonne mit gelbweißem Fruchtfleisch, saftig schmelzend. Ich kann die Sorte so bejubeln, weil ich ein Stückle Land habe, auf dem eine alte Flaschenbirne steht, der Baum trägt wenig und nur alle zwei Jahre. Aber eine Kiste dieser Birne garantiert einen Monat lang saftigen Hochgenuß (vgl. S. 325).

Wenn Bernhard Brüderle auf dem Münstermarkt steht, Sorteneigenschaften erklärt und mit Langmut schwierige Kunden und Freiburger Befindlichkeiten wegläche1t, sieht man einen geerdeten Menschen. Einen, der in seinen Früchten aufgeht und sie in ihm.

Astreine Tomaten – Freiburger Münsterplatz, Nordseite

Brüderle wäre somit ein Gegenentwurf zu jenen gepiercten Food-Truckern, Pop-up-Gastronomen, die mittlerweile mit immer höherer Drehzahl durch die kulinarische Gemeinde getrieben werden. Längst gehören Haarstyling, eine gewaltfrei produzierte Hornbrille und ein Traumatisierten-Hilfsprojekt zur Ausstattung des Nährstandes. Selbst Straußenwirte haben die umsatztreibende Funktion des Storytellings entdeckt. Jeder Hafenkäs' hat jetzt ein Narrativ. Wenn nicht diskriminierungsfrei, dann rückstandsarm oder CO_2-neutral. Unser neues Aroma heißt jetzt Moral.

Zum Auftritt der kulinarischen Pastoren paßt der medial verstrahlte Kunde. Er redet achtsam und kauft seine Kirschtomätchen in einem Aufwasch mit Klopapier und internationalem Tofu-Junk, natürlich alles in Bioqualität.

Auch deshalb gehören Leute wie Brüderle zu meinen Helden des Alltags. Anders als Rhabarberschorlehipster und radikalisierte Prediger machen sie einfach ihre Arbeit. Naschbeeren heißen bei Brüderle immer noch Kulturheidelbeeren

Danke für deine guten Gaben – Onkel Gino, Südseite Münsterplatz

oder Waldheidelbeeren, was ein himmelweiter Unterschied ist. Waldheidelbeeren lassen sich kaum kultivieren. „Es dauert acht Jahre, bis sie tragen und dann gibt es maximal 50 Gramm pro Strauch." Brüderle macht seine Arbeit, wie all jene, die das Wort Landwirtschaft mit Leben füllen, nicht mit Sprüchen.

Ein paar Stände weiter bekomme ich genussreife Fleischtomaten bei einem wach dreinblickenden Mütterle. Hände und Kreuz sind vom Leben und von der Feldarbeit gezeichnet. „Buckeln" nennt man diesen etwas aus der Mode gekommenen Lifestyle hier im Südwesten. Buckler sind mir aber lieber als Chiller.

Und wo wir schon auf dem Münstermarkt sind, noch ein Satz zu hervorragendem Käse aus Italien. Den gibt es bei *Luigi Turri*, sein mobiler Stand heißt Onkel Ludwig (*ZioGino*), er steht auf der Südseite, mit einer Auswahl vom Feinsten. Die Referenz-Pasta von Setaro (vgl. S. 227) gibt es dort auch und Kapern von Salina. Danke, Onkel Gino! 2016/2020

Macht an – Vermuteria La Rosa, Palma de Mallorca

Ein Messer und viele Tapas

Das Taschenmesser im Schaufenster einer altspanischen Ferreteria auf Mallorca konnte man nicht online bestellen. Ausgerechnet auf Mallorca, keine halbe Mietwagenstunde vom Umtrieb auf Palmas Flughafen, lagen ein paar archaische, sichtbar handgefertigte Klappmesser im längst nicht mehr glasklaren Schaufenster einer Eisenwarenhandlung in Binissalem. In der alten Weinbaugemeinde wurde ein Fachgeschäft zum Relikt, weil es sich weigert, in der Moderne anzukommen. Wer Freude an Schaufensterarchäologie hat, kommt an solchen Läden nicht vorbei, sie gehören zu den Reiseerlebnissen, die nicht zu planen sind und oft nachdenklich stimmen. Es gibt dort keinen Rabatt, aber eine Geschichte.

Hinter der rund gelaufenen Türschwelle der Ferreteria befand sich eine deckenhohe Regalwand mit schweren Holzschubladen. Auf dem tischbreiten Tresen stand eine Balkenwaage zum Abwiegen lose gekaufter Nägel. Neben Metallwaren und Werkzeug im engeren Sinne gab es noch ein Grundsortiment an Weichware und Applikationen für

Scharf und spitz – Landarbeiter-Messer aus Binissalem

analog arbeitende Landbewohner. Eimer, Seile, Schmier- und Hilfsstoffe, auch Zigaretten und Zigarillos einzeln, sowie den offenen Wein vom Nachbarn.

Beim ersten Besuch habe ich mich in der Ferreteria nur scheu umgesehen, Verkaufspersonal war nicht zu sehen. Erst beim zweiten Mal bemerkte ich, daß sich das Ladenlokal nach hinten zum Innenhof weitet, wo einst Brunnen, Mandelbaum, Küchengarten, Karren und Esel ihren Platz hatten. Die meisten historischen Stadthäuser in Binissalem haben solche Mehrzweck-Hinterhöfe. Dort traf sich die betagte Besitzerin am späten Vormittag mit Nachbarn und Freundinnen zu einer Art Abteilungsleiterkonferenz. Der Kaffee und die neuesten Nachrichten wurden aus der Bar gegenüber geliefert, während des Meetings wurde im Laden nur ein Notdienst garantiert.

Ihre Taschenmesserkollektion präsentierte die Besitzerin dann in einem verschnürten Pappkarton. Die Pappe war dick wie Nilpferdhaut. Die Schachtel war vermutlich noch während der Francozeit produziert worden, sie wird noch manche Regierung überdauern. Die Messermodelle waren mit Zahlen von 1 bis 7 durchnummeriert; auf einer kleinen Papptafel, die in der Schachtel lag, stand hinter jeder Modellnummer ein Preis zwischen 12 und 22 Euro. Die Bleistiftspuren der alten Pesetenpreise waren noch vage zu erahnen – einen Messerkauf im Hinterland wird es niemals im Internet geben.

Mein Taschenmesser hat 17 Euro gekostet, es ist nicht smart, aber scharf und spitz. Es hat kein GPS-Modul, das weiche, nicht rostfreie Eisen der Klinge läßt sich unterwegs aber an jedem Sandstein nachschärfen. Mit so einem Messer kann man keinen Flug buchen, aber Sachen machen, von denen Leute träumen, die mit dem Smartphone in der Hand ein Leben suchen, das sie nicht finden werden.

Mit so einem Messer kann man an der schönsten Stelle über der Bucht Brot, Schafskäse und Tomaten aufschneiden, unterwegs gesammelte Mandeln aufhebeln, einen Grillspieß anfertigen, Späne machen zum Anfeuern geht auch. Und nach der Heimreise gilt erst recht: Mit einem Smartphone lässt sich kein Apfel teilen und schon gar kein Apfelschnitz auf die Schulter der Geliebten legen. 2016

Zum Aufmacherfoto auf der vorigen Seite: Das Bild der Speisetafel entstand im Sommer 2016 in der Vermuteria **La Rosa** in der gleichnamigen Straße im alten Zentrum von Palma. Das Lokal gibt es immer noch, mit kaum verändertem Programm (Nur die Preise haben sich seither fast verdoppelt.) Sicher geht es dort immer noch so bienenkorbartig zu wie bei einem unvergessenen Besuch vor bald zehn Jahren. Aus einer geplanten kurzen Einkehr mit ein paar Tapas wurde damals ein improvisiertes zweieinhalbstündiges Mittagsmenü – alles kam schmucklos aber in bemerkenswert guter Qualiät auf den blanken Tisch, die Weine dazu waren hervorragend. Als Berater würde ich jedem gastronomischen Problembären den Besuch solcher Institute zur Pflicht machen, bevor es zur Sache geht.

In begnadeter Halbhöhenlage – Soglio

Bergsommer

Sonnenliege, Basislager, Rückzugsort – Soglio hat von allem etwas. Wenn der Sommer ausbricht, wird es den Sinnen fast zu viel. Blühende Alpwiesen, merkwürdig duftende Esskastanien, eidechsenüberhuschte Plattenwege und Brunnentröge zum Kühlen heiß gelaufener Unterarme. Dann hilft eine Auszeit im kühlen Felsschatten eines Grotto, oder ein Stadttag unten im italienischen Chiavenna, das dem Bergfex als eines der schöneren Südalpenstädtchen gilt. In der Altstadt reihen sich die Geschäfte längs der Via Dolzino wie auf einer Perlenkette, inklusive einer guten Macelleria (zu der wir noch kommen) und dem gepflegten *Ristorante Passerini.* Womit die Probleme wieder von vorn anfangen.

Soglio liegt wie eine zufriedene Katze auf einer 1100 Meter hohen Sonnenterrasse, immerhin 300 Meter über dem engen Bergeller Talgrund. Das Bergell wiederum dient als Scharnier zwischen Engadin und Comerseebecken. Grenzland, altes Durchgangsland, 1500 Höhenmeter auf 30 Straßenkilometern: Bei Maloja Gletscherfirn, unten in Chiavenna die ersten Palmen, mehr Landschaftskino ist selten (um nicht zu

Zeit fürs erste Glas im Sitzen – Stüa Granda, Soglio

schreiben „großes Tischtennis"). Die Talstraße läßt die Dörfer links liegen, wer also nicht im Landrover einer Drittwohnung im Oberengadin entgegeneilt, findet bald auch im Tal sein Refugio. Der alte Ortskern von Bondo wirkt bis heute wie aus dem Gneis gehauen, mittendrin die Dorfbeiz mit Negozio. Ein Gemischtwarenladen im engeren Wortsinn, mit Hartwurst und Paketschnur. Auf einer betagten Schiefertafel sind die Tarife für Valpollicella, Kalterer und Chianti angekreidet. Die Stammbesatzung quarzt Parisienne, klopft Karten und schweigt beim Eintritt von Fremden. Das letzte Mal vor zehn Jahren war es auch schon so. Den weltfernen Grotto gegenüber der Molkerei gibt es auch noch, mit Bocciabahn im Kastanienschatten, Bergkäse und Salami.

Säumerwege, Übergänge, ein sagenhafter *Senterio panoramico* und der gelbe Postbus erschließen die Bergwelt des Bergell auf mehreren Höhenstufen. Auf dem Panoramico wird es zu Kernwanderzeiten mitunter etwas lebhaft, aber es gibt Varianten, von turnschuhtauglich bis alpin und, Wunder

der Schweiz, fast immer bringt einen der zuverlässige Nahverkehr abends zurück zur Badwanne. Auch nach Soglio kommen alle: wadenstarke Rotsocken, Leisetreter mit Strohhut und Leinengewand, Maler und solche, die malen. Gut essen, alpin sitzen und in Zimmern mit sehr guten Betten schlafen ist – trotz diverser Pächterwechsel – nach wie vor in der gastfreundlichen *Stüa Granda* möglich. Komfortable Pension und Basislager in einem, in Bestlage neben der Kirche.

Die Naturstein-Terrasse der Stüa hat Klasse, die Küche ist frisch und regional, der Betrieb pendelt zwischen Bienenkorb und Bergstation. Nach Abfahrt des letzten Busses gen Tal fühlen sich die verbleibenden Hausgäste so enthoben wie auf dem Zauberberg.

Wer vor lauter Bergluft und Panorama etwas urbane Abwechslung sucht, fährt oder geht talauswärts bis nach Chiavenna in Italien. Die verkehrsfreie *Via Dolzino* ist die Hauptschlagader der Stadt, statt noch einem Handyladen warten hier ein paar Dutzend Fachgeschäfte, praktischerweise liegen der beste Metzger und das feinste Restaurant, wie eingangs erwähnt, vis à vis.

Die Marcelleria der Brüder Aldo und Enrico *del Curto* in der Via Dolzino 129 führt Bresaola und Slinzega della Valchiavenna bester Qualität. Wer hier ohne die Veltliner Antwort auf's Bündnerfleisch rausgeht, hat selbst Schuld. Im Ristorante *Passerini* wird kulinarisches Kammerspiel geboten, man sitzt seit Jahr und Tag im geweißelten Gewölbekeller eines Palazzo Salis und wird anständig bekocht – vom preiswerten Mittagsmenü bis zum Menù locale am Abend.

Zu all dem zählt Chiavenna noch zu den Brutstätten südalpiner Grottokultur. Wer es eher rustikal mag, findet einen Grotto-Cluster in und um die Viale di Patrogiano, ein paar Schritte oberhalb vom Hauptbahnhof. 2008/2013

„... wir erfrischten uns in namenlosen Felswannen"

Meinem Bruder Manfred gewidmet († Juli 2012)

Am Tag danach

Es gibt Menschen, die ihr Leben lang reisen, ohne ihr Dorf zu verlassen. Man nennt sie auch Dichter. Wenn der Dichter schreibt, kommt die Welt zu ihm. Der Wanderer hat es nicht so einfach, aber immerhin leichter als ein Urlauber, Frühbucher, Vielflieger. Dem empfänglichen Wanderer genügt manchmal schon ein Weg, um nicht allein zu sein. Der Weg spricht mit einem. Treppenweg, Jägerpfad, Pfadspur, Ahnung von Begängnis. Wege leben, sie verdanken ihre Existenz der Begangenheit durch Tiere, Schmuggler, Schleuser und Weggefährten. Keine Tour ist wie die nächste, jede hat eine Geschichte und die überlebt oder sie verblaßt mit den Jahren.

Niemals werde ich eine Wanderung im hintersten Tessin und dort weit hinten im Valle di Campo vergessen. Wir waren zu dritt, mein Bruder Manfred, Bergkamerad Stefan und ich. Wir hatten vom Tag zuvor noch die 1.600 Höhenmeter in den übersäuerten Muskeln, es ging aus dem Verzascatal auf den 2.442 m hohen *Pizzo di Vogorno*. Es war eine Traumtour: Aufstieg ab Vogorno über die Alpe Bardughè (auf die mittlerweile ab San Bartolomeo eine vierplätzige Luftseilbahn

Im hintersten Tessin – Valle di Campo

führt). Wir gingen auf Serpentinen durch Wald, oberhalb der Baumgrenze dann Plattenwege und einzelne Felstreppen, stets mit Panorama auf den Lago Maggiore. Ein einziges mal begegnete uns ein Paar. Er deutlich älter als sie, was meinen Bruder zum Kommentar veranlaßte, „es war nicht die Tochter". Rückweg steil abwärts auf Wegspuren über die Steinhütten von Lòcia und Rienza, zweimal Entmüdungsbad in den Felswannen namenloser Verzascazuflüsse. Erschöpft und glücklich zurück in Vogorno, nach zehn Stunden auf alpinen Wegen und Wegspuren.

Am Tag danach war eine leichte Abklingtour geplant mit nur mäßigen Anstiegen. Vom Talschluß bei Cimalmotto auf eine der höher gelegenen Alpen nahe der Grenze zu Italien. Stefan kannte das höhere Tessin, er würde schon etwas finden. Stefan sah Pfade, wo andere nur Geröllhalden sehen, er konnte Wanderrouten so mit dem Tageslauf synchronisieren, daß man einen ganzen Tag mit der Sonne im Rücken ging –

und am Mittag erschien oft die Terrasse einer Hütteneinkehr. Stefan kannte Badplätze in den Nebenflüssen von Maggia, Bavona und Rovana, lange bevor die Wild-Swimming-Bewegung ausgerufen wurde.

Zum Auftakt unserer Tour saßen wir als einzige Gäste am kleinen Albergo Alpina in Cimalmotto (mittlerweile schon lange geschlossen). Wir saßen, vor Böen geschützt, an einem der zwei, drei Verlegenheitstische vor dem Albergo. Jeder mit einer 0,58 Liter Flasche Calanda Bräu, welche ein betagtes Wirtinnen-Duo auf hartnäckiges Nachfragen aushändigte. Nach dem Calanda, einem Faustbrot mit Rohschinken und einer Diskussion über Wege und Wetter, nahmen wir den bequemen Fahrweg nach Westen in Richtung Landesgrenze Italien.

Nach knapp einer Stunde erreichten wir unrunden Schrittes die Kies- und Sandbänke in den lichten Lärchenwäldern an der oberen Rovana. Zweihundert Meter flußaufwärts von einer Hängebrücke mündet der Rio Colobiasca, aus dem Piemont kommend, in die Rovana. Dort lagen wir eine himmlische Stunde im weichen Gras am Ufer. Stefan erzählte von den Blumenwiesen und Hütten der nahen Alpe di Quadrella, von einer mit Alpenrosen bewachsenen Runse am Fuß des Kleinhorns und von einer Wasserfall Dusche auf einem eigentlich lohnenden Weg rüber nach Bosco Gurin.

An diesem Tag danach hatten wir weder Plan noch Ziel, uns genügte ein Fußbad im Bergbach die Aussicht auf ein zweites Calanda. Ziel unbekannt, gesamte Gehzeit zwei Stunden, Höhenmeter nicht nennenswert, dennoch eine der schönsten Wanderungen meines Lebens. Der ganze Tag war ein Gedicht, das ich auch nach gut 20 Jahren noch aufsagen kann. Weg, Spur, Ahnung, viel mehr braucht es nicht, zum Gehen und zum Dasein. Danke an meine Begleiter für diese Stunden, sie gehören allein uns.

2003

„Meine Augen sind Falken" – Jürgen von der Wense auf Tour

Die Schönheit der Kontur

Zu den größten Power-Walkern seiner Zeit zählt *Hans Jürgen von der Wense* (1894-1966). „Die Erde ist ein Stern. Wir leben im Himmel". Hymnisch, ekstatisch, bisweilen auch schon okkult schrieb von der Wense über sein Leben als Mehrkämpfer und Universalkünstler. Und genau so bewanderte er auch die deutschen Mittelgebirge. Ausgehend von Hessen, bevorzugt allein unterwegs, oft auf Pfadspuren oder in weglosem Gelände, gerne über große Entfernungen, sechs bis zehn Stunden, bis zu 50 Kilometer am Tag.

Rückkehr meist in der Dunkelheit. Immer ohne Rucksack und auffällige Wanderausrüstung, stets im kurzem Staubmantel und nie ohne Aktentasche, die er offen trug. Darin Meßtischblätter seines Einsatzgebietes, die für Wense „Partituren der Landschaft" waren. Dazu eine Lupe und gesammelte Fragmente zum Tourenverlauf. Als Proviant genügte ihm eine Tafel Bitterschokolade, getrunken wurde aus Quellen und Bächen.

Drei Jahrzehnte seines Lebens zog Wense durch die Lande, am Ende hat er zwischen 20.000 und 40.000 Kilometer auf der Uhr (Seine Selbstauskünfte differieren je nach Alter und Quelle.) 1949, nach gut zehn Jahren Wanderschaft und 15.000 Kilometern berichtet Wense an einen Förderer, er habe „zwischen Luxemburg und Eichsfeld, Weserfestung und Rhön fast jedes Dorf, jeden Berg besucht". 120 Foliomappen zu 200 Seiten sind bereits vollgeschrieben, dazu tausende Fotos. Ein Buch ist nie daraus geworden.

Wense schrieb lieber für seine persönliche Ablage als für fremde Verlage. Als Autor gleicht Wense einem Maler, der keinen Rahmen akzeptiert und sein frisches Werk noch am gleichen Tag übermalt. Seine wenigen Jünger beklagen bis heute, daß vom ewigen Geheimtip Wense kaum ein „dingfestes Druckwerk" bleibt, immerhin ein Gewitter in Form einer monumentalen Loseblattsammlung. Vom reichen Nachlaß seiner Schriften lagert allein in der Universitätsbibliothek Kassel ein Konvolut von 315 farbigen Aktendeckeln mit 25.000 beidseitig beschriebenen losen Blättern. Jene Teile, die endlich einmal gedruckt wurden, gleichen eher einem edlen Steinbruch, als einem zugänglichen Werk (*).

Wense bleibt lebenslang ein unvollendeter Sonderling und Fragmentariker. Heute ist er ein fast Vergessener, der unter anderem auch als Komponist, Übersetzer, Fotograf und Wetterkundler wirkte. Wellness und Weichpüler interessierten ihn nicht, auch deshalb kann man ihm bis heute mit Gewinn folgen. „Beim Wandern darf niemand uns führen als unsere Willkür, unser Genie." Gesellige Gasthäuser waren ihm ebenso tabu wie stabile Hochdrucklagen mit ausdrucksarmem Himmel.

Wense verstand seine Wanderschaft als interdisziplinäres Ereignis, eine Feier der Existenz, mindestens als Gottesdienst inszeniert, besser noch zum Kunstwerk komponiert. Über Landschaft und Natur schreibt er wie über Musik und Bildhauerei. „Sehr, sehr wichtig beim Wandern ist die Anlage – daß sie sich reimt, die Wanderung sich schließt in sich selbst.

Sie muß durchaus Kunstwerk sein und geschaffen werden, auskommen, ihre richtig verteilten Gewichte haben." Und dann: „Wandern heißt die Erde anlegen wie ein schönstes Gewand, sie zeichnet mich aus." Die Landschaft als wohlfeile Maßschneiderei für den Einzelgänger, darauf muß man erst mal kommen.

Fast zwingend, daß bei solcher Disposition gängige Wege und Ziele kaum Mehrwert versprechen. „Man meide markierte Wege, welche die Förster einrichten, um die Fremden aus ihren besten Revieren zu verbannen." Für die Reiseliteratur seiner Zeit hat der Freigänger Wense nur Spott übrig, die opportunistische Beschreibung der Provinz mitsamt ihren „Sparkassen und Nagelfabriken" langweilte ihn. In Wenses Käscher bleiben Struktur und Assoziation. „Meine Augen sind Falken, die mir gehorchen. Wenn ich schaue und wandere bin ich auf der Jagd. Die Welt ist mein Revier".

Etwas mehr Wense und weniger Premium-Wandersteig mit Gepäckservice kann die Wanderlust im Speziellen und das Leben im Allgemeinen nur bereichern. 2020

* **Literatur**, am neuesten: Hans Jürgen von der Wense, Routen I, Hrsg. und mit einem Nachwort von Reiner Niehoff, Matthes & Seitz, Berlin 2023. Wenses Wanderjahre, Hrsg. Dieter Heim, Matthes & Seitz, Berlin 2009, sind derzeit vergriffen, sehr gesucht und nur noch vereinzelt antiquarisch erhältlich.

Sehr umfangreich ist die enzyklopädisch angelegte und kommentierte Ausgabe von 862 Wense-Briefen in drei Bänden. Hrsg. Reiner Niehoff & Valeska Bertoncini, Verlag Zweitausendeins, 2005. Die Ausgabe ist vereinzelt noch antiquarisch erhältlich.

Von denselben Herausgebern in der Edition Blauwerke Berlin: Mappe Nr. 02, Wandern, mit Blättern aus dem losen Werk Wenses (blauwerke-berlin.de).

Blick vom Rachmaninoff-Quai zum Pilatus

Frei schwimmen

Im Mittelalter war Schwimmen Teufelswerk, vom Klerus verdammt wie andere leibliche Freuden. Nur zur Taufe war Wasser noch gut, Seeleute übten nicht das Schwimmen, sondern Gottvertrauen. Mit der Romantik kam die Besinnung auf die Antike und damit war Schwimmen wieder in Mode. Der gehbehinderte Lord Byron fand schwimmend zu neuem Selbstbewußtsein, erst im Wasser genoß Byron völlige Bewegungsfreiheit. Ein Prinzip, dem er literarisch sein Leben lang folgte.

Wenig später ging das Bürgertum zu Wasser. Im Biedermeier noch streng getrennt in Holz-Kastenbädern mit zwei Abteilungen oder unter freiem Himmel zaghaft bis zum Knöchel. Freischwimmen geht aber auch angenehmer. 1942 schreibt der Freiburger Biologieprofessor Konrad Guenter über ein Morgenbad im Titisee: „Und es war wunderschön, so allein hinauszuschwimmen, den ganzen See für sich zu haben, mit den Armen das leise wogende Wasser zu durchteilen und auf dem Rücken liegend in der weiten Bläue zu träumen."

Allein hinausschwimmen – die Geschichte des Schwimmens kennt zwei Formen von Leidenschaft. Eine für das natürliche und eine für das gezähmte Wasser. Der unmittelbare Zugang zum Wasser ist Entgrenzung, im äußersten Fall Glück. Wasser bewegt und trägt einen zugleich, mal in der von Fischen durchzuckten Granitwanne eines Gebirgsbaches, mal an einem stillen Baggersee in der Ortenau, wo mir am Morgen eines Sommertags am Ichenheimer Blattsee einmal ein älterer Herr mit Bademantel und Seifenschale entgegenkam. Er wirkte geläutert.

Wenig später, ich war schon im Wasser, erschien ein Eisvogel in pfeilschnellem Flug – ein Moment, Sekundenglück. Die Besucher moderner Badeanstalten schätzen dagegen das gequirlte Wasser mehr als das leise Wogende. Damit erinnert ihr Zugang an den römischen Badestil. Schließlich zeigten sich die Römer in ihren Thermen und Piscinen als geniale Architekten des Wassers.

Erst Inszenierung, dann Überinszenierung, schließlich Dekadenz. Wobei die Zahl staatlich alimentierter Thermalbäder allein im oberrheinischen Dreiländereck zeigt, daß unser Gemeinwesen in einer spätrömischen Phase angekommen ist. Immerhin läßt sich die Erosion der Konsensgesellschaft vom warmen Sprudelbecken aus beobachten.

Zurück in die Ortenau, die nicht zuletzt wegen Zahl und Reiz ihrer Baggerseen gerühmt wird. Zudem bietet das Ried zwischen Nonnenweiher und Neuried-Altenheim eine ähnlich reizvolle Flora und Fauna wie das Taubergießen; nur stiller, weniger wochenendtauglich, also mehr für Freischwimmer. Schwimmen in langen Zügen kann man zum Beispiel im See an der Fohlenweide westlich von Altenheim. Ein wenig Amazonien am Oberrhein bieten die beiden durch einen breiten Kiesdamm getrennten Baggerseen zwischen Meißenheim und Ichenheim: Im Norden am *Blattsee* verwunschen eingewachse Uferpartien, stille Seitenarme des Mühlbachs, lichter Auwald und hellblauer Wasserspiegel, ideal mit dem Rad zu erkunden. Zufahrt zum See über Ichenheim. Auf der Rheinstraße (Natostraße) zunächst

Blattsee bei Neuried-Ichenheim

in Richtung Rhein, am Schild ‚Badplatz' links ab und bis zum *Anglerheim*(*) am Salmengrund durchfahren. Dort einfache, aber in sich stimmige Bewirtung, diverse Backfische.

Zum See weiter über die Brücke bei der Kanueinsetzstelle am Mühlbach. Nach gut 100 Metern der klare, grünblaue See im Naturschutzgebiet Salmengrund. Selbst am Wochenende ist hier weniger Umtrieb als in den überfüllten Breisgauer Kiesgruben, wobei die Zahl der Gepiercten mit wachsender Distanz zur Stadt ja ohnehin abnimmt. Der südliche Teil des Gewässers, mehr besucht und besser erschlossen, heißt *Vältinschollensee.* Zu erreichen von Meißenheim über den Stockplatzweg, der direkt zu den Anlagen des Segelclubs Meißenheim führt.

* Das **Anglerheim** des AV Ichenheim war über lange Jahre das Reich von Damen und Herren, die das Haus im Stil eines eigenwilligen Reservates führten. Nach der jüngsten Neuverpachtung wurde das Angebot erweitert. Eine Biotopeinkehr mit Sonnenterrasse ist das Anglerheim noch immer (im Winter eingeschränkt geöffnet). Der AV Ichenheim gibt auch Gästekarten aus; ein weiteres lokaltypisches Anglerheim direkt beim Wanderparplatz Taubergießen in Rheinhausen-Oberhausen (vgl. S. 31).

Rachmaninoff-Quai an der Hertensteiner Straße

Freischwimmen und Badanstaltschwimmen sind wie Sonne und Solarium. Das zeigt sich auch am Vierwaldstättersee um Weggis und Hertenstein. Beide Gemeinden liegen bevorzugt auf der Spitze einer ganzjährig sonnigen Halbinsel. In prächtiger Lage an Uferstraße in Weggis das historische Seebad *Lido Weggis* (mit Hallenbad und Sauna); die seenah weiterführende Hertensteinerstrasse erschließt einen Villen- und Landschaftspark mit reicher Vegetation. Der Luzerner Stadtschreiber befand schon um 1670: „Item einsolch lustbarlich Ort und Gländ, das am ganzen See nicht gefunden wird."

Etwa einen Kilometer bevor die Hertensteiner Straße endet, erreicht die Uferstraße den *Rachmaninoff-Quai*. Dort gibt es eine kleine Freizeit- und Badewiese mit Sonnenbänken, Sanitärhaus, grandioser Panoramasicht auf See und Pilatus. An der Anlage steht eine Bronzebüste von Serge Rachmaninoff, Komponist, Pianist, Dirigent. Moskau, New York, Hertenstein. Rachmaninoffs ehemaliges Domizil liegt auf

Jüngst restauriert – Rachmaninoffs Villa Senar

der gegenüberliegenden Seite der Hertensteiner Halbinsel an der Zinnenstraße Nr. 8, gegenüber vom Bildungshaus der Baldegger Schwestern *(Stella Matutina;* Mittagstisch & Klosterkaffee).

Im Jahr 1930 erwarb Serge Rachmaninoff ein zwei Hektar großes Grundstück direkt am Hertensteiner Seeufer, er ließ darauf ein repräsentatives Wohnhaus im sachlichen Stil der klassischen Moderne erbauen; Rachmaninoffs *Villa Senar* gilt seither als herausragendes Beispiel des Neuen Bauens in der Schweiz. Die Villa mitsamt ihren originalen Möbeln und Nebengebäuden gehört seit 2022 dem Kanton Luzern, eine Stiftung betreut seither das denkmalgeschützte Anwesen. Die Liegenschaft wurde 2023 nach umfassender Restaurierung eröffnet, bislang ist lediglich der Park während der warmen Jahreshälfte öffentlich zugänglich. Für die Villa gibt es keine festen Öffnungszeiten, vielmehr koordiniert die Rachmaninoff Foundation (rachmaninoff.ch) Veranstaltungen, Hausführungen und organisiert eigene Anlässe. 2008/2024

Ein Schmuckkästlein – Eglisau am Hochrhein

Kleine Ferien

Glücklich, wer in den großen Ferien nur kleine Sprünge machen muß. Zum Beispiel nach Eglisau am Hochrhein, ein Schmuckkästlein nur ein paar Kilometer stromabwärts von Schaffhausen. Dort, wo man nicht mehr so recht weiß, wo die Schweiz anfängt und Deutschland aufhört – oder umgekehrt. Jedenfalls mäandert die Landesgrenze so unbekümmert durchs Rheintal wie ein natürlicher Bachlauf, alle paar Minuten ein Grenzwechsel ohne Schlagbaum und Zöllner. Reckingen (D), Kaiserstuhl (CH), Hohentengen (D) und Rüdlingen (CH) heißen ein paar Orientierungspunkte zum Grenzschlängeln, das mit Fahrrad oder Fahrtwind am meisten Freude macht.

In diesem Dazwischenland leuchtet *Eglisau* wie eine Perle, gerahmt von Hochrhein und Rebbergen. Historischer Ortskern, Stadtrecht seit Jahrhunderten, markanter Kirchturmhelm, ein paar Hundert Meter Rheinpromenade mit helvetisch gediegenem *Hirschen,* der wochentags ein kleines, leichtes Lunch-Menü zu gastfreundlichem Preis bietet. Gleich nebenan die trendige *Vivi Kola Bar* mit hervorragendem Kaffee der Schweizer Rösterei VIK und einer Uferveranda direkt über dem Fluß. Die Tische an der kürzesten Riviera zwischen D-Hohentengen und CH-Schaffhausen sind jedenfalls so dicht am Wasser, daß man den Fischen beim Stehen gegen den Strom zusehen kann.

Zwischen Reben und Hochrhein – Eglisau

Die frei zugängliche *Eglisauer Rhybadi* mit kleinem, aber klassischem Holzkabinen-Kastenbad im Rhein und einer kleinen Liegewiese am Rhein liegt nur ein paar Schritte flußaufwärts vom Kirchturm. Das historische Bad wurde 1920 im Stil eines Holzbades gebaut und 2011 saniert. Das Kleinod wirkt wie eine späte Miniatur der ungleich größeren Schaffhauser Anlage, die bereits 1870 eröffnet wurde. Alles in einem Satz: Wer einen Tag am Hochrhein verbummeln möchte, gehe unbedingt auch in Eglisau an Land. Mehr Tapetenwechsel ohne Kofferpacken geht nicht. (Infos zu allen Schweizer Badplätzen, nicht nur am Hochrhein: badi-info.ch.)

Kleine Ferien sind auch nach Feierabend möglich. Etwa am Kleinbasler Rheinufer, wo sich mitten in der Stadt sonnige Kiesbänke, Buvetten und Auszeitplätze wie auf einer Perlenkette reihen. Die *Horsebox Bar* am Schaffhauser Rheinweg (beim Landesteg der St. Alban Fähre), bietet iberisch-helvetische Mikrogastronomie gepaart mit einem Gute-Laune-Auftritt von zwei Barfrauen. Selten, daß ein mobiler Pferdeanhänger soviel Lächeln und

Rhybadi Eglisau – gebaut 1920, saniert 2011

Lässigkeit verbreitet, allenfalls die Frankenpreise könnten deutschen Migranten die Laune trüben. Andererseits kostet das Fläschle Cava brut dort auch nicht viel mehr als in einer deutschen Vorstadtbronx, in der Bezopfte allerlei Geschlechts ihr Stelldichein geben. Die Horsebox Bar könnte auch in Barcelona oder Lissabon am Ufer stehen, nach Basel ist es aber nicht so weit. Der Tempranillo „Gaudeamus" sorgt in Kombination mit einer Tabla Mixta (Jamón, Chorizo, Käse u.a.) und dem gelassen dahin strömenden Rhein für Aus-der-Welt-Gefühl mitten in der Stadt. Orte wie Eglisau am Hochrhein, die Horsebox Bar am Rheinknie und 101 Plätze am Rheinufer dazwischen ersetzen eine Kurzreise.

Zu den Zielen dazwischen gehört auch die lauschige Gartenwirtschaft hinter der Reliktwirtschaft *Zum Rheintal* in *Reckingen*, wenige Kilometer rheinaufwärts von Waldshut-Tiengen. Die Rechnung wird dort in dritter Generation von Carmen Scheuble gemacht. Man betritt eine Zeitkapsel und denkt bei sich, „wo gibt es denn sowas".

2022/2023

Premium Biergarten – Bauhöfer in Ulm bei Renchen

Im Kastanienschatten

Eine alte Brauerregel sagt, Bier schmecke in Sichtweite des Brauereischornsteins am besten. Das gelungene Nebeneinander von Regionalbrauerei, Braugaststube und gekiestem Wirtsgarten bleibt im Südwesten dennoch die Ausnahme. Zwischen Rench und Acher, am Rand der Gemeinde Ulm bei Renchen, wäre mit *Bauhöfers Braustüb'l* so eine Symbiose aus Brauerei, Gasthaus und Biergarten zu genießen. Schon die Anfahrt durchs Ortenauer Obstland macht Laune, etwa auf der Kreisstraße K5305 von Stadelhofen nach Ulm: ein sommersattes Revier, halb Landschaftspark, halb Obstausstellung, garniert mit gefälligen Kurven, Beerenspalieren und tief hängenden Obstzweigen.

„Schwarzschattende Kastanie, mein windgeregtes Sommerzelt", reimte Conrad Ferdinand Meyer zum therapeutischen Wirken des Biergartenschattens. Der Volksmund sieht die Dinge derber: „Ist das Bier im Manne, ist der Verstand in der Kanne." Gleichwie, zur Feier eines Sommertages wäre das Braustüber'l ein ideales Ensemble – nicht nur in der Ortenau konkurrenzlos. Die zum Schankbier passende Küche ist aufrichtig und preiswürdig, Klassiker wie Fleischküchle mit Kartoffelsalat und Ochsenbrust mit frischem Meerrettich sorgen für eine solide Grundierung. Ein robustes Ziel nach langer Tour oder bei Arbeitsmüdigkeit. 2014/2022

coddiwomple
Englisch, Verb
Absichtlich zu einem
unbekannten Ziel reisen

Schönesätzeschutzgesetz

Mit dem Wachstumschancengesetz kann ich nichts anfangen, mit Sondervermögen auch nicht. Mit dem Umsatzwachstum ist es doch so ähnlich wie mit der Suppe – wenn etwas mit Leidenschaft geschieht, ist es gut getan. Zum Chancen nutzen und Brühe klären, braucht es keine Gesetze, sondern Hingabe.

Auch ein Guteorteschutzgesetz wäre mehr Drohung als Chance. Jedes Jahr gehen Abermillionen auf die Walz, um Orte heimzusuchen, die angeblich besonders romantisch, naturgeschützt, kulturell wertvoll oder instagrammable sind. Und wenn es ganz dumm läuft, setzt die UNESCO mit ihrem Welterbe irgendwann noch was obendrauf. Damit jeder weiß, wo er warum niederknien muß. Nachdem halb Europa durch Florenz, Dubrovnik oder Titisee geschlurft ist, sind die Steine rund, die Preise hoch und die Kultur ist über den Jordan.

Ein Jäger schrieb mir neulich, er schultere beim Gasthausbesuch in unbekanntem Revier auch mal bewußt seine Flinte. Die spontane Reaktion auf seinen waidmännischen Auftritt diene ihm als Lackmustest. Ich verwende zur atmosphä-

Alles auf Glas – gut gemeint, aber etwas viel auf einmal

rischen Erstbewertung von Einkehren kein Schießgewehr, mir genügt auf Terrassen mitunter die Aperol-Dichte pro 100 Besucher. Werte über zehn sind heikel; mit Weinkühlern verhält es sich allerdings umgekehrt. Bei weniger als zehn auf hundert Gäste, geht es gastronomisch in Richtung Grundversorgung. Ausnahmen wie Biergärten bestätigen die Regel.

Womit wir bei den stillen Zeichen wären. Weiß gedeckte Tische wecken immer Vertrauen, Obacht bei Soßenkalligraphie auf Glastellern oder auf schwarzem Steingut. Im Weckglas bestattete Salate sind eine letzte Warnung vor einer prekären Küche, die wenig verstanden hat. Ähnliches gilt für Zierleisten wie Mangostreifen, Granatapfelkerne, rote Pfefferbeeren und Papageiengarnituren. Auch durch verstreute Paprikapickel wird der Standort Deutschland nicht zukunftsfester.

Unter jenen Restaurants, die vor lauter Nachhaltigkeit, Regionalität und kulinarischer Frömmlerei das Wohl ihrer Gäste aus den Augen verloren haben, glauben einige besonders eifrige Häuser, nur noch an wenigen Abenden ein, zwei feste Menüs anbieten zu können. Kann man so machen, muß man aber nicht hingehen. Für mich gilt die Regel: Wenn der pädagogische Teil der Speisekarte länger ausfällt als der animierende, hört der Spaß auf.

Ein schönes Beispiel aus Freiburg: Auf jeweils einer Seite der Abendkarte wird ein klassisches und ein vegetarisches Menü offeriert, dann folgen mehrere Seiten humorloses Proseminar zur Weltanschauung, Kreislaufwirtschaft, Ressourcenverbrauch und Mitarbeiterführung. Des Weiteren eine Auflistung nahezu sämtlicher Lieferanten bis hin zum korrekt bezogenen Grünstrom, der vermutlich mit dem Lastenrad von den Energiemaklern in Schönau in die Freiburger Innenstadt befördert wird. Die Verantwortlichen für das Toilettenpapier bleiben leider ungenannt.

Im hundert Jahre alten *Schlemmerparadies* – Ein Taschenbuch für Lebenskünstler" von *Hans Waldemar Fischer* findet sich der Satz: „Aus beschaulichem Essen keimt zuweilen, unleugbar, eine metaphysische Ergriffenheit." Daraus leite ich neben anderem ein Recht auf Genuß in kleinster Runde ab. Ein sehr gutes Essen fordert Konzentration, Granatapfelkerne und Geschwätzigkeit lenken ab (gilt für Gastgeber und Gäste).

Wenn schon dauernd neue Gesetze, wäre ich für ein Schönesätzeschutzgesetz. Adjektive wie bekömmlich oder beruhrend sind vom Aussterben bedroht, auch das Seelenessen gerät im kulinarischen Kontext vor lauter Achtsamkeitsübungen in Vergessenheit. „Danke für die bekömmliche Mahlzeit", wäre doch auch mal ein Lob, statt der Endlosschleife lecker, unfassbar lecker und so weiter.

Jack London schrieb im „König Alkohol" von „Glücksschauern", die über ihn kamen, nachdem er unter die Austernräuber geraten war. Die Glücksschauer beim Löffeln einer doppelten Rinderkraftbrühe – meine Güte, auf was will die Hafermilchgesellschaft noch alles verzichten? 2023

Mittagspause im Steuerparadies – Badi Zimmern bei Buonas

Ein diskreter See

Das Restaurant *Blasenberg* liegt auf 740 Metern Höhe am Zugerberg, sein Umschwung bietet einen einmaligen Blick auf den 300 Meter tiefer gelegenen Zugersee. Die Region um Zug wiederum gilt wegen ihres milden (Steuer)-Klimas als diskreter Handelsplatz, IT- und Badeparadies.

Das mit den Steuern könnte unter anderem auch deshalb stimmen, weil auf dem Blasenberg zwei Tische weiter ein Mann mit sehr dunkel getönter Sonnenbrille und rasierklingendünnem Handy saß. Die Rasierklinge führte Gespräche in mindestens drei Sprachen, mitunter auch auf Hanseatisch. Ab und zu wehte der Sommerwind ein paar Worte über die Terrasse, was etwa so klang, als würde jemand aus einer „Financial Times" zu schnell vorlesen.

Auf dem Blasenberg, der Lage nach ein Traumplatz, gibt es als Hausspezialität schon seit drei Generationen Kapaun vom eigenen Hof. Dazu grünen Salat, Pommes frites und Safranrisotto. Der kastrierte junge Hahn ist eine fast vergessene Spezialität, die sich im *Restaurant Blasenberg* auch Gäste leisten können, die keine Rohstoffhändler sind.

Badi Zweiern, am Zugersee

In meiner privaten Rangliste überirdisch gelegener Gasthöfe mit besonderem Speisenangebot und speziellen Gästen liegt der Blasenberg weit vorne. Von hier oben wirkt der Kanton Zug, immerhin einer der wichtigsten Rohstoff-Handelsplätze der Welt, idyllisch und unschuldig wie eine Märklin-Landschaft. Daß sich in so einem Umfeld seit Generationen eine bodenständige Einkehr halten konnte, spricht für sich. Holzgetäfelte Stuben, Blechtische und Fahnenmast auf der Terrasse, der Kapphahn aus dem Ofen kommt vom elterlichen Hof nebenan, der Chef kocht, die Chefin serviert. Felix Helvetia, es trifft offenbar nicht ganz zu, daß ein gutes Leben in Europa nur innerhalb der Europäischen Union gelingen kann.

Für das Badeparadies Zugersee sprechen allein ein gutes Dutzend offizielle Seebäder und zahlreiche öffentliche Badestellen. Dabei reicht das Spektrum von der einfachen Badi in *Immensee*, bis zu den beiden reizvoll-versteckten historischen Anlagen von Buonas und Zweiern, bei-

Seebad Wildenmann, bei Buonas

de am Westufer des Sees, nördlich der Halbinsel von Schloß Buonas. In Buonas wartet dann ein nostalgisch-charmantes Holzkabinenbad beim Gasthaus Wildenmann; anschließend ein öffentlicher Strandabschnitt. Kaum einen Kilometer weiter in Zweiern schon wieder eine Badestelle. Vermutlich eint die Besucher hier wie dort die Fähigkeit, die Mühen des Alltags anderen zu überlassen. 2006/2023

Restaurant Blasenberg am Zugerberg. Hausspezialität ***Kapaun*** (auf Vorbestellung ab drei Personen). „Den Kapaun servieren wir im Sommer nicht in der Gartenterrasse. Wir reservieren für unsere Kapaungäste jedoch gerne einen Tisch im Garten für den Aperitiv und das Dessert."

Der Eintritt im kleinen ***Seebad Zweiern*** ist gratis. Kiesstrand, Holzsteg, kein Kiosk-Angebot, keine PKW-Parkplätze an der Zufahrt! Nur 900 Meter entfernt in Buonas ebenfalls eine kleine historische Badi mit Holzkabinen und Sommerkiosk. Das Badi-Areal gehört zum Gasthaus ***Wildenmann*** in Buonas (Kastaniengarten mit Seeblick, gepflegte Regionalküche); das historische Gasthaus liegt am Ende des befahrbaren Teils der Seestraße. Parkplätze beim Wildenmann (für Gäste).

Weitere **Info** zu Badis am Zugersee sowie in der gesamten Schweiz: badi-info.ch

Frühsommer im Lindenhofpark

Bodensee ohne Stau

In Bad Schachen gibt es noch kein Designerbad und relativ wenig Radlerstaus. Dafür liegt der Villenort westlich von Lindau ansehnlich über dem See. Im hektarweiten Lindenhofpark kommt einem das altmodische, neuerdings vielbemühte Wort von der Sommerfrische unweigerlich in den Sinn. Alter Baumbestand, gesandete Wege, zum See geneigte Wiesen. Dazu eine gut sechs Kilometer lange Promenade und reichlich Platz zum Abliegen und Rausschwimmen.

Die „Bayrische Riviera" entstand zur Mitte des 19. Jahrhunderts als Heimatbühne vermögender Lindauer Handelsleute und bis heute liegt über dem Park eine Stimmung wie zur Zeit der bunt gepunkteten Sommerkleider. Am westlichen Ende des Parks wartet das kleine *Seebad Lindenhof* – eine Kreuzung aus nostalgischer Badeanstalt und eigensinnigem Strandclub. Statt der üblichen animativen Einrichtungen gibt es hier reichlich Platz, Gäste ohne Kofferradio und ein Panorama, das bei hellem Wetter vom Säntis bis zu den Allgäuer Alpen reicht.

Im Schatten einer kapitalen Rotbuche wartet vorne am See eine halbrunde Aussichtsbastion mit Bademole und Ruhebänken. Als der Ort gestaltet wurde, gab es noch keine

Kultiviert schwimmen – Strandbad Hotel Bad Schachen

Architektenwettbewerbe und es war gut so. Ein Fleck, der bei entsprechender Disposition länger im Gedächtnis bleibt als manches Allerweltsziel am Meer. Gäbe es ein Verzeichnis unterschätzter Badplätze, das Lindenhof Seebad gehörte aufgenommen.

Am östlichen Rand des Lindenhofparks liegt das *Hotel Bad Schachen*, ein Repräsentationsbau aus der Grand-Hotel-Epoche, seit 1752 im Familienbesitz. Ein Haus am See mit gepflegter Patina, Jahresringen und Eigenart. Der Gast wird auf der Terrasse jedenfalls nicht mit internationaler Flughafenmusik beschallt. Stattdessen öffnet sich das Anwesen in drei Stufen über Veranda, Terrasse und Gartenpark zum See. Das Publikum reicht von der Dame mit Twinset und Perlenkette bis zum Galan mit Einstecktuch. Hier eine Teestunde nach dem Bade einzulegen, wäre fast schon obligatorisch. Wer möchte, kann auch auf dem Seeweg anreisen, der Schiffsanleger liegt direkt vor dem Hotelgarten.

Das hoteleigene historische Strandbad – eine prächtige Jugenstilanlage des Theaterarchitekten Max Littmann aus

Alles glänzt – Hotel Bad Schachen

dem Jahr 1924 – steht im Rahmen freier Kapazität auch Passanten offen. Der Bademeister trägt weiß, im Windschatten der lackierten Holzkabinen wartet zusätzlich ein gemauertes Becken. Eines der feinsten Verstecke am See. Ideal für einen Sommertag, der nachklingen soll.

***

Auch am Schweizer Ufer des Untersees gibt es Orte von besonderem Liebreiz, gepflegt und mit Wohlstand überzuckert. Etwa die Uferstraße von Mammern bis Ermatingen. Landeinwärts satte Thurgauer Matten mit Obstplantagen und Restlandwirtschaft. Kleine Flächen werden mit mächtigen Landmaschinen beackert, was für eine vitale Subventionskultur spricht. Zur anderen Hand das weite Panorama auf den Untersee, getupft mit Segelbooten. Im Blick voraus besenreine Gewerbegebiete. Vermutlich kommt dort einmal wöchentlich eine eidgenössische Kommission vorbei und schaut nach dem Rechten.

Schöne Aussichten auch am Ortsrand von Mammern. Ob-

Am Bodensee-Radweg – Strandbadi Mammern

wohl, man könnte den Platz fast übersehen, es sei denn man kommt auf dem Bodensee-Radweg. An der Straße gibt es kein Hinweisschild, eine kolossale Pappel am Seeufer weist den Weg. Die schmale Moosackerstraße führt runter in Richtung Seeufer, vorne am See Parkmöglichkeit vor einem kleinen, etwas versteckten Strandbad im typischen Schweizer Retro-Badi-Stil, keine Aufsicht – es zählen Selbstverantwortung und Rücksicht.

Besonders, wenn der Spätsommer noch einmal durchstartet, wäre hier ein Tagesversteck erster Güte. Äpfel liegen im taunassen Gras, das erst gegen Mittag abtrocknet. Dafür kann man jetzt wieder in der Sonne liegen, ohne zu verblöden. Und die Spätsommerfarben in der Badi von *Mammern* wären für Landschaftsmaler ein Reisemotiv, ebenso das Panorama aufs deutsche Ufer mit Oberstaat und Schloss Kattenhorn. Meine Güte, ist das schön! Im Gutwetter-Kiosk bietet eine Gute-Laune-Frau Bircher Müsli und selbst gebackenen Obstkuchen. Alles stimmt, auch Café Crème hat Klasse.

Hoffentlich vergessen die Gläubigen der Klimakirche vor

Mit Stube und Privatstrand – Gasthaus Schiff, Mammern

lauter Bußpredigten nicht, daß frischer Zwetschgenkuchen auch ein fundamentaler Beitrag zur Klimaverbesserung sein kann. Jedenfalls läßt sich hier ein Spätsommertag emissionsarm verbringen und an das Gute im Menschen glauben.

Eigentlich wollten wir in Mammern noch ins *Schiff*. Das familiengeführte Landgasthaus gehört ja auch in der Schweiz zu den aussterbenden sozialen Formaten. Hier wäre noch ein Exemplar in typischer Ausprägung: das historische Fachwerkhaus aus dem 18. Jahrhundert bestens erhalten, aber nicht neoromantisch aufgerüscht. Die Stimmung im laubengeschützten Innenhof lässig, nicht nachlässig. Weder Brauereischilder noch Reklamesonnenschirme nötigen das Auge des Gastes, der Service wirkt präsent, aber nicht servil. Die Güggeli und Wiener mit Pommes im Wellendesign sind Legende; 360 Grad getäferte Stube, sieben Gästezimmer mit Seesicht im Riegelhaus-Nebengebäude, privater Strand.

Aber heute ist noch mal richtig Sommer. Also am Wasser sitzen, solange es geht und nächstes Mal ins Schiff. Dann ohne Badhose, aber mit Zahnbürste. 2006/2012/

Jungsenior mit leichten Gebrauchsspuren

Mein erster Porsche

Die Motorhaube meines Porsche ist karminrot (RAL 3002), die Felgen sind elfenbein (RAL 1014). Der original KFZ-Brief von 1959 ist aus mausgrauer Pappe, in Zeile 3, Antriebsmaschine, heißt es: „Porsche-Diesel-Motorenbau GMBH", in Zeile 10, Höchstgeschwindigkeit, steht: „19,9 km/Std". Mein erster Porsche hat zwei Rückwärtsgänge, Handgas, Hydraulik und Heckzapfwelle.

Zwischen 1956 und 1964 wurden in Friedrichshafen am Bodensee rund 120 000 dieser Schlepper montiert; wegen ihrer elegant gerundeten Motorhauben auch Rotnasen genannt. Während einer kurzen und heftigen Blüte gegen Ende der 50er Jahre erreichten Porsche-Traktoren die zweite Position bei den Neuzulassungen.

Das Einstiegsmodell, der Einzylinder-Kleinschlepper „Junior", war mit seinen 14 PS für landwirtschaftliche Klein- und Nebenerwerbsbetriebe konzipiert. Preiswert, wendig und sparsam, auch von der Bäuerin und vom Hof-Nachwuchs gut zu beherrschen. Gut 23.000 Junioren wurden insgesamt ausgeliefert. Schon zu Beginn der 60er Jahre gingen die

Einsatz auf dem Holzplatz – Porsche mit hydraulischem Spalter

Verkaufszahlen drastisch zurück, 1963 wurde die Porsche Schlepperproduktion eingestellt.

Der Junior war nach seiner kurzen Boomphase zum Schlepper einer untergehenden Betriebsform geworden. Der kleine, landwirtschaftliche Gemischtwarenladen mit Akkerbau, Grünlandwirtschaft, ein paar Streuobstwiesen und etwas Wald, mag aus der Sicht von Nebenerwerbsromantikern und Landlust-Abonnenten eine Idylle sein. Während der Produktionszeit des Porsche Junior wurden aber andere Lebensformen populär. Die späten 50er Jahre waren die Zeit des ersten Fernsehkochs Clemens Wilmenrod, Toast Hawaii und arabischen Reiterfleischs. Supermärkte, Rimini, Pizza und Pasta waren gefragt. Hochstammobst, alte Landsorten und Dorfläden galten als Auslaufmodelle und so kam es denn auch.

Im alten Papp-Fahrzeugbrief meines Junior ist als erste und einzige Fahrzeughalterin eine Landwirtin aus Huttingen im Landkreis Lörrach eingetragen. 1959, im Jahr der Erstzulassung des Porsche Junior, gab es im Winzerdorf Huttingen keine Straßennamen, sondern Hausnummern, maximal zweistellig. 1967 öffnete ein Einraumladen mit Selbstbedienungstheke, 1982 gab er auf. Heute überwintern im ehemaligen Verkaufsraum die Topfpflanzen der greisen Besitzerin. Gassen in Huttingen heißen nun im Hohlengarten und am Rebhang, was an jene Zeit erinnert, als ein Porsche noch Junior und nicht Panamera oder Taycan hieß. Am Rebhang stehen jetzt Neubauten, deren Einfahrten mit Betonformsteinen gepflastert sind, Küchengärten sieht man in Huttingen kaum mehr. Die Renaissance vergessener Gemüsesorten ist auf dem Land noch nicht angekommen.

Aus Achtung vor seinem ersten Leben als Arbeitsgerät habe ich meinem Junior seine Patina gelassen. Dichtungen erneuern, ein ausgeschlagenes Kreuzgelenk der Lenkung ersetzen, die Motorhaube mit der eingedellten Nase ausrichten, keine Überrestaurierung, keine Neulackierung. Die Haltebügel der Kotflügelsitze sind bis aufs blanke Metall abgegriffen, das geriffelte Bremspedal ist glatt getreten, das Getriebe singt mehrstimmig. 50 Jahre im Feld hinterlassen Spuren.

Natürlich könnte man ein Zirkuspferd aus dem alten Junior machen, mit polierter Haube und Blumenvase auf Treckertreffen fahren. „Schorleschlepper" heißen diese aufgerüschten Veteranen bei uns im Markgräflerland, man fährt damit zum Stammtisch, am Sonntag zum Frühschoppen und duldet keinen Flugrost. Ich fahre meinen Junior nicht als Schorleschlepper, sondern als Emotionsverstärker. Schon der Startvorgang des Einzylinder-Dieselmotors ist besonders, jede Selbstzündung ein Ereignis. Der Motor kommt so zögerlich auf Touren wie ein Seniorenstammtisch, der irgendwann in runderen Lauf übergeht.

In einer Luxuslimousine werden alle Geräusche und Zeichen der Mühsal ausgeklammert, damit sich das förmliche

Der Sonntagsfahrer – Porsche Junior an Kirschblüte

Empfinden einstellen kann. Deshalb fahren die Menschen in einem Rolls-Royce langsam und aufrecht, den Blick vorausgewandt wie Fürsten auf einer Parade. Auf einem Einzylinder- Schlepper sitzend, erlebt man das genaue Gegenteil. Alle Motorgeräusche und Zeichen der Mühsal sind gegenwärtig. Die sechs Vorwärtsgänge sind unsynchronisiert und eigensinnig wie ein kretischer Esel. Jeder Kolbenschlag ist bis in die Sitzschale spürbar, im Standgas vibriert das Blech wie Espenlaub. Aber man fährt ähnlich wie im Rolls: aufrecht, den Blick vorausgewandt, wie ein Fürst, der seine Ländereien durchmißt. Sitzhöhe und Landschaftsempfinden liegen übrigens deutlich über Panamera-Niveau. Die Copilotin sitzt nebem einem und hat den Wind im Haar. Man redet nicht miteinander, man fühlt gemeinsam. Bei maximal 19,9 km in der Stunde.

Sehr stimmungsvoll ist die Fahrt auf einem Feldweg mit zwei Spurrinnen, möglichst längs einer hohen Sommerwiese mit Glockenblumen und Margeriten,

Von der Sonne verwöhnt – wilde Zwetschgen am Wegrand

die von Faltern überflattert wird. Das Ende des Weges verschwimmt in flimmernder Hitze. Irgendwann fährt man unter den Schatten eines alten Kirschbaumes, nimmt mit rechts den Gang raus, schiebt den Handgashebel mit links nach oben. Läßt Kolben, Schwungmasse und sich selbst zur Ruhe kommen und spürt sein Glück mit einem Zylinder und 822 Kubikzentimetern.

Ebenso vielversprechend ist die Kombination alter Schlepper und Streuobstwiese. Glück gehabt, wer jemals mit seinem Schlepper ansatzlos unter einen halbwild am Rain stehenden Zwetschenbaum gefahren ist und dort – ohne sich groß aus der Sitzschale zu erheben – die leicht überreifen Früchte genossen hat. Am Stielansatz schon etwas verschrumpelt, außen weiss bereift, innen bernsteingelb. Wer Mundernte vom Schleppersitz aus betreibt, der weiß, was leiser Luxus ist. Mehr noch, wenn die Beifahrerin nach der Ernte ein Blech mit duftendem Zwetschgenkuchen aus dem Ofen holt.

2010

PASTA DI SEMOLA DI GRANO DURO
Lavorazione artigianale
Trafila in bronzo
PASTIFICIO F.LLI SETARO
Pasta
Setaro
Grano coltivato e molito in Italia
Torre Annunziata
(Napoli)
GNOCCHI SARDI L.21054

Weiße Kunst

Im Jahr 1851 erschien Baron Eugen von Vaersts *Gastrosophie oder Lehre von den Freuden der Tafel.* Das zweibändige Werk ist eine Fundgrube für kulinarische Archäologen. Mal geistreich, mal bizarr, stellenweise bis heute aktuell. Über die Zubereitung von Pasta schreibt Baron von Vaerst: „Makkaroni werden von feinstem Mehl, und am besten nur in Neapel bereitet. Man hat sehr verschiedene Arten. Die eigentlichen Makkaroni und die Lasagnetti sind die gewöhnlichsten; nächstdem die Vermicelli, Fidelini, Stellette usw., welche feinere Sorten sind. Die besten werden im Flecken Torre dell'Annunciata am Fuße des Vesuvs gemacht. Sie bestehen aus einer Getreideart, die man in Italien Segarolla nennt, welche aus Sizilien und der Levante kommt."

Auch Goethe gefiel es in Torre de Annunziata: „Wir fanden gute, muntere neapolitanische Gesellschaft daselbst. Die Menschen sind durchaus natürlich und leicht gesinnt. Wir aßen zu Torre dell' Annunziata, zunächst des Meeres tafelnd. Der Tag war höchst schön, die Aussicht nach Castell a Mare und Sorrent nah und köstlich. Die Gesellschaft fühlte sich so recht an ihrem Wohnplatz, einige meinten, es müsse ohne den Anblick des Meeres doch gar nicht zu leben sein."

Die **Pasta** von ***Setaro*** gibt es in Freiburg auf dem Münsterplatz am Stand von bei ZioGino (vgl. S. 177) sowie im Online-Versand. 2023

Elsässer auf der Spielweg-Terrasse, Münstertal

Wurstsalat mit Gefühl

Das Universalgenie Gerhard Polt hat ein Problem des Wustsalates vor Jahren auf den Punkt gebracht: „Beim Wurstsalat hört der Spaß auf, bitte keine Kiwiapplikationen." Dem Poltschen Applikationsverbot von Exoten ist zuzustimmen. Allerdings gehören regionale Varianten bei Rezeptur, Garnitur und Aufwertung mit Beilagen durchaus zu den Wesensmerkmalen eines Wurstsalates.

Das perfekte Wurstsalatrezept gibt es sowenig, wie es die perfekte Vinaigrette gibt – vielmehr verleiht erst eine gewisse Terroirnote dem Wurstsalat seine Seele. Am Hochrhein gibt es sogar gewagte Varianten mit weißer Sauce, etwa im historisch-barocken Hirschen in Dogern am Hochrhein, oder auch nebenan in Eschbach im rustikalen Ochsen, wo gleich sechs Varianten auf der Karte stehen.

Einigkeit herrscht beim Feinschnitt. Wurstsalat-Wurst wird in Südbaden in sehr dünne Streifen geschnitten. Die im Elsaß übliche Cervelat dagegen in eher dicke Scheiben. Selbst im Badischen wechseln von Dorf zu Dorf die Positionen, etwa bei der viel diskutierten Grundsatzfrage Fleischwurst oder

Pyramidal – Wurstsalat im Schmalzenhof bei Hofstetten

Lyoner oder gar Fleischkäse. Im Elsaß wird bis heute darüber gestritten, ob die Cervelatscheiben als Ganzes oder halbiert und oben eingeritzt die beste Basis abgeben.

Um festen Boden unter den Wurstsalat zu bekommen, sei an einige Grundregeln der feinen Vesperküche erinnert, die unabhängig von regionalen Varianten dafür sorgen, daß ein Wurstsalat zur rustikalen Delikatesse wird. Gleich ob Lyoner, Fleischwurst, Cervelat, Fleischkäse oder gar Schwarzwurst (wie im Hochschwarzwald), auf die ein kleiner, aber verschworener Kreis setzt, als Ausgangsmaterial kommt nur erstklassige Ware von einem Vertrauensmetzger in Frage.

Ein Wurstsalat ist keine Black Box, in der man minderwertige Wurst entsorgen kann, das gleiche gilt für den Käse, durch dessen Zugabe ein badischer Wurstsalat im Badischen – und nur dort – zum Elsässer, Straßburger oder Schweizer Wurstsalat wird. Möglich wären hierzu ein Allgäuer oder noch besser original Schweizer Emmentaler, Hauptsache er läßt sich in so feine Streifen aufschneiden wie die Wurst. Schmelzkäse von der Stange oder Analogkäse führen zum Totalschaden.

Kleines Gedeck – Hirschen, Egerten

Beim Wurstsalat entscheidet der Feinschnitt über die Delikatesse. Nach der Devise Oberfläche = Geschmack erkennt man die Klasse eines höheren Wurstsalates am ebenmäßigen Schnitt in Streifen, deren Querschnitt sich im Idealfall dem eines Streichholzes nähern sollten (Hölzer im Briefchen, nicht in der Schachtel). Bei der Zwiebel ist ein sorgfältiger Schnitt entscheidend, Wurstsalat geht aber auch ganz ohne. Grobfingrig geschnittene Zwiebelkeile verderben jeden Wurstsalat, Ringe als Garnitur haben den Vorteil, daß sie leicht abgeräumt werden können, sofern unerwünscht.

Beste Ausgangsware und filigraner Schnitt sind die Fundamente, auf denen ein Wurstsalat ruht, aber erst die Vinaigrette vermählt die Elemente zum Gericht. Profis verwenden gerne ihre hauseigene Salatvinaigrette, die aber etwas saurer eingestellt wird, weil eine straffe Säure die Bekömmlichkeit der fettreichen Zutaten befördert.

Küchenmeister Manfred Kern aus der Krone in Freiamt verwendet Apfelessig, für's Öl einen Drittelmix aus Sonnenblumen-, Oliven- und Kürbiskernöl, dazu Peffer, Salz, Küchenkräuter und eine wirklich millimeterdünn gehackte Zwiebel-Brunoise. Alles wird im Shaker (oder einem Glas mit Schraubdeckel) kräftig geschüttelt und somit emulgiert. Mit etwas Senf, Maggi oder saurer Lake aus dem Gurkenglas ließe sich so eine Vinaigrette noch tunen, aber Vorsicht: die meisten Versuche, einen mäßigen Wurstsalat mittels Zubehör aufzuwerten, verlaufen enttäuschend. Ein Zusatz von untergezogenen Gurkenstreifen bleibt so fragwürdig wie das von Polt verworfene Topping mit Exoten. Ein, zwei Eierscheiben als Krönung oder Beilage gehen aber in Ordnung. Zugaben in Form von rundum gelegten Salatnestern oder allzu verspielte Garnituren lenken vom Wesenskern des Wurstsalates ab, es sei denn, man möchte den Wurstsalat zu einer Art Vorspeisenbuffet befördern.

Ein guter Wurstsalat lebt vom Säurespiel, das der Wurst ihre Schwere nimmt. Als klassische Beilage empfehlen sich goldbraune Brägele. Für Auswärtige: Brägele sind die badische Verfeinerung der Bratkartoffel, durch dünnen Schnitt ebenfalls aller Derbheit entledigt. In einer Gusseisenpfanne mit Rapsöl rösch gebrägelte Brägele setzen nicht nur ästhetisch, sondern auch aromatisch einen basischen Kontrapunkt zum animalischen Wurstsalat. Der Dreiklang Wurstsalat, überkrustete Brägele und frisches Bauernbrot gehört in der Regionalgastronomie leider zu den Ausnahmen; ebenso wie apart servierte Brägele. Auf einem Teller mit Wurstsalat und Vinaigrette bekommt die Beilage schnell kalte Füße.

Zu Hause fühlt sich der Wurstsalat in der Vesperwirtschaft. Eine gewachsene Holzbank- und Kachelofengemütlichkeit wie sie die *Krone* in Müllheim-Zunzingen bietet, gehört freilich längst zu den gastronomischen Ausnahmen. Wie das Holzofenbrot, das dort jeden Freitag im flaschengrünen Kachelofen der Krone gebacken wird, wie das Wirtspaar Adolf

Adolf und Tina, Specksalat und Wursalat, Krone Zunzingen

und Tina Rüdlin, die einem das Gefühl geben, im erweiterten Wohnzimmer (oder Hinterhof) der Familie einzukehren. Begrüßung mit Handschlag, kompakte Vesperkarte mit Sinn fürs Mögliche, ein Wurstsalat (auf Fleischwurstbasis), der allein schon durch seinen konsequent durchgezogenen Feinschnitt gewinnt. Alles Gesagte gilt auch für die eher seltene Spielart des Specksalates, der hier noch als typisches „Männergericht" gepflegt wird. Soviel Bodenhaftung schmeckt, in der Krone kommt noch ein Schlag Markgräfler Selbstbewußtsein dazu. Alles in einem Satz: Wurstsalat macht immer satt und manchmal glücklich. 2016/2023

Berggasthaus Gitschenen Alp

Die Bank vor der Hütte

Ist das noch normal, extra irgendwo hinfahren – wegen einer besonders anziehenden Sonnenbank, vor der womöglich noch ein paar Wirtshaustische stehen? Eine Spritztour, nur weil es weiter hinten im Tal einen Flecken gibt, an dem die Dinge klarer und strahlender werden. Es ist vielleicht nicht normal, schon gar nicht klimaneutral, aber es ist angewandte Lebenskunst. Ein Leben ohne Sonnenbank ist möglich, aber ist es lebenswert?

Spielweg im Münstertal, Köpflesbrunnen überm Wiesental, Hinterwaldkopfhütte überm Zastler Tal, Erlenbacher Hütte bei Oberried. Oder ein Flecken wie im Bild nebenan, das im Kanton Uri entstand. Gleich neben der Bergstation der Acht-Personen-Gondelbahn von St. Jakob im Isental auf die *Gitschenen Alp*. Sehr unterschiedliche Hausnummern, aber alle haben eine Bank vor der Hütte.

Gute Momente auf der Sonnenbank lassen sich allerdings nur schwer planen und nicht festhalten. Die Halde auf dem Schauinsland ziert eine prächtige Holzschindelfront. Die kapitalen Bänke davor sind bekanntlich eine beliebte Well-

Privates Solarium im Zastler Tal bei Oberried

nesszone der Freiburger Wohlfühlbohème. Womit nicht nur die Chancen, sondern auch die Risiken der Sonnenbank gestreift wären. Ein paar Gäste, positives Grundrauschen und wohliges Gemurmel sind in Ordnung. Wenn die Bank vor der Gasthauswand aber zum Rummelplatz wird, leidet ihr Zauber. Und wie so oft im Garten Eden hängt der Reiz eben nicht nur vom Einstrahlwinkel der Sonne, sondern auch vom Aufprallverhalten der Gäste ab.

Gleich ob Nadelholz, Esche, Teak oder Brauereigarnitur, eine gute Sonnenbank funktioniert unabhängig von Material und Jahreszeit. Im Oberengadiner Fextal saß ich mal vor einer Hüttenwand auf der Silser Alpe. Es war Dezember, die Sonne brannte wie eine Lötlampe gegen die verwitterte Bruchsteinwand der *Alp Muot Selvas*. Jung und Alt saßen in langer und gemischter Reihe. Einige Damen trugen Pelz, andere Dekolleté, wieder andere Tourenschuhe und Fäustlinge aus mausgrauer Walkwolle. Hermès neben Lowa, es perlte friedlich in den Gläsern. Die Stimmung

Die Hauskatze saß neben mir – Hinterwaldkopfhütte

war alles andere als klassenkämpferisch, was sicher auch am Engadiner Champagnerklima lag, wie Sie auf S. 351 unschwer erkennen können. Ich möchte den alpinen Kraftort aber bereits hier zum Besuch empfehlen. Ebenso wie die autofreie *Gitschenen Alp* über dem Isental. Die knapp 1.600 Meter hoch gelegene Sonnenterrasse liegt nur wenig abseits der Gotthardroute (Ausfahrt Altdorf) und sie bietet eine Vielzahl von Tourenmöglichkeiten. Man kann dort oben statt der Gipfel aber auch die Terrassen der beiden Gasthäuser *Berggasthaus* und *Alpstubli* besteigen.

Nachwort Thema Bank vor der Hütte: Von Feldberg und Rinken zur *Hinterwaldkopfhütte* kommend, war ich der letzte Gast. Es war kurz vor zu, aber die Wirtsleute brachten noch ein Käsebrett und ein Viertele. Es wurde ruhig und ruhiger, die Sonne ließ nach, die Hauskatze erschien und alles fügte sich zu dieser wunschlosen Zufriedenheit, die es nach einer längeren Tour gibt. Ein Platz auf der richtigen Bank macht den Tag zum Geschenk. 2014/2020

Gleich neben der Schweizer A2 – das renaturierte Reussdelta

Parkbuchten

Die großen Sommerziele liegen ja immer noch südlich der Alpen, was zu Klumpenrisiken führt. Im Falle drohenden Gotthardstaus oder erfolgreicher Alpendurchquerung auf dem Rückweg gestattet das *Reussdelta* eine autobahnnahe Auszeit nahe der A2; zu erreichen ist die Haltestelle über die Ausfahrt Altdorf. An der Südspitze des Urner Sees entstand durch Abraummaterial aus dem Gotthard-Basistunnel eine teilweise naturgeschützte Mündungslandschaft mit Beobachtungsturm, Badeinsel, Steg, Feuerstellen und Liegeflächen. Das alles liegt keinen Kilometer Luftlinie von der Gotthardroute entfernt. Das Reussdelta ist allerdings nicht sehr offensichtlich ausgeschildert, es soll wohl bei einem Binnenziel bleiben.

Nicht nur das Reussdelta, auch die Badplätze von Isleten und Bauen, werden über die A2, Ausfahrt Altdorf erreicht. Von dort zunächst in Richtung Seedorf, im östlichen Teil des Reussdeltas liegt dann bereits eine der größeren Badewiesen mit dem Selbstbedienungs-*Seerestaurant*. Von Seedorf-Unterdorf führt die Seestraße weiter über Bolzbach zunächst nach Isleten und weiter bis ins höchst idyllisch am Straßenende gelegene *Bauen*, das wegen seiner geschützten Lage am See als Klimainsel gilt. In *Isleten* das ganzjährig frei zugängliche *Strandbad-Areal* mit Surfplatz und Gastronomie *Beach-House;* in Bauen eine ebenfalls ganzjährig zugängliche Badewiese mit Kiesstrand; mehrere Gasthäuser.

Die Autobahnraststätte Gotthard Nord liegt 25 Kilometer vor dem Tunnelportal zu beiden Seiten der A2. Bereits 2018 wurde die extrem frequentierte Rastanlage (nicht die Tankstelle) in Fahrtrichtung Süd nach nur neun Monaten Bauzeit wiedereröffnet. Vier exakt gezeichnete Baukörper zitieren seither den Typus landwirtschaftlicher Nutzbauten des Urnerbodens: Scheune und Satteldach, klare Kante, viel Holz, viel Licht, kein Heidi-Kitsch.

Durch filigrane Lamellenfassaden blickt man auf die Berglandschaft ringsum. Die 170 menschenwürdig möblierten Sitzplätze auf der Außenterrasse säumen den Wanderweg längs des Reussufers. Die Innenausstattung wirkt in Optik, Haptik und Akustik wertig bis ins Detail. Schweizer Tresorqualität, freilich ohne jede Schwere (Architekten: alp architektur lischer partner, Luzern).

Es war der Wunsch der Betreibergesellschaft, daß an einer der heikelsten Passagen des Alpentransits die beste Raststätte zwischen Hamburg und Palermo entstehen möge. Und tatsächlich, man könnte hier hygienisch duschen und selbst bei Hochbetrieb vom Boden essen. Somit wäre die Gotthard-Raststätte selbst im Ferienbetrieb ein Lehrstück. Jedesmal, wenn ich dort anhalte, komme ich ins Staunen, auch ins Nachdenken. Wäre ich Qualitätsbeauftragter von Deutschland, würde ich einen Reisebus mit Berufsbremsern und EU-Subventionsverbrennern gratis gen Urnerboden befördern lassen. Die Damen und Herren müßten in der Gotthard-Raststätte, Fahrtrichtung Süd, einen Tag lang nachsitzen. Sich umsehen, konsumieren, auf die Toiletten gehen und evaluieren. Alles wäre umsonst, auch die Backwaren der Urner Bäckereien und der Alpkäse auf dem Brötchen. Zum Abschluß ihrer Exkursion bekämen die Verkehrsexper-

Auszeit nahe der Axenstraße – Strandbad Flüelen

ten ein bierdeckelgroßes Dokument vorgelegt, das sie zu unterschreiben hätten. Darauf stünde: „Ich habe verstanden und gehe an die Arbeit." Man kann diese Raststätte aber auch als Frage lesen: „Armes Deutschland, warum nur läßt du dich so gehen ?"

Zurück zum Positiven. Von der A2 Ausfahrt Altdorf sind es keine fünf Minuten bis nach Flüelen an der *Axenstraße*, die spektakulär längs der Ostflanke des Urner Sees entlang führt. Das *Strandbad Flüelen* liegt auf einem schmalen Küstenstreifen unmittelbar neben Bahnlinie und Axenstraße. Eine Ausweichbucht im engeren Wortsinn, auch eine Insel während der automobilen Völkerwanderung. Von der gepflegten Anlage aus mit Liegewiese, Sandstrand, historischem Holzkabinen-Trakt und Café, kann man zusehen, wie der Verkehr auf der gegenüberliegenden A2 an- und abschwillt. Somit der perfekte Platz für antizyklisches Verhalten an einem Hochsommertag. 2007/2023

Mit Kirchturmperspektive – Palazzo Gamboni im Onsernone Tal

Zeitlos unterkommen

Sind wir nicht alle ein bißchen Wellness? Allenfalls hinter den Bergen oder unter Leitung von Querulanten haben Hotels ohne Wellnessangebote überlebt. Die Vereinigung „Schweizer Heimatschutz" gibt, mittlerweile in 5. Auflage, eine Broschüre mit dem für die Schweiz etwas unbescheidenen Titel *Die schönsten Hotels der Schweiz* heraus. Darin werden 89 historisch oder architektonisch außergewöhnliche Hotels knapp und anschaulich vorgestellt. Eigentlich müßte die Broschüre „Eigensinnige Schweizer Hotels" heißen, weil anstelle von Trends nachhaltige Baukultur oder auch historische Stimmung geboten wird. Wie im Belle-Epoque-Hotel *Rosenlaui* der Familie Kehri im Berner Oberland. Die Wellnesseinrichtungen bestehen dort seit mehr als einem Jahrhundert aus weißen Porzellanwaschbecken und Etagenduschen.

Ein Teil der empfohlenen Häuser wird Lesern meiner Kolumnen vielleicht bekannt vorkommen, darunter die nach wie vor reizende *Villa Lindenegg* in Biel mit einem bildschönen und vergleichsweise preiswerten Restaurant oder der *Palazzo Gamboni* im hintersten Tessiner Onsernone Tal. Allen, die beim Thema Wellness eher an Fischgrätparkett als an eine Gurkenmaske denken, bietet das kleine Kompendium einige Anregungen. 2008 /2023

Die schönsten Hotels der Schweiz, 5. Aufl. 2020, heimatschutz.ch

Zuviel Perfektion stößt ab – La Ola, Isleta del Moro

La Ola, calle Rinconcillo

Alle guten Dinge haben etwas Lässiges und liegen wie Kühe auf der Wiese, schreibt Friedrich Nietzsche in „Menschliches, Allzumenschliches". Weiter gibt Nietzsche zu bedenken, daß ein Werk, soll es „den Eindruck des Gesunden" machen, höchstens mit Dreiviertel der Kraft seines Urhebers hervorgebracht werden sollte, weil zuviel Perfektion ängstigt oder abstößt. Da ist was dran. Schleuderservice sorgt nicht für Behaglichkeit, den „Eindruck des Gesunden" hinterläßt eine Formel-eins-Küche selten. Außerdem sitzt man im Grenzbereich nicht gut.

Wer im flirrenden Licht des Sommers endlich den entlegenen südspanischen Weiler *La Isleta del Moro* erreicht hat, kommt in ein etwas angestaubtes, weißes Dorf, das außerhalb einer kurzen heftigen Saison im Hochsommer einfach so am Meer liegt und vor sich hindöst.

Lange Jahre war das „Inselchen der Mauren" ein vergessener Außenposten am Rand des Nationalparks Cabo de Gata nördlich von Almería. Umgeben von einer wüstentrockenen Agavensteppe, mit Buchten, die nur auf Trampelpfaden zu erreichen sind. Noch vor einigen Jahren war die Region um La Isleta nur per Boot oder über notdürftig asphaltierte Buckelpisten zu erreichen, nun gibt es eine neue und zu breite Straße und jedes Jahr einige Ferienhäuser mehr, aber eigentlich tuckert das Dorf noch immer auf Standgas, jedenfalls außerhalb der Sommerferienzeit. Und das *Restaurante La Ola* liegt wie Nietsches zufriedene Kuh über der Bucht.

Weiter unten an der Mole badet die Jugend zwischen morschen Kähnen. Das Hostal La Isleta del Moro, eigentlich ein Weltfleck in filmreifer Lage, wird eher von seinen Farbschichten zusammengehalten, als von unternehmerischer Initiative. Auch die Badebucht erfüllt Nietzsches Kriterium der Lässigkeit. Niemand wird hier durch zuviel Perfektion vom Meer abgelenkt, der ADAC würde mangelnde Infrastruktur reklamieren. Gläser und Gäste kommen und gehen wie Wogen und Schiffe.

Im *La Ola* steht auf einer Tafel, was das Meer heute hergibt. Dazu kommen Standards wie Parrillada, Paella de la Casa, Caldoso de Pescado (Fischeintopf aus der Pfanne mit zwei Henkeln), natürlich Tapas Variadas. Im ersten Stock ein Panorama-Speisesaal für Nichtschwimmer in langen Hosen, parterre die Terrasse für Gäste in Bademode. Zubereitung und Service passen zum trockenen Charme des Platzes. Die Dinge kommen ohne zuviel Perfektion, aber aus dem Meer. Also könnte der Salzwassergeschmack vom Brandungsbad durch einen Spieß frischer Gambas verlängert werden, der als Tapa zum ersten Glas gereicht wird. Und irgendwann geraten die Dinge in ein betäubendes Gleichgewicht. Alles ist gut, so wie es ist. Es gibt Menschen, die buchen zum Erreichen dieses Zustands Seminare, andere suchen die Bucht am Ende der Straße und finden einen Rastplatz wie La Ola.

An solchen Orten lassen sich Trägheit und Erfrischung im Meer über Stunden auf hohem Niveau halten. Vorne am Wasser wäre dann noch mal Nietzsche zu bedenken: „Wer von seinem Tage nicht zwei Drittel für sich hat, ist ein Sclave, er sei übrigens, wer er wolle: Staatsmann, Kaufmann, Beam-

Mit neuen Straßen kommen neue Gäste – auch am Cabo da Gata

ter, Gelehrter." Und was lernen wir für kommende Tage am Meer? Lieber ein Platzteller weniger und etwas mehr Kuh auf der Wiese.

Ich habe **La Isleta del Moro** zuletzt Anfang Juli 2006 besucht. Die Zufahrt ins Paradies wurde damals neu asphaltiert und verbreitert, seither war ich nicht mehr dort. Zweitbesuche an solchen Orten sind heikel, die Befürchtung, daß nichts mehr so ist, wie es war, begleitet einen ja immer. So behalte ich die Tage am Cabo de Gata bis heute in bester Erinnerung, der Küstenabschnitt zählt zu meinen Traumplätzen am spanischen Mittelmeer. Ein Leser, der mehr als ein Motorrad in seinem Leben hatte, schrieb mir seinerzeit auf die Kolumne: „Wie kenne ich sie, diese wunderbaren Tische am Meer. Das Knistern des abkühlenden Motorrads und vor mir Weite, Ruhe und eine Karaffe kalten Weißweines."

Im Oktober 2023 bekomme ich eine Postkarte von einem Kollegen, der die Gegend jedes Jahr besucht, er schreibt: „Hola Wolfgang, die Zeiten mögen sich ändern. Dennoch: Es gibt wenig schönere Orte auf der Welt als die Terrasse von La Ola in La Isleta – mit Caña und Sardinen."

Am Meer – Playa del Portitxol, Costa Blanca bei Jávea

Unterwegs mit Clint Eastwood

Dem Dramatiker Johann Nepomuk Nestroy verdanken wir die Einsicht: „Zu Tode gefürchtet ist auch gestorben." Clint Eastwood klang noch selbstbewußter, als er die Frage nach dem guten Leben mit dem ansteckend zuversichtlichen Klassiker beantwortete: „Ich reite in die Stadt. Der Rest ergibt sich". Gezähmt und ins Nachdenkliche gerückt heißt das: Früher wußte ich die Antworten, heute ahne ich die Fragen.

Die Kraft und Offenheit von Eastwoods Lebensmaxime hat etwas Betörendes. Ich reite in die Stadt, bedeutet vor allem: Ich bin der Gestalter meines Lebens. Mut und Zuversicht gibt es nicht in der Leihbibliothek, sondern dank Handlung in eigener Verantwortung. Der Rest ergibt sich, heißt: In keinem Drehbuch der Modellierer und erst recht nicht im wahren Leben ist alles planbar, wenig kommt, wie es heute gedacht und gesagt wird. Wer Tatkraft und Entscheidungsfähigkeit anderen überläßt, hat das Spiel vom guten Leben fast schon verloren.

Wer eine Kreuzfahrt bucht, kann weder in die Stadt reiten,

Chiringuito an der Cala Blanca in Jávea

noch an den Strand gehen und ein paar Oliven bestellen. Das Wort Kreuzfahrt kann ersetzt werden durch All inklusive, Frühbucherrabatt, Freizeitpark und tausend andere Entmündigungsangebote. Bitte aufstehen, wer sich Clint Eastwood am Vorspeisenbuffet eines All-inclusive-Hotels vorstellen kann!

Auch Reisen ist ein langer Ritt durch eine große Stadt namens Eigenverantwortung. Die beginnt gleich vor der Haustür, im Herrgottswinkel einer Berghütte und sie endet noch nicht an irgendeinem Kap der Guten Hoffnung. Nach langem Ritt übernächtigt in der Fremde anzukommen und als Erstes eben nicht ins reservierte Hotel zu fahren, sondern die nächste Markthalle ansteuern oder den frisch gefegten Marktplatz und sich dort ein paar frische Gambas und kühlen Sherry zu gönnen – heißt eigene Wege gehen. Heißt Überstunden und Müdigkeit frohen Herzens genießen.

Wo in Spanien Sand, Meer und Menschen zwanglos zu-

Geländer nicht DIN-konform – Ciringuito bei Garrucha

sammenfinden, gedeihen mitunter sogenannte *Chiringuitos*. Strandbuden mit Schilfdach, oft im Freistil gebaut und bewirtet. Jeden Stolperfallensachverständigen versetzen solche Institute in den Gewinn versprechenden Zustand der Dauerempörung. Was Konformitätsregeln angeht, ist so ein Chiringuito das Gegenteil von Compliance. Improvisation statt Regeltreue und Gäste, die zufrieden aufs Meer schauen. Ich vermute, Clint Eastwood hätte als Compliance Officer versagt.

Neben wohlfeiler Empörung produziert Konformitätsdruck auch Freiräume. Die Freude an der krummen Strandbude, die auch eine Vesperhütte, eine Feuerstelle, eine besondere Flasche Wein oder ein edles Lebensmittel am Vormittag sein kann, hält einen auf Trab, sie sorgt vor allem für ein gelassenes Tempo. Der Rest ergibt sich. Mitunter sogar trotz nicht konformer Höhe der Sicherheitsgeländer am Hotelschwimmbecken. Das Schlußwort für heute spricht Clint Eastwood: „If you want a guarantee, buy a toaster.“ 2021

Das Foto von diesem Dorffest in der Lombardei stammt von einem treuen Leser vom Hochrhein. Gruß und Dank an Herrn H. aus Rheinfelden.

Feinstaub, Käsescham, Tartar

Der Umgang mit der Moralkeule wird immer anspruchsvoller. Einfach nur Flugscham ist so was von gestern. Auch beim Verzehr von tierischem Eiweiß gehört eine Prise Schuld längst dazu. In gewissen Kreisen spricht man bereits von Käsescham und das ist nur ein Anfang. Ohne Schuld, Scham und Beichte geht kulinarisch nichts mehr, Camembert und Ochsenschwanz schon gar nicht, auch Tartar und Innereien sind Barbarei in Reinkultur.

Mit dem Verbrenner zur Spanferkelbonanza, Grillen unter freiem Himmel, eine Metzelsuppe in Gesellschaft von Eingeborenen löffeln – für die Nomenklatura der Weltretter alles Todsünden. Und die Sünde als solche läßt sich bekanntlich mannigfaltig bewirtschaften.

Spaghetti alla Puttanesca gehen derzeit gerade noch so, Altmeistergerichte wie Escoffiers Kalbskotelett Zigeunerart, erst recht Spiegeleier nach Hugenottenart sind aber kulinarische Aneignung, also Scheiterhaufen. Dito Triggerspeisen aus dem imperialen 20. Jahrhundert, man denke an geschlechtsspezifische Garmethoden nach Ratsherren- oder Jungfrauenart.

Tiere essen – historische Tartarszene, Ochsen Rust, 2014

Nicht nur Winnetous Abenteuer, auch historische Kochbücher, Regionalgerichte und kulinarische Sitten sind voller sozialer Abgründe, die sich trefflich skandalisieren lassen. Man könnte auch von Verhetzungspotential sprechen, wie es in der politischen Blase schon länger üblich ist. Es ist somit nur eine Frage der Zeit, bis mancher kulinarische Klassiker auf dem Index steht, weil er die Gefühle von Berufsbetroffenen und Weinbergschnecken verletzt. Wie lange noch dulden unsere Wokeness-Aktivisten den Einsatz des Wok in der europäischen Kolonistenküche? Wird die Deutsche Umwelthilfe demnächst gegen Schweine-Grillfackeln vorgehen, wann wird die CO_2-Bepreisung von einem Sack Holzkohle endlich europaweit harmonisiert?

In einem „Kochbuch für den bürgerlichen Haushalt", verlegt 1908 zu Freiburg im Breisgau, beginnt das Kapitel vom Tischdienen mit dem Satz: „Die Tischdienerin muß möglichst reinlich, flink, dabei ruhig und aufmerksam sein." Im Grunde gilt das auch heute für Dienende jeden Geschlechts, aber man kann es als zahlender Kunde nicht mehr so sagen, eher andersrum: Der Gast sollte möglichst tolerant, dabei ruhig und duldsam sein. Eine gastronomische Zeitenwende läßt sich auch daran erkennen, daß auf der ersten Seite mancher Speisekarte nicht der Gast begrüßt wird, sondern verzweifelt nach Personal gesucht wird. Arbeiten ist out, dienen eine Zumutung, dilettieren macht einfach mehr Laune. Hauptsache, man sagt laut, was man nicht so genau weiß.

Angesichts einer immer weiter anschwellenden Hysterie-Bewirtschaftung schier aller sozialen Gewerke, erscheinen mir bewährte Kulturtechniken wie Gelassenheit, Verdrängung, vor allem auch die Vermeidung von Feindberührung wichtiger denn je. In meinem wenig repräsentativen Freundes- und Bekanntenkreis verzichten neuerdings immer mehr Menschen – schon aus Selbstschutz, wie sie sagen – auf die täglich verabreichte Dosis an Moral und Hysterie. Auch im öffentlich-rechtlichen Erziehungsjournalismus gibt es offenbar einen Grenznutzen, an dem die Steigerung der verabreichten Menge keine Wirkung mehr zeigt, sondern nur noch Verdruß auslöst. Eine volle Dröhnung Talkshow einmal die Woche genügt zur Festigung des Widerwillens. Auch beim allgegenwärtigen Nachhaltigkeits-Gefrömmel erhöht spontanes Intervallfasten die geistige Beweglichkeit und allgemeine Lebensfreude.

Wenn demnächst die nächste Scham durchs Dorf getrieben wird, werde ich jedenfalls erst mal gründlich duschen und danach wie immer auf die Gass' gehen und sündigen. Schöner Nebeneffekt dabei, wir Wenigen erkennen und schätzen uns in Zeiten der Prohibition mehr denn je. Manchmal genügt schon eine Portion Tartar am Nebentisch. 2022

Herbst

Kam aus Siebenbürgen ins Markgräflerland – Batullenapfel am Lipberg

Fair Trade

In Deutschland gab es etwa 2000 Apfelsorten. Der deutsche Einzelhandel erwirtschaftet heute mit den beiden Sorten Elstar, Gala und Jonagold etwa 50 % des Umsatzes, weltweit decken zehn Apfelsorten 70 % des Marktes ab.

Die Streuobstwiese trägt zwar einen ökologischen Heiligenschein und wir alle haben sie ganz arg lieb. Biodiversität, eßbare Landschaft, schützen durch nützen und so weiter. In der Praxis wird die Verehrte allerdings eher als Freizeitpark geschätzt. Walken, Biken, Hundeklo.

Wiesen mähen, Bäume schneiden, Pflanzen schützen und erst recht die Ernte eines Hochstammes mit der Hand am Arm gehören dagegen zu den Randsportarten. Gleichzeitig haben sich im Lebensmittelhandel unzählige Fair-Trade-Siegel verbreitet. Dank derer kann der Ökomichel seine Solidarität mit dem tropischen Regenwald beweisen. Von Kakao bis Thunfisch läßt sich jede Kolonialware mit Moral anreichern. Wer aber hierzulande auf die Leiter steigt und einen Hochstamm erntet, muß die Kunst der Eigensubvention beherrschen. Das fällt etwas leichter, wenn man an Oscar Wilde denkt: „Heute kennen die Leute von allem den Preis, nicht den Wert." Was ist wertvoller, als an einem goldenen Oktobertag als freier Mensch in einer Baumkrone zu stehen und Boskoop für Boskoop in den Pflücksack gleiten zu lassen?

In einem reizvollen Nebenschauplatz zwischen Hochblauen und Markgräflerland, im idyllischen Lipburger Tal, gibt es etwa soviel Einwohner wie Obstbäume. Von jeder Gattung nur ein paar Hundert, leider werden die Bäume immer weniger. Viele Hochstämme sind in einem kritischen Zustand, ungeschnitten, überaltert, von Misteln befallen. Man kann Obstbäume wie Bücher lesen. In ihren Kronen spiegelt sich ein ganzes Leben: Zuwendung und Verwahrlosung, nicht mehr wollen, nicht mehr können. Mit einem neuen Hüftgelenk des Landwirtes kommt oft der Mistelbefall.

Dazwischen fallen Stücke auf, die von Einzelgängern bewirtschaftet werden, denen der Unterschied zwischen Preis und Wert etwas bedeutet. Wenn die Sache mit dem kollektiven Freizeitpark, mit Fair Trade und Ablaßhandel so weitergeht, wie amtlich verordnet, wird es in einer Generation Streuobstwiesen nur noch in Bildbänden und anläßlich von Aktionstagen geben. Ein Tal weiter, zwischen Schliengen und Schloss Bürgeln, ist die Entwicklung schon weiter. Der Erwerbsobstanbau findet dort fast nur in Plantagen statt. Die Alten können nicht mehr auf die Leiter, die Jungen wollen nicht mehr. Die letzte Birnbaumallee wurde längst als Naturdenkmal kartiert.

Und dazwischen stehen solche wie Heinz auf der Leiter. Heinz hat kein Landlust-Abo, aber einen lindgrünen Fendt Fix. Statt einer Manufactum Pflückschürze für 47 Euro hat er sich einen alten Kartoffelsack umgehängt, sein Vater machte das auch so. Heinz hat seine Lektion in Achtsamkeit nicht beim Yoga, sondern auf der vierfüßigen Obstbaumleiter gelernt. Außerdem stellt er einem Nachbarn Goldparmänen vor

Heinz am Hochstamm

die Tür. Von mir bekommt er Oase-Bücher billiger. Das nennt man in unserem Tal Fair Trade.

Der Baumpfleger – nennen wir ihn einfach Brettacher – ist auch so einer. Seine Wiese liegt an einem Westhang, mit Panoramablick auf die Vogesen. Mit Gespür für den richtigen Zeitpunkt erscheint Brettacher zur Ernte im Herbst, zum Kronenschnitt im Winter, gerne auch mal zur kleinen Inspektion zwischendurch, aber immer nur an besonders heiteren und warmen Tagen. Der Mann ist jetzt 82 Jahre alt, ein Leben lang pflegt er seine Bäume und wenn er oben auf der Leiter steht, wirkt er wie ein Pfarrer auf der Kanzel. Er predigt aber nicht, er schneidet Bäume. Konzentriert und selbstbewußt.

„Wir machen es, solange es noch geht", sagen die Älteren zu jenem Pragmatismus, in dem sich ein ganzes Leben verbirgt. Gerade stehen, so lange es geht, auf der Leiter, im Leben. Das mögen die Vertriebsleiter der Moralindustrie am wenigsten.

2016

Unser Yoga heißt Holzmachen

Männeryoga

Neulich hat mich eine entfernte Bekannte angesprochen. Einfach so, in einem Café. Ob ich nicht in ihren Kurs kommen möchte. Männeryoga. „Das tut auch dir gut", dazu dieses weiche Lächeln. Ich war überrumpelt, fast gelähmt. Die Yogameisterin hätte auch sagen können: „Komm schon, du willst es doch auch."

Alle wollen maximal entspannt sein. Waldbaden, Kampfschweigen, Fasten für den Frieden und so weiter. In Szenevierteln wird nach dem Zen des Filterkaffees gesucht. Männeryoga und Melittafilter sind Chiffren eines neuen Biedermeier. Zum Glück ist mir dann die Holzarbeit eingefallen. „Mein Yoga ist das Holzmachen", habe ich zur Yogalehrerin gesagt, worauf ihr Lächeln irdischer wurde. Ich habe ihr dann erklärt, daß man ohne Achtsamkeit kein Holz machen kann.

„Du mußt das Holz ansprechen," meint ein Freund aus dem Wiesental. Achtsam geführt schneidet die Säge den Stamm, als wäre er eine Sahnemeringue. Statt der Yogamatte tragen wir Schnittschutzhosen. Ein Baumarkt ist übrigens auch eine Yogamatte. Manchmal gehe ich in einen Baumarkt und lasse mich in den Gang mit Linsenkopfschrauben hineinfallen. Man glaubt nicht, wie viele Schraubenarten es gibt. Zen im Baumarkt heißt alles betrachten, vieles befühlen und nichts wollen – man muß es nur zulassen. Resultat dieser kurzen Kolumne: Holzmacher und Baumarktbesucher müssen nicht zwingend am Männeryoga teilnehmen. 2016

Vesper mit Panorama

Ein Ausflugsziel mit eigener Hinweistafel an der Rheintalautobahn A5 gehört sicher nicht zu den exklusiven Plätzen. Wer jedoch an einem warmen Oktobertag durch die steilen Durbacher Rebberge zum Schloss der Markgrafen von Baden hochgondelt, erreicht einen überragenden Panoramaplatz auf einer 380 Meter hohen Felsnase über dem Rheintal. Die Dinge wirken auf Schloß Staufenberg sicher auch deshalb so beeindruckend herrschaftlich, weil das dort ansässige VDP-Weingut des Hauses von Baden seine hervorragende Lage einer Zeit verdankt, in der Bauanträge auf kurzem Dienstweg entschieden wurden.

Das Ergebnis der herrschaftlichen Investition hat jedenfalls Bestand und es kann sich auch nach Jahrhunderten noch sehen lassen, was für jüngste Imponierbauten nicht immer gilt. Ein bewirtetes Schloßgut krönt gut 24 Hektar Steillagen im Rebland bei Durbach, darunter der Ursprungsort des Klingelberger Rieslings. Von der Terrasse der Gutsschänke bietet sich ein durch nichts molestierter Blick auf die gesamte Ortenau,

Krone des Reblandes um Durbach – Schloß Staufenberg

die mit 1.860 Quadrakilometern bekanntlich den größten Flächenlandkreis in the Länd bildet. Von den Zinnen bietet sich ein Panorama, wie es Bürgerliche sonst nur aus dem Korb eines Heißluftballons genießen. Mit Nebenwirkungen wie profanem Ausflugsbetrieb, bürgerlichen Hochzeitsgesellschaften und freier Rede am Nebentisch muß allerdings auch auf Schloß Staufenberg gerechnet werden. Außerhalb der Kernfreizeit findet sich für Einzelgänger aber meist ein aparter Platz zur Einnahme der Brotzeit. Diese wird von der Gutsschänke in Preis und Qualität durchaus brauchbar angeboten; seit jeher gehören diverse Flammkuchenvarianten und Vesperteller zur Grundversorgung. Durchaus honorig die Weinpräsentation, auf menschenwürdige Gläser, Karaffen und Flaschenkühler wird hier trotz regem Ausflugsbetrieb und Selbstbedienungstheke nicht verzichtet.

Sonniges Terroir – Rebland an der Durbacher Weintalstraße

Die Weinpreise schließlich müssen als Referenz an das gemeine Volk verstanden werden: Trinkbare Flaschenweine gibt es bereits ab 20 Euro. Somit eignet sich der Platz auch als Lehranstalt für Wegelagerer, die meinen, eine begnadete Lage sei ein Freibrief zum Auspressen von Gästen.

Anregende Wandermöglichkeiten gibt es direkt ab Schlossberg oder vom vergleichbar günstig gelegenen Parkplatz an der kleinen Paßhöhe der Weintalstraße, die von Durbach über Bottenau nach Oberkirch führt. Ein zentraler Wanderwegweiser steht bei der *Brandstetter Kapelle* am Scheitel der Kreisstraße 5369. Summe des Ganzen: Schloß Staufenberg ist ein ideales Ziel für einen Tag in der Ortenau mit viel Sicht und Auslauf, Riesling und Vesperbrett. 2006/2023

Blick vom „Texaspass“ zum Totenkopf

Eigensinnig am Kaiserstuhl

Für einen Ausflug braucht es kein Kochrezept, ein Satz von Humboldt schärft aber die Sinne: „Man genießt die Natur auf keine andere Weise so schön, als beim langsamen zwecklosen Gehen." Das Gehen um seiner selbst willen wurde bereits vor gut 150 Jahren zur Kunst verfeinert, besonders in jenem großbürgerlichen Milieu, das sich die zweckfreie Streunerei leisten konnte. Der lustbetonte Streifzug, der Weg als Ziel, der eigene Rhythmus funktionieren in Stadt und Land seit jeher gleich gut. Die intellektuellen Flaneure kultivierten das Sich-gehen-Lassen in den boomenden Gründerzeitstädten ebenso wie die Eigensinnigen unter den Wandervögeln und Sommerfrischlern.

Der Weg ist frei. Wer beim Gehen keine Gruppenpflicht, sondern eher die Chance zur Freiheit sieht, hat im Übrigen auch die Sache mit den erneuerbaren Energien und der Nachhaltigkeit verstanden. Das verzehrende Weiter, Höher und Schneller verwandelt sich unterwegs von alleine in ein Weniger, Tiefer und Schöner. Wer die alte Kunst des Gehens beherrscht, muß keine neuen Bestseller über die Weltrettung lesen.

Beginnende Rudelbildung auf dem Badberg

Seit Aristoteles gibt es Theorien über das Gehen, das wie alle Kulturtechniken geübt und verfeinert werden kann: Vom sinnierenden Auf- und Abgehen durch die eigene Bibliothek bis zum Kräfte schonenden Schritt, wie ihn Bergsteiger und Gebirgsjäger trainieren. BALZAC suchte in den unterschiedlichen Gehweisen nach Mustern für seine eigene wissenschaftliche Arbeitsweise. Eine zu ihm passende Methode fand er schließlich im intellektuellen Freistil, der zwischen „der Messlust des Gelehrten und dem Taumel der Narren" liegt. Zwischen närrischem Taumel und zwanghafter Meßlust seinen persönlichen Schritt finden – welche Chancen in einem Satz!

Mit der Einkehr ist es so ähnlich wie mit dem Freigang. Die Leitplanken von Gruppenwanderern und Sternekulinarikern sind das eine, die Gunst der Stunde am gemütlichen Ecktisch erschließt eine andere Dimension. Deshalb Vorsicht vor Anlässen und Jahrestagen. Zum Beginn der Mandelbaum- und Obstblüte wird mancher

Wanderweg im Kaiserstuhl zur Bittprozession, im Herbst zur Weinlese ist es nicht viel anders.

Vogelsangpaß, Badberg, Eichelspitzeturm und Lilienta1-Waldpark schön und gut, an heiklen Wochenenden allerdings oft randvoll. Da wären aber auch noch einige ruhige Winkel, Nebentäler und Sackgassen wie das Bötzinger Meisental, das schier unbesiedelte Hessental oder das höhere Amoltern am Ende des Heideweges. Oder auch Schelingen, wo es nur einen Kilometer abseits der viel befahrenen L 115 eine *Sonne* gibt, die zuverlässig strahlt. Mit gemütlicher Stube, kleiner Terrasse, kompakter Karte, gepflegten Weinen. Nicht zu verfehlen mitten im Dorf gegenüber der Kirche, an der Biegung der Kreisstraße aufs Bahlinger Eck.

Und mitunter ist es die eine Kleinigkeit am Eck, die den Tag ausmacht. Gegenüber vom Bahnhof in Königschaffhausen ist es die *Metzgerei Sexauer.* Dort habe ich das am sorgfältigsten belegte Lyonerbrötchen all meiner Kaiserstuhl-Touren bekommen. Man fährt Tausende von Kilometern durch deutsche Lande, bis eine freundliche Fleischereifachverkäuferin in Königschaffhausen ausdrücklich nach der Zahl der Wursträdchen fragt, die aufs Brötchen sollen. Dann ganz selbstverständlich die Art und Weise von Garnitur und Senfzugabe mit dem Kunden bespricht und schließlich alles à la minute zubereitet, konzentriert und gut gelaunt.

Wie manchmal im Leben habe ich erst beim Rausgehen realisiert, was für ein Mensch, was für eine Spezialität mir zuteil wurde. Herzlichen Dank an die Unbekannte von Königschaffhausen. Oft sind es kleine Brötchen, die einen Augenblick zum stillen Fest machen. Außerdem unterwegs nicht vergessen: Freigang beginnt dort, wo der betreute Tourismus endet.

2016

Guter Vorsatz auf Rauhputz – gesehen im Ried bei Altenheim

Kollege kommt gleich

Es gibt zwei Arten von Blickfeldverengung. Einmal die horizontale, auch als Scheuklappenblick bekannt, dann die vertikale Einschränkung der Wahrnehmung, im Volksmund als Kanaldeckelperspektive verspottet. Die solide Kombination beider Eigenschaften, der Tunnelblick, gehört zum Rüstzeug mancher Servicekraft. Helm auf, Kopf geradeaus und ab durch die Mitte. Schon einen Meter neben dem Gefechtsfeld ist es gleich, ob die Gäste wie Ertrinkende rudern oder es mit diskreten Handzeichen versuchen. Durch geschickten Einsatz der Blickfeldverengung zeigt der Service, wie Schlachten gewonnen werden.

Oft genügt schon das Ignorieren der Eindringlinge, in komplexen Situationen kann der Gast besonders effektiv zermürbt werden, indem seine Anwesenheit zwar registriert wird, aber keine weiteren Maßnahmen auslöst. Schon Karl von Clausewitz hat in seinem Hauptwerk „Vom Kriege" dargelegt, wie ein anstürmender Gegner durch taktische Ausweichmanöver dermaßen geschwächt werden kann, daß er

Sophies Reich – der Löwen (R.I.P.) im Geroldstal

schließlich entnervt das Feld räumt, ohne daß es zur Feindberührung gekommen wäre.

Entlastungsangriffe und Finten, wie das partielle Abräumen eines Tisches oder das Reichen von Brot, Butter und langer Pause sind zwar wirkungsvoll, gehören aber eher in den Bereich der psychologischen Kriegsführung. Ebenso wie das Anbringen von abweisenden Warn-, Hinweis- und Umleitungsschildern, wie wir sie vom Hoch- und Tiefbau kennen. Immerhin zeigen solche Warnhinweise dem Gast unmißverständlich, daß er ein Minenfeld betritt. Veraltete Formeln aus der Bahnhofsgastronomie wie „Kollege kommt gleich" oder eine im Vorbeigehen genuschelte Drohnung „Warme Speisen eine Stunde Wartezeit", sorgen bei geringem Aufwand für eine Schwächung des Gegners.

Moderne Abteilungen für Kundenabwehr haben natürlich noch ganz andere Mittel. Zu den weichen Waffen zählen Klang und Emotion. Ein fest gewobener Musikteppich umhüllt den Gast während der gesamten Konfrontationsphase, macht ihn gefügig und letztendlich verwundbar. Die Durchschlagskraft von Musik wird durch aggressive Dauerfreundlichkeit noch weiter erhöht. Dabei spielt es keine Rolle, ob die Rede etwas mit dem Wunsch des Kunden zu tun hat, es geht allein um die Schwallkraft, die den Gast trifft: „Einen schönen guten Tag, mein Name ist Anna Maria Skarpelis-Pfleiderer, was kann ich für Sie tun."

Kundenabwehr geht aber auch im Zweikampf. Obwohl schon Jahrzehnte zurück, bleibt mir der Auftritt einer altgedienten Schwarzwälder Wirtin unvergessen. Die Gastgeberin erläuterte einem ausgehungerten Wanderer die Feinheiten der Hotzenwälder Willkommenskultur in einer bühnenreifen Szene.

Gast: „Haben Sie auch Rühreier?"

Wirtin: „Steht's auf der Karte?"

Gast: „Nein."

Wirtin: „Also."

So eine Klare-Kante-Kommunikation ist mir freilich allemal lieber als die inflationären Floskeln von Immer-wieder-gerne- und Genießen-Sie-es-Gastgebern. So unvergessen wie die Schwarzwälder Wirtin bleibt mir ein Markgräfler Wirt, den alle nur „Eugen" nannten. Sein Arbeitsplatz trug (und trägt noch heute) den schönen Namen „Warteck". Aufsässige Gäste oder Betrunkene am Stammtisch verabschiedete Eugen mit der Ansage „Zahl und hau ab". Klingt derb, ist aber ehrlicher als verbaler Puderzucker und sorgt für Ruhe im Stall.

2003/2023

Ein Euro mehr und das Schnitzel ist gegessen, tier- und gastfreundlich

Schweinisch

Kleines Rechenexempel, den geistig-moralischen Zustand der Schnitzelgastronomie betreffend. Der Preisunterschied für Fleisch aus industrieller Mast und solchem aus artgerechter Haltung macht bei einem Kilo Oberschale – je nach Schweinepreiszyklus – etwa vier Euro. Ergibt bei einer großen Portion Schnitzel von 250 Gramm eine Differenz beim Wareneinsatz von einem Euro.

Gerade mal ein Euro Unterschied zwischen artgerechter Haltung und Industriefleisch. Personalaufwand und Allgemeinkosten bleiben bei der Verarbeitung von Qualitätsfleisch konstant, sein besseres Safthaltevermögen sorgt aber für weniger Bratverlust. Mit einem Euro wäre somit die Sache gegessen, tier- und gastfreundlich.

Für Rind, Lamm und Geflügel ließen sich ähnliche Rechnungen aufmachen. Bezogen auf den Endpreis sind es beim Wareneinsatz oft nur geringe Beträge, die zwischen Massen- und Qualitätsprodukt liegen. Bei einer Portion Kaffee oder Tee sind es weniger als fünf Cent. Dennoch orientiert sich ein Großteil der Gastronomie an der Devise: „Beim Einkauf kannst du sparen". Stimmt, der Gast kann dann für null Cent eine Bewertung abgeben: „Sitze beim Sudelwirt und esse Fabrikfleisch."

Diese Kolumne erschien 2004, ich habe sie gekürzt und die Preise aktualisiert, an der Aussage des Textes war nichts zu ändern.

Ein Bild, das für sich spricht – Weingut Dörflinger, Müllheim

Wein spricht für sich

Meist beginnt die Erregungsspirale mit einem „subtilen Aromenspiel“, das sich zum „hochkomplexen Duft von Pflaumen und eingelegten Kirschen“ aufschaukeln kann. Im Jahrgangsportrait eines ansonsten ganz zurechnungsfähigen Weingutes wurde unlängst ein „tänzerischer Burgunder“ von einem „seidigen, feinkörnigen Tanninkleid umhüllt“. Wie man als Otto Normaltrinker mit einem feinkörnigen Tanninkleid klarkommt, stand nicht in der Weinliste. Dafür erscheinen wenige Zeilen später die üblichen Verdächtigen, „transparente Frucht“, „erfrischendes Säurespiel“. Ein Blauer Spätburgunder wird gar „von Säureadern durchzogen“. Offen bleibt, ob eine Frau zu später Stunde so einem Wein allein begegnen möchte.

Das Geschwurbel der altdeutschen Weinansprache reicht vom scharf gerittenen Damensattel bis zu frisch aufgebrochenem Rotwild. Auf der Suche nach besonders saftigen Bildern wird die bunt bestückte Obstkiste seit Alters gerne genommen. „Ein saftig-lebendiges Bukett nach weißem Birnenkompott und grünen Äpfeln“ ist das Mindeste, was ein Weißer Burgunder heute drauf haben muß. Nur in Ausnahmefällen genügt dabei eine Frucht, etwa ein „Hauch von Pfirsich“. Wobei zu fragen wäre: Welcher eigentlich? Wer weiß, welches Aromenspektrum es allein unter süddeutschen Weinbergpfirsichen gibt (Birnen, Äpfeln, Pflaumen), wird die Obstlyrik etwas zurückhaltender bewerten.

Auch bei der dunklen Waldbeere handelt es sich um eine hochkomplexe, imaginierte, sicher sehr kleinbeerige Frucht, die zwar noch niemand gesehen, geschweige denn gegessen hat. Aber das macht nichts, denn es geht ja um Wein und ums Gerede darüber. Die Formel zur Seligsprechung lautet: Exotik x Unverständlichkeit = Aura + Spendenbereitschaft.

Eine Kaste für sich bilden die Objektivierer. Mit militärischer Sprachdisziplin wird ein Wein erledigt: 87,5 Punkte, Basta! Die önologische Fliegenbeinzählerei ist leider relevanzfrei außerhalb von linientreuen Zentralkomitees. Schon am wissenschaftlichen Basiskriterium der Reproduzierbarkeit von Ergebnissen würden 90 % aller hochgehängten Weinbewertungen scheitern. Es ist doch seltsam, daß sich Großnasen bis heute weigern, eine breit angelegte Verkostung einfach mal eine Woche später zu wiederholen.

Vor Jahren habe ich beim Tuniberger Winzer *Clemens Lang* einen so kurzen wie denkwürdigen Hauptsatz gehört: „Der riecht wie ein Spätburgunder." So viel Reintönigkeit in der Weinansprache hat mich überzeugt. Ich habe auf seinem Weingut in Freiburg-Munzingen großzügig gekauft und der Wein schmeckt bis heute wie ein Spätburgunder. Aber er kostete allenfalls die Hälfte der von Storytellern und Spin-Doktoren bejubelten Flaschen.

Mein Fazit nach 40 Jahren Weingenuss, nach Jahren im eigenem Weinberg und unzähligen Winzergesprächen: Vergessen Sie Sprechblasen und mäßig kaschierte PR-Artikel von sogenannten Weinpäpsten. Wer heilt, hat recht und wer trinkt, hat das Recht, erst mal dem eigenen Geschmack und am Morgen danach dem eigenen Kopf zu vertrauen. Gut Dreiviertel der Weinsprache dient dem Aufbau einer Drohkulisse. Die Hohepriester wollen es so. Der Konsument soll sich unwissend fühlen, so ähnlich wie beim Pontifikalamt. Wer will, kann sich ein Gesangbuch zulegen und hinterher schmecken. Der emanzipierte Rest sollte seinen eigenen Sinnen vertrauen. Das macht frei und schont den Geldbeutel.

Profis an renommierten Weinfachschulen sind längst soweit, ein beliebter Weintest heißt dort: JLF-Test, auf deutsch: „Je leerer die Flasche". Geht so: fünf Leute, zehn Flaschen (verschiedene Qualitäten, aber nur eine Sorte, bzw. vergleichbare Weintypen). Jeder kann die Weine probieren, beschimpfen, loben. Beeinflussung anderer ist erlaubt und erwünscht. Die Flasche, die zuerst leer ist, ist die beste, was am Ende der JLF-Verkostung übrig bleibt, taugt nichts. Egal, was der Wein gekostet hat und wie er anderswo bewertet wurde. Tja, Weintrinken kann tatsächlich Freude machen.

Und eine Weinprobe an der Quelle kann auch Freude bereiten. Besonders dort, wo die Probierstube noch eine solche ist. Wo sonst erscheint einem die Summe aus Land und Leuten so anregend verdichtet? Leider wirkt der Proberaum manches Weingutes so lieblos und unsinnlich wie der verquält gestylte Warteraum einer Werbeagentur.

Eine in Generationen eingesessene Probierstube ist ein Schatz, von dem Garagenwinzer und Angestellte des guten Lebens nur träumen können. Die Probierstube auf dem Müllheimer Gutshof der *Familie Dörflinger* ist der vollkommene Gegenentwurf zur neuen Welt zusammengeschraubter Baukastenweine. Gedämpftes Licht, Glut im Kachelofen. Ein schier raumlanger Massivholztisch, der Erleuchtung und Befriedung der Gläubigen erlaubt. Vor allem aber eine Würde in der Kapelle, die nur der tägliche Umgang mit dem Kulturgut Wein verleihen kann. Eine Herzkammer des Markgräflerlandes.

2015/2020

Niesen Nordgrat, Berner Oberland

Berge für gewisse Stunden

Ein Hausberg sollte sein wie eine Picknickdecke: einfach da, wenn man ihn braucht und sonst keinen Ärger machen. Bei Talnebel im Herbst tut ein Hausberg besonders gut, er wirkt aber auch ganzjährig bei niederer Decke und geistiger Trägheit, sogar im Hochsommer bei drückender Hitze. Der perfekte Hausberg liegt eher ums Eck als weit weg. Es gibt dort Sonnenbänke, Panoramawege und im Idealfall eine Einkehr, die zum Umschwung paßt. Aber wer oder was ist schon ideal.

Freiburger haben den Schauinsland zu ihrem Hausberg erkoren, was im Grunde keine schlechte Wahl ist. Das Problem: Für eine ganze Stadt wird ein Berg schnell zu eng. Besonders an Wochenenden werden Hausberge zu einem Zwitter aus Freizeitpark und soziologischem Garten. Ähnliches gilt für andere Gipfel im Südwesten wie Feldberg, Belchen, Schönberg.

Parkhaus, Seilbahn und andere Aufstiegshilfen sind dem eher stillen Wesen eines Hausbergs abträglich. Oben auf dem Feldberg mag es manche Juke Box geben und allerlei Einkeh-

Erhaben ohne Gipfel – Schutzhütte Steinenkretz, bei Bernau

ren, aber kein Gasthaus, das zur Würde des Gipfels paßt. Lösung des Problems: Was den Hausberg angeht, ist Phantasie gefragt, man kann sich seinen Hausberg auch selber schnitzen. Manchmal ist ein namenloser Gipfel oder ein sonniger Höhenweg mit Bank und Thermoskanne der bessere Hausberg. Wer sich mit einem harmonisch ziehenden Höhenweg oder einer sonnigen Kuppe anstelle der übernutzten Gipfel zufrieden gibt, kommt oft schneller in den Genußmodus – Erhabenheit gibt es auch ohne Markennamen.

Das Thema Gipfel, leistungsfähiges Gasthaus und Spätherbstglück wäre natürlich auch mal eine längere Tagestour wert: Etwa zum Niesen, der wie eine solitäre Felspyramide über dem Thunersee steht, eine Standseilbahn verkehrt ab Mülenen, das verkehrsgünstig am Ausbauende der A6 ins Kandertal liegt. Nur wenige Meter unterhalb vom 2.362 Meter hohen Gipfel thront das Berghaus *Niesen Kulm* mit einer grandiosen Panoramaterrasse, rundum warten alpine Tourenmöglichkeiten. Freilich ist der Nie-

Zugang Bergstation Niesen Kulm

Der Niesen als Himmelspalter

sen kein Ziel für Rappenspalter, die einfache Bergfahrt kostet mittlerweile recht humorlose 38 Franken. Andererseits gibt es auf Niesen-Kulm an jedem Tag unter der Woche bis 11 Uhr ein *Bärg-zMorgne*. Das üppige Buffet kostet 74 Franken (inkl. Bahnfahrt) und das, obwohl schon der Blick unbezahlbar ist. Erst recht an einem ruhigen Herbsttag mit Inversion. Geübte Berggänger wissen ohnehin: Wer die Gebührensätze einer Bergfahrt mit jenen für eine Stunde Paartherapie vergleicht, betrachtet die Beziehung zum Franken mit der gebotenen Gelassenheit.

Läge der Niesen mitten in den Alpen, wäre er mit seinen 2.362 Metern einer unter vielen. Der Niesen wächst aber pyramidal aus dem Berner Voralpenland heraus. Ein perfektes Dreieck über dem Thunersee, ein Himmelspalter. Auch ein Berg, an dem kein Landschaftsmaler vorbeikommt. Es gibt Niesenbilder aus fünf Jahrhunderten, die Liste der Niesenmaler gleicht einem Who‘s who der Landschaftsmalerei. Caspar Wolf, Ferdinand Hodler, Paul Klee, August Macke,

Johannes Itten. Romantiker liebten den Niesen noch dramatisch und zackig, an der Wende zum 20. Jahrhundert wurden die Niesendarstellungen dann realistischer, was auch mit einem geistigen Standortwechsel zu tun hatte. Jeder malte seine Gefühle, aber auch für die Abstrakten blieb die Schieferpyramide ein starkes Motiv.

Im Jahr 1884 wurde die spektakuläre Felsstraße längs des Thunersee-Nordufers fertiggestellt, plötzlich waren neue Perspektiven auf den Niesen möglich. Oberhofen, Gunten, Merligen, das sonnige rechte Seeufer wurde zur Oberländer Riviera mit Alpenpanorama, Niesenblick und Staffeleistandort. Paul Klees Eltern hatten in Oberhofen ein Ferienhaus, seinem Onkel gehörte in Beatenberg das Hotel Waldhorn.

Schon als Kind empfand Klee die Schönheit der Berner Seenlandschaft nicht nur als erbaulich, sondern auch bedrohlich. „Jetzt beginnen gefährliche Momente, wo mich die Natur verschlucken will, ich bin dann gar nichts mehr", schreibt der 23-jährige Klee anläßlich eines Aufenthalts am Thunersee.

1915 schuf Klee eines seiner bekanntesten Bilder „Der Niesen". Schönheit und Wucht der äußeren Welt haben Klees Weg zur Farbfreiheit sicher befördert. „Die Farbe hat mich. Ich brauche nicht nach ihr zu haschen. Sie hat mich für immer, ich weiß das." Womit wir bei einem weiteren Leitmotiv der Avantgarde wären – Auflösung der Dinge in Farbe, Licht und Bewegung.

Auch dem Durchschnittsfühligen hilft der Niesen auf die Sprünge. Ein Solitär, 1800 Höhenmeter über dem Berner Voralpenland, Aussichtsberg und Gefühlsbeschleuniger in einem. Schon 1856, bereits 50 Jahre vor dem Bau der Standseilbahn, wurde ein Berghaus auf dem Niesengipfel eröffnet. Die Herrschaften ließen sich damals in Tragsesseln zum Gipfel schleppen, von 693 auf 2362 Meter über Meer. Zeitgenössische Bilder und Dokumente von

Trägern und Taxen sind noch im Niesen-Berghaus zu sehen.

Heute quält man sich freiwillig über die „längste Treppe der Welt“ – 11.674 Steinstufen, die parallel zur Trasse der Standsteilbahn verlaufen. „Ausgezeichnete Kondition erforderlich“, heißt es in der Ausschreibung zum alljährlich Anfang Juni stattfindenden Niesenlauf, und weiter: „Wer überholen will, macht sich bemerkbar mit «Treppe». Man hält an und läßt stärkeren Läufern den Vortritt!“ Streckenrekord Herren: 1 h. 2 min., 9 Sekunden; Damen 1 h, 7 min. 7 Sekunden. Eine Stunde, 1600 Höhenmeter.

Der Niesen geht aber auch abwärts und gemütlich, etwa vom Gipfel in einer weiten, panoramischen Schleife über den Gegengipfel Kleiner Niesen und die idyllisch gelegene Niesenalp zur Mittelstation Schwandegg. Diese Luxusvariante ohne Treppenschinderei wäre in knapp zwei Stunden zu machen. Dank der Aus- und Zustiegmöglichkeiten an der Mittelstation auf 1.669 m Höhe ergeben sich im Niesengebiet ohnehin zahlreiche Tourenmöglichkeiten, zwischen alpinem Spaziergang und fordernder Wanderung.

Für Laufmüde ist schon der Niesen-Gipfel mit der leistungsfähigen Gastronomie Ziel genug. Das moderne Berghaus mit 180 Frei- und 160 Innenplätzen wurde im Jahr 2002 eröffnet. Die sachlich, nüchterne Architektur des Glaspavillons lenkt nicht von der großartigen alpinen Umgebung ab. Große Sonnenterrassen, verglaster Panoramaspeisesaal, leistungsfähige Bewirtung, Übernachtungsmöglichkeit. Natürlich ist der Niesen kein stiller Gipfel, sondern ein Ausflugsziel. Erstes Zwischenergebnis: Ein Tag Niesen kann ein Erlebnis werden, das lange nachklingt.

Im Sommer wäre nach der Bergtour noch ein Bad im Entmüdungsbecken namens *Thunersee* möglich (mehr zum See vgl. auch S. 139). Zumindest eine Fahrt auf der grandiosen Felsstraße, die das steile Nordufer erschließt, sollte man sich gönnen: Die *Oberländer Riviera* bietet Pan-

Regional bedeutend – Badi Merligen an der Oberländer Riviera

oramen auf's Niesen-Massiv und die Berner Alpen. Auch im Nahbereich immer wieder Stimmungsbilder und feine Winkel hinter den Bergen. Bald jedes der ehemaligen Winzer- und Fischerdörfer hat hier eine bescheidene Badi, darunter Hilterfingen, Oberhofen, Gunten. Auch klein, aber sehr speziell ist das Strandbad von Merligen, gleich neben der Schiffstation: mit einem beheizten Becken unmittelbar über dem Thunersee und Malerblick auf das Berner Oberland mit dem Niesenmassiv.

Auch am Südufer gibt es mehrere Badis. Zwei Kilometer südöstlich von Spiez zunächst der einzige größere Seebadplatz, er liegt direkt an der romantischen Strandbadstraße, die unter hohen Bäumen am See entlang bis Faulensee führt. Dort ein Strandbad an der Interlakenstraße, Gratiseintritt (beim Bad das Restaurant Jägerhof-Hubertus).

Die anderen kleinen Bäder am Südufer werden von der eingleisigen Bahnlinie und Interlakenstraße zwar bedrängt,

Im Abseits – Badplatz Leissigen am Thunersee

bieten aber den Reiz provinziellen Schwimmvergnügens. Zunächst eine Badewiese bei der Pizzeria Lido da Elio, dann die *Badi Leissigen* – dank Straßentunnel vom Durchgangsverkehr der N 8 entlastet – ein gemütliches Gratis-Strandbad mit Kiosk, etwas Infrastruktur und Blick auf den Beatenberg. Zweites Zwischenergebnis: Berg plus See = doppelter Genuß.

❖

Zurück ins Badische zum Eingangsthema Hausberg, der natürlich auch ohne Gipfel geht. Lebenskluge Praktiker überwinden lokale Unzulänglichkeiten, indem sie wenig prominente Plätze als persönlichen Hausberg adoptieren. Der *Gießhübel* auf dem Stohren ist so etwas wie ein kleiner Schauinsland, außerdem hat es auf den Bänken immer irgendwo Platz. Und dann wären da noch das Freiburg nahe Sonnenstudio zwischen St. Märgen und der Kapfenkapelle sowie die kaum bekannten Weidbuchen-Hänge zwischen Wieden, Rollsbach und Aitern. Ähnliches gilt für den Stuhlsebeneweg am Belchen, den die Freunde Karin und

Der kleine Schauinsland – Gasthof Gießhübel

Gerd L. aus dem Münstertal immer dann besuchen, wenn ihnen der Blick von der eigenen Terrasse auf den Belchen nicht genügt. Alpenblick bieten auch die grandiosen Höhen zwischen Köpfle und Hörnle oberhalb vom Wiedener Eck, am Westweg gen Schauinsland. Auch andere Hörnle, Köpfle und all die Sonnmatten 2. Ordnung eignen sich zum Aufbau einer stabilen Hausberg-Beziehung. Ein Berg muß weder der höchste noch der größte sein. Er muß nur da sein wenn es unten eng wird.

Vom Gstihlberg-Sattel zwischen Obermünstertal und Kohlerhof führt übrigens ein herrlicher Kammweg über den Sonnhaldeberg in Richtung Gießhübel. Weiter Blick nach Südwesten, humusbedeckte, federnde Pfade. Abgewetterte Fichten wie vom Schwarzwaldmaler Hauptmann persönlich ins Bild gesetzt. Großartiger Vesperplatz am Sonnhaldeeck, immer wieder daunenweiche Graspolster am Waldrand, zu guter Letzt Hausmacher Bratwurst am Gießhübel. Wer es jetzt nicht begriffen hat, wird die Sache mit dem Hausberg nie verstehen.

2008/2023

Kein Sommelier, aber Meeresfrüchte

Eine Kiste an der Kante

Die ideale Strandkneipe liegt am Ende einer Stichstraße, zwischen Felsen, hinter Dünen. Sie muß nicht unbedingt am Wasser liegen, aber an der Kante. Eine gewisse Absturzgefahr muß sein, Rabattmarkensammler sollten sich dort nicht wohl fühlen. Eine Strandkneipe ist ein Schwebebalken. Die besten stehen dort, wo Menschen seit Jahrhunderten aufs große Ganze schauen und den Mund halten. In Portugal wird die Kultur der Strandkneipe zwischen Porto und Sagres so gepflegt wie hierzulande das Rasenmähen. Hinter meersalzmatten Scheiben stehen Tische, an denen es keine Gourmetwoche gibt, aber Schalentiere als Grundnahrungsmittel.

Falls Sie das Schicksal jemals westlich von Lissabon nach Colares führt: Machen Sie in Almoçageme einen Abstecher von der Nationalstraße 247 runter zum Strand von Adraga. Es geht steil abwärts. Ganz unten steht seit drei Generationen eine sturmfeste Kiste namens *Restaurante da Adraga.* Ein weißer Kubus im Sturmschatten einer Felswand, in der Vitrine glänzend frische Meeresfrüchte, Terrasse zum Atlantik, das ganze Jahr geöffnet. From Sea to table seit 1905, kein Sommelier, aber knackiger Vinho Verde im Glas. Dazu die Frage, ob man bisher im falschen Film gelebt hat. Auch deshalb gibt es Strandkneipen.

2002/2014

re Buchung: EPK
14R2
2 GEPÄCK
3
eitraum für den Check-In
nnt 30 Tage vor
cht am Flughafen einche
Buchung verwalte
ssagier sind, sollten S
an den oder die Passagiere
tigten Information

Entschleunigen mit Easy Jet

Neulich habe ich mir Zeit gekauft, eine Woche, es war sehr einfach. Man bucht zunächst einen Flug gen Süden. Weil Rauhreif droht, weil Gambas à la plancha ohne Nebel besser schmecken. Mietwagen und Hotel für die ersten Tage dazu, Belege ausgedruckt, fertig war der Eskapismus. Ein paar Verabredungen mußten verschoben werden und schon kam Vorfreude auf. So war es, also macht man es immer mal wieder. Noch einmal zu Hause schlafen, unter dem Kopfkissen rauscht schon das Meer.

Wichtig beim Zeit kaufen ist die Spontanität. Die Sache darf erst am Tag des geplanten Abflugs anlaufen, so läßt sich die Vorfreude auf die Reise voll auskosten. Ein leichtes Kratzen im Hals erleichtert dann die geplante Aktion, eventuell noch ein Anflug von Kopfdruck, Frösteln etc. Aber erst am Tag des Abflugs. Auch der Partner sollte nicht lange im Voraus mit hypochondrischer Konversation behelligt werden. Eine stabile Partnerschaft erkennt man am gemeinsamen spontanen Zerreißen der Buchungsunterlagen kurz vor Abflug, ohne lange Diskussion. Zusammen nicht verreisen, kann nämlich auch sehr schön sein.

XXL-Bank – im Kaiserstuhl am Texaspass

Wer mit Gewohnheiten bricht, schaut erst mal in ein Loch. Aus der Entlastungsdepression wird aber bald himmelweite Freiheit. Eine unverplante, unbenutzte Woche liegt vor einem wie eine einsame Insel. Eine Woche tun und lassen, was einem gefällt, zum Preis eines Billigfluges. Wenn das kein Angebot ist. Außerdem tritt zeitgleich mit dem vergeigten Flug die Heilwirkung der Entschleunigung ein. Während andere Schuhe und Gürtel ausziehen müssen, geht plötzlich die verschnupfte Nase wieder auf. Man bekommt die zweite Luft. Der Koffer bleibt zu, Türen öffnen sich.

Am ersten Tag der gewonnenen Woche ging es gleich an den Kaiserstuhl. Dort gibt es weniger Strandbuden, aber mehr Rebhütten als in Südspanien, außerdem diese überlange Bank oben am *Texaspass* zwischen Oberbergen und Kiechlinsbergen. Die Bank liegt am Beginn eines Weges zwischen Reben und Himmel mit Panoramen von den Vogesen bis fast ans Mittelmeer. Später gab es einen

Auch nicht schlecht – Straußе statt Strandbude

Zwetschgenkuchen unter den Kastanien vor dem *Löwen* in *Sasbach* am Rhein. Der kleine Grenzverkehr zog an der Terrasse vorüber wie ein ruhiger Fluß. Pensionäre auf Elektrorädern, Ambitionierte auf Rennrädern, Grenzgänger, Trödler. Vor dem Sasbacher Löwen wäre eine herbstliche Bühne, vor der kullernde Kastanien und vorbeirollende Passanten für Unterhaltung sorgen. Nebenan, im *Baggersee* bei Wyhl, konnte man an diesem gewonnenen Tag sogar noch schwimmen.

Im absichtslosen Dasein gibt es ohnehin wenig Schöneres als Herbststunden im lichten Schatten eines Wirtsgartens, der im Kaiserstuhl natürlich auch eine Straußenwirtschaft sein könnte. Man schaut den Dingen hinterher und läßt sie laufen. Und wenn es kühler wird, geht man halt rein und bestellt was Warmes. Oder man gondelt ein Dorf weiter nach Jechtingen in *Gerhards Strauße,* wo im Herbst der offene Holzkohlegrill angeworfen wird – Hähnchen, Flammkuchen, Wild und außenrum an der Sponeckstraße lauter Allnatura ohne Öko-Zuschlag. Wo wir schon bei Kaiserstühler Straußen

Flammkuchen und Burgunder mit Biß – Michels Strauße, Achkarren

sind: die *Uf'm Buck* in *Bahlingen* (Weingut Schumacher), liegt so, wie sie heißt. Keine Bude am Meer, sondern eine rustikal-gesellige Stube mit Aussichtsterrasse.

Wundertüte Kaiserstuhl: Ein, zwei Dörfer weiter, in der Oberrotweiler Hexenstrauße gibt es Flammkuchen mit dünn ausgerolltem Brotteig. Krachheißer Flammkuchen, Weißburgunder im beschlagenen Glas, mehr Positive Eating geht nicht. Das gilt auch für *Michels Strauße,* die zum gleichnamigen VDP-Weingut gehört. Das liegt in Achkarren am Ende des Winzerweges, wo sich der herbe Charme eines 80er-Jahre-Wohngebietes und das Rebland die Hand reichen. Die Romantik im formsteingepflasterten Gutshof bleibt begrenzt, dafür ist der Blick von der Stube auf die Vogesen so besonders wie die Weinauswahl und die Vesperqualität. Straußengastronomie heißt hier nicht billig und laut, sondern günstig und gesellig. Flammkuchen und gute Burgunder gibt's immer, samstags auch Schäufele und Kartoffelsalat. Zwischenbilanz: Ein gutes Leben kann auch ohne Abflug gelingen.

Rioja, nicht Kaiserstuhl – Gutsarchitektur Marques de Riscal

Am Tag zwei dann eine Architekturfahrt am Kaiserstuhl. Sie offenbart, wie eine vor zwei Generationen noch kleinbäuerlich-bescheidene Region gut im Futter steht. In den engen Dörfern wurde gebaut und angestückelt. Man sieht viel Feierabendarchitektur, mehr kleines Karo als großer Wurf. Umso mehr fallen die emblematischen Weingüter der Lokalmatadoren auf. Allen voran die Bauten von *Abril* bei *Bischoffingen* und *Keller* am Ortsrand von *Oberbergen*. Das Privileg des Bauens im Außenbereich wurde in beiden Fällen zur ikonischen Inszenierung genutzt, die über den Kirchturm hinaus strahlen soll. Eine Strategie, die in Spanien bereits seit Jahrzehnten üblich ist. Namhafte Weingüter haben dort fast obligatorisch einen Stararchiteketen verpflichtet, der Ausrufezeichen in die Reben stellt. Beim Traditionsweingut Marques de Riscal in Elciego in der Rioja sieht das Ergebnis dann aus, als hätte Frank O. Gehry zu lange in Tempranillo gebadet.

Sitzt, paßt und hat Wein – Eva Köpfer, Weingut Abril

Verglichen mit den exaltierten Prunkbauten in Spaniens Weinregionen wirkt der schlichte Kubus des *Weinguts Abril* in Bischoffingen wie formales Understatement. Ein Besuch dort lohnt aber nicht nur für Freunde puristischer Architektur. An warmen Tagen kann man vor der langen Südfront des Gebäudes bis spät im Herbst rebumschlungen im Hof sitzen und das beachtliche Sortiment probieren; ein paar Kleinigkeiten zum Vespern gibt's auch. Lässiger und informeller läßt sich ein weinaffiner Abstecher kaum arrangieren.

Die Geschäftsführung des gut 30 Hektar großen, ökologisch bewirtschafteten Gutes liegt in den Händen von *Eva Köpfer.* Die Tochter des Sonnenwirts von Schelingen ist eine wohltuend reflektierte Persönlichkeit. Lokal geerdet, international informiert, auf eine unprätentiöse Weise lebenstüchtig. Die Qualitäspyramide des Abril-Sortiments bilden die drei selbsterklärenden Ausbaulinen Frucht, Stein, Zeit. Nach einer Führung durch das moderne Kellereigebäude kann

Aus einem Guß – Weingut Abril, Bischoffingen

ich bestätigen: Der unverblümte Stil der Geschäftsführerin paßt zum Gut und zu seinen animierenden Weinen – neue Sachlichkeit auf allen Ebenen.

Noch eine Schlußbemerkung: Eigentlich hätte es eine tabla de jamón in einer spanischen Bar werden sollen, jetzt gibt es eben ein Brett mit luftgetrocknetem Schinken von *Markus Dirr* aus *Endingen*. Dirr führt neben seinen vielen luftgetrockneten Spezialitäten übrigens auch einen hervorragenden gekochten Hinterschinken nach traditioneller Art. Keine gepresste Schinkenrolle, sondern ein Bild von einem Schinken. Zartrosa wie gewachsen, mit daumenbreitem Fettrand. Auch am Gesicht des gekochten Schinkens kannst du einen deutschen Metzger erkennen.

Lebensmittel oder Formfleisch ist somit keine Frage mehr, mit und ohne Easy Jet. Auf einer Kreuzfahrt durch den Kaiserstuhl darf man aber seine Schuhe anlassen. 2015/2023

Einst und heute – Be- und Verschilderung am Kaiserstuhl

Betreutes Wandern

Der Kaiserstuhl ist ohne Zweifel ein reizendes Wandergebiet. Reich an Flora und Fauna, noch reicher an Hinweisschildern auf dieselben. Bienenfresserpfad, Knabenkrautpfad, Steinkauzpfad, Kakteenpfad – kein Wanderweg ohne naturpädagogischen Gratisunterricht. „Der Würdige findet den Weg", hieß es einmal – mittlerweile ist es eine Kunst, den Naturgarten Kaiserstuhl eigensinnig, also mit eigenen Sinnen, zu entdecken. Wenn eines Tages Zitronen auf dem Vulkanfelsen blühen, wird ein neuer Themenpfad nicht lange auf sich warten lassen. Ein ordentlicher deutscher Schilderwald gedeiht eben nicht nur auf Asphalt, sondern auch im Weinberg.

Somit gebührt der brutalstmöglichen Naturvermarktung – nicht nur im Kaiserstuhl – das Prädikat narrensicher. Von den Folgeschäden der Vollausschilderung erfährt man allerdings weniger als von der feierlichen Einweihung neuer Routen. Neulich sagte mir ein Winzer: „Seit ein Kakteenpfad zum Winklerberg führt, gibt es dort weniger Kakteen und mehr leere Flaschen und Verpackungen." 2008

Derzeit noch rezeptfrei – Dorfmetzgete im Markgräflerland

Staatlich geprüfte Genießer

Der legendäre Falco (1957-1998), bekannt als James Dean von Wien, sagte einmal: „Wenn mir einer auf die Füße steigt, dann mach i mir a Zigarettn an und blas' ihn an." Sicher läßt sich über Kommunikation lange streiten, auch über Rauchen in Tateinheit mit beredtem Schweigen. Lässig war's trotzdem. Vater Staat und die Guten nennen es Nichtraucherschutz, Falco und die Bösen sind um eine Geste ärmer. Der kleinen Kneipe an der Ecke kommen die Gäste abhanden. Und Damen, die elegant rauchen können, werden bald nur noch in Filmen à la „Casablanca" zu sehen sein.

Natürlich ist die Luft im Gasthaus klarer, sicher auch gesünder geworden. Auch recht. Weniger bekömmlich ist die Klimaveränderung zum Bekümmerungsstaat, der anschwellende Eifer aller Menschenretter, deren Maxime lautet: Alles, was nicht gefördert werden kann, muß besteuert oder verboten werden. Und bitte stets ins Mäntelchen des Volkswohls gehüllt und mit etwas Sozialverträglichkeit wohlig warm gefüttert.

Hunde nein, Raucher ja – Hafenkneipe im Baskenland

Unter Friedrich dem Großen zählte Tabak, neben Südwein und Kaffee, zu den „Lüsternheitswaren“. Weißzucker, Weißwurst, Bitterschokolade, es besteht noch Regelungsbedarf. Nicht zu vergessen die gefährlichste, weil nicht stoffgebundene Droge: der freie Wille. Für den Disziplinierungsfuror der Guten gibt es noch genug zu tun. Ein Verbot von Gehweg-Heizpilzen, unter denen Raucher neuerdings wie Heimatvertriebene kauern – aber zu erstaunlich anregenden Dialogen finden – wurde vom Berliner Senat bereits diskutiert. Irgendwann werden EU-weite Moralhinweise auf Magnumflaschen obligatorisch sein: „Der Verzehr dieses Produktes gefährdet den sozialen Frieden.“ Oder wie wär's mit einem Warnhinweis auf Kaviarbüchsen: „Nicht zur vollwertigen Ernährung von Goldhamstern und Kleinkindern geeignet.“

In italienischen Vorstadt-Bars gab es früher Lottoscheine und Einwegrasierer, es roch nach Tabak und kleinen Enttäuschungen. Das war nicht schön, aber es war ein

Unsere Europaabgeordneten – Sarah Wiener mag Bio-Leberkäs

Bild aus dem Leben. Mittlerweile ist auch die große Zuckerdose mit dem langen Löffel verschwunden. Das hohe Hygienekommissariat hat im offenen Zucker einen Nährboden für böse Keime entdeckt. Also gibt es an italienischen Tresen Zuckertütchen zum Caffè. Auch so ein kleiner Sieg der Volkserzieher. Wie lange es hierzulande noch Metzgete und Schlachtplatte geben wird, kann niemand vorhersagen. Ein Dorf weiter sind aber schon erste Schilder mit dem weichgespülten „Saufest" zu sehen.

In bestimmten Kreisen ist es eine Mode, die Zigarettenpakkung nur noch von unten, gegenüber der Steuerbanderole, aufzumachen. Eine Marotte, auch ein Symbol. Wenn es dann mal soweit ist, daß man Lüsternheitswaren wie Rohmilchkäse, Zigarren und Kirschwasser nur noch in zertifizierten Drückerstuben zu sich nehmen darf, werden sich Widerstandsnester bilden. Konspirative Zirkel, auch Nichtraucher, werden dazukommen. Staatlich diplomierte Gutmenschen, die 3000-Schritte-Programme und ähnlichen Ringelpietz als

„Unsere Bewirtungskosten sind unglaublich aber wahr."

Gesundheitspolitik verkaufen, haben dort keinen Zutritt. Unser Club mißtraut Lichtgestalten, Aposteln und Mantras aller Art, wir werden das Fest des Leben feiern, solange es mindestens sechs Austern pro Person und Betriebsprüfer gibt. Und wir werden sie trotz allem reinlassen, auch damit sie sich von unseren unglaublichen Bewirtungskosten ein exaktes Bild machen können.

Madame Anne Louise de Staël wird in unserem Club der „schwer erziehbaren Genießer" zum Ehrenmitglied ernannt. Die Baronin erkannte bereits im Jahr 1810 die Neigung der Deutschen zum totalen Bekümmerungsstaat: „Je weniger man ihnen Gelegenheit gibt, selbstständig einen Entschluss zu fassen, desto zufriedener sind sie. Ziemlich gerne überlassen sie den irdischen Machthabern die ganze Wirklichkeit des Lebens." 2007

Ergänzend möchte ich aus einer **Leserzuschrift** zitieren und mich einmal mehr für all die anregenden Briefe und Kommentare bedanken, die ich während drei Jahrzehnten auf meine Kolumnen erhalten habe.

„Ich habe im Urlaub in Arosa einem trüben Halbpensionstag mittäglichen Glanz verleihen können. Die Idee war zur Mittagszeit im Waldhotel einen Kaviar-Champagner-Imbiss zu nehmen (ist auch nicht teurer als abends ein Menü!). Nur zwei, drei Gäste im Raum, entsprechend aufmerksamer Service, der sich nach Aufgabe meiner Wünsche noch deutlich steigerte. Der Ober zog sein Jackett an und benachrichtigte den Küchenchef. Der erläuterte ausführlich die Vorzüge des iranischen gegenüber dem russischen Kaviar, zerstreute meine Bedenken wegen der sauren Sahne zum Kaviar (er hatte in Moskau gelernt, welche Sahne es sein muß), dann berieten wir in aller Ruhe die übrigen begleitenden Kleinigkeiten, ausführlich wie sonst vielleicht nur bei einem Hochzeitsessen üblich. Das war alles sehr schön und hat mich sehr gefreut." Dietmar H. aus Wehr, im Februar 1999.

Die Bratwurst in der Hosentasche

Es soll Familien geben, die ihren Festtagskarpfen in der Badewanne halten. Und wenn es dann ans Schlachten geht, will es keiner machen und der Arme wird im nächstbesten Tümpel ausgewildert. Ich habe mit Karpfen in der familiären Badewanne keinerlei Erfahrungen, allerdings mit einer Kalbsbratwurst in der Hosentasche. Zu den Traumata meiner Jugendjahre zählt eine lange, bleiche Kalbsbratwurst und das kam so: Vater mußte auf Dienstreise, Mutter sollte ihn begleiten, zu Hause blieb die Küche kalt. Ganztagesschulen mit betreutem Mittagessen gab es zu Ende der 60er Jahren noch nicht, also besorgten mir die Eltern einen Mittagstisch in einem Sanatorium in Badenweiler.

Damals war ein Sanatorium kein Wellnesshotel mit Menüwahl, sondern eine Heilstätte im engeren Wortsinn. Über dem spiegelnd blanken Linoleum der Anstalt schwebte der Geruch von Bohnerwachs, im wenig beheizten Speisesaal schwiegen ältere Herrschaften. Die Servierschwestern trugen Kittelschürze und weiße Haube, man hörte den Hall ihrer Schritte. Das Mischgemüse ruhte in blassfarbenen Wasser-

Nichts geht über eine lange Rote vom Freiburger Münsterplatz

pfützen, der pürierte Spinat kroch wie Magma zum tiefsten Punkt des Tellers und erkaltete dort zu Haut mit Falten.

Die bleiche Kalbsbratwurst war höchstens gesotten, jedenfalls nicht gebraten. Ihre Pelle hatte durch Zwischenlagerung in einem Lauhaltebassin eine nahezu ledrige Borke bekommen, kein Senf und kein Ketchup nirgends. Als Beilage gab es salzarme Salzkartoffeln, sowie Kohlrabistifte, die unter weißem Beiguß beerdigt waren. Die sogenannten Kurgäste aßen schweigend, der Kräutertee wurde aus großen Metallkannen nachgegossen. Plötzlich wuchsen meiner Bratwurst gewaltige Hände, die mich würgten und schüttelten. Ich wußte sofort, entweder die Wurst oder ich.

In einem unbeobachteten Moment fesselte ich das unterarmlange Monster mit meinem Taschentuch und versenkte es in der Hosentasche. Der Würgereiz ließ augenblicklich nach. Der anschließende Gang zum Wasserklosett war ein stiller Triumph. Ich hatte die Bratwurst bezwungen.

Wer als Jugendlicher die Zwangsernährung eines Sanatoriums niederringt, verliert den Respekt vor kulinarischen Institutionen. Gleich ob Traditionshaus oder Szenelokal, ich lasse mir seither ungern vorbeten, was gut schmecken soll. Imponiergerichte, Rinderzunge, Jubeljournalismus, Kohl & Pinkel – was mich würgt, lasse ich liegen und langsam kalt werden. Die regionale Plumpsküche wird ebenso großräumig umfahren wie das kulinarisch sinnfreies Gekünstel von Möchtegerns.

Das Niedrigtemperaturgaren von Wandersaiblingen gehört nämlich nicht zwingend zum guten Leben. Eine anregende Stimmung ist mir allemal lieber als das Gewese von Distinktionsessern. Mit den Jahren findet man dann ähnlich disponierte Tischgefährten, die wegen frisch geschnitzter Pommes, schönen Crudités, oder einer Halde Eis mit Meeresfrüchten obendrauf auch mal rüber ins Elsaß, in den Sundgau oder nach Portugal fahren. Wer dieses Buch von vorne bis hinten gelesen hat, erfährt sogar wohin.

Meßgrößen ohne Relevanz heißen auch Surrogatparameter. Zu den Surrogatparametern der Gastronomie zählt auch jener kulinarische Längenvergleich, der alljährlich mit dem Erscheinen der Gastroführer seinem Höhepunkt zustrebt. Punktehuberei und altbackene Mythen dienen mir allenfalls noch als Marginalie. Liegen und kalt werden lassen, hilft in mancher Situation. Bei raschelnd röschen, krachheißen Pommes sollte man dagegen sofort zugreifen. Mit den Fingern und in bester Begleitung.

2015

Geborgenheit löffelweise – im Großen Meyerhof, Freiburg

Der sechste Geschmack

Neben den vier Geschmacksrichtungen salzig, süß, sauer und bitter gibt es noch *umami*. Spezielle Aminosäuren lassen ein Umami-Gericht mollig und herzhaft schmecken. In Shiitake-Pilzen, echter Fleischbrühe, Parmesan und guter Misopaste sind die geschmacksverstärkenden Glutaminsäuren natürlich vorhanden. Sojasoße, Maggi oder etwas „Maria hilf" in Form gekörnter Brühe gilt als umami für Bequeme.

Über Gut und Böse im Umami gibt es endlose Diskussionen. Für Dinkelflüsterer sind Natriumglutamat und Freie Marktwirtschaft vermutlich gleich schlimm. Im fernen Osten sieht man es entspannter – Hauptsache, die Suppe schmeckt und sie ist bezahlbar. Undogmatische Genießer lehnen ein flächiges Ausbringen mit dem Fondor-Streuer ab, sind bei selektivem Einsatz aber großzügig. Bekanntlich schmeckt der Feldsalat im alemannischen Geschmacksraum erst mit einem Spritzer Maggi so richtig nach Acker.

Neben den vier universalen Geschmacksempfindungen und dem Glutaminsäure-Umami, das vor gut einhundert

Reichlich Umami – eine ganze Gans verteilen

Jahren in Japan entdeckt wurde, gibt es für mich noch einen weiteren Basisgeschmack, das *soziale Umami.* Ohne den sechsten Geschmack schmeckt es mir nirgendwo richtig gut. Er hat nichts mit Punkten und Sternen und schon gar nichts mit Geld zu tun. Der sechste Geschmack ist der Straßenfußballer unter den Geschmachsrichtungen, er entfaltet sich auch ohne Messerbänkchen und kompliziert gefaltete Stoffservietten.

Den sechsten Geschmack gibt es zum Beispiel im Freiburger *Großen Meyerhof.* Er beginnt im Windfang, wo ein schwerer, bodenlanger Wollvorhang hängt, der wie ein Wellenbrecher wirkt. Draußen auf der Grünwälderstraße wogt die Stadt, drinnen wartet jenes Aufgehobenheitsgefühl, das Umami-Gasthöfe auszeichnet. Viel Holz und Zuverlässigkeit. Neulich, an einem garstigen Novembertag, kam ein älterer Herr im Hochschwarzwälder Ausgehanzug (Riebelehosen und Strickjacke) durch den Vorhang. Er ging geradewegs zur Theke und sagte nur: „Hab' Hunger". Die Bedienung verstand den Gast ohne Rückfrage. Wo man mit zwei Worten bestellen kann, kommt soziales Umami auf den Teller. Oder in die Suppenterrine.

Wo gibt es vor lauter Schaumsüppchen noch gute Nudelsuppe mit Rindfleischeinlage. Im Meyerhof gibt es den ganzen Tag über verschiedene Suppen in drei Dosierungen. Als Tasse, kleine und große Terrine, die Nudelsuppe mit Rindfleisch ist der Klassiker. Die Preise sind sozial und als Beilage gibt es den emotionalen Mehrwert einer Schankwirtschaft mit Vollausstattung. Das dunkle Holz wirkt mild sedierend, das Licht ist gnädig zu einem, mittags brummt der Laden, aber er wird nie aufdringlich laut. Außerdem riecht es nach Speisen und nicht nach Spesen.

Am schönsten schmeckt der Meyerhof vor oder nach dem alltäglichen Mittagsansturm. Die Tische sind dann groß genug, um in der Heimatzeitung zu blättern und sie bald beiseite zu legen. Im Wesen der Serviertöchter vermischt sich das soziale Umami von Brauhausstil und Bahnhofsmission. Kaum vorstellbar, daß so ein Service je in Verlegenheit gerät. Im Notfall würde man sich sogar trauen, so eine Bedienung um Obdach zu bitten. Gepflegt melancholisch sein, geht im Meyerhof auch, man kann dort stundenlang in einer Ecke sitzen und nur zuschauen. Mehr Alt-Freiburger-Schmäh ist selten.

Immer wenn die Stadt struppig wird, im Novembergrau, auch im Trubel der Vorweihnachtszeit, ist das Mikroklima solcher Häuser besonders behaglich. Wo bitte sieht man drei erwachsene Männer, die nach Kartenspiel und Mittagstisch noch einen Kaffee fertig nehmen, oder eine Dame mit Dackel, die Leberwurst und Sauerkraut bestellt. In unserer Beraterkultur gibt es Auszeitcoaches, die dabei helfen, die Notbremse zu finden. Manchmal hilft eine Suppe mit einem Schlag Umami am besten.

2015

Vorrat bedeutet Vorsprung

Mir ist ein Dorfschulmeister bekannt, der einst an ausgewählten Stellen im Hochschwarzwald Weindepots anlegt hat. Dazu steckte der gute Mann jeweils eine Flasche in ein verrottungsfestes Kunststoffnetz und versenkte es an wegnahen Stellen im weichen Hochmoor des Ibacher Hochtals. Auch einsame Bachläufe, die im Winter nicht zufrieren, sind für die Eichhörnchenmethode geeignet. Auf der nächsten Sommertour kann man sich (und seine Begleitung) dann trotz Gasthaussterben und plötzlicher Ruhetage schwer beeindrucken: „Da vorne wartet eine Flasche kellerkalter Gutedel auf uns."

Exklusive Vorräte müssen nicht immer zu Hause angelegt werden. Manchmal hängen sie auch am Baum und keiner beachtet sie. Zum Beispiel die vollreifen Wildpflaumen mit dem bernsteinfarbenen, honigsüßen Fruchtfleisch oder eine seltene Apfelsorte, wie sie da und dort noch an einem Straßenstand angeboten wird. Übersehen von allen, die mit einem Rucksack in die Stadt gehen, aber ohne Sackmesser aufs Land.

2019

Innenstadt-Alpinisten mit Nuckelflasche und Jack Wolfshaut-Anorak haben auch keinen Sinn für den Symbolwert von Brunnen. Etwa die prächtigen historischen Holzbrunnen am Unterengadiner Höhenweg von Guarda über Ftan nach Sent. Seit Generationen ein steter, fester Strahl – wer vor so einem Brunnen steht, spürt den Ewigkeitswert einer Landschaft. Ein Land, das seine Brunnen achtet, überlebt manche Kommission. Die Schweiz wird also länger existieren als manche Verordnung der EU.

Die Äpfel auf dem Bild rechts stammen übrigens von einer Streuobstwiese. Freiherr von Berlepsch, die Sonnenseite rötlich marmoriert, besonders hoher Vitamingehalt, wenig Allergene, edles Aroma, eine natürliche Delikatesse. Der Berlepsch gilt als einer der vorzüglichsten Tafeläpfel. Genußreife ab November, Haltbarkeit mindestens bis Ende März. Im Supermarkt gibt es keinen Freiherrn von Berlepsch, sondern Obst, dessen fehlender Geschmack immer gleich vernebelt wird – süß, mittelsüß, süß-säuerlich. Ein Regal weiter steht Babybrei für erwachsene Kinder, Smoothie genannt.

Etwa hundert Äpfel des nicht mittelsüßen Freiherrn von Berlepsch passen in eine 20-Kilo-Kiste, ein Vorrat für zwei Monate. So ein Berlepsch aus der Kiste kostet 30 Cent, ein Riegel an der Tanke ist dreimal so teuer und er macht sechsmal so dick. Es geht hier aber nicht um Ernährungspädagogik, sondern um Genußautonomie. Außerdem erzählt der Vorrat auch etwas über den, der ihn anlegt.

Klimatisierte Weintresore mit Fingerprint-Zugang interessieren mich eher nicht. Ich will auch kein önologisches Kolloquium absolvieren, bevor Prof. Dr. Auslese den heiligen Zapfen zieht. Dagegen können all jene, die ein paar Magnumflaschen im Keller haben, keine schlechten Menschen sein. Außerdem wäre da noch der Satz eines ausgelernten Weinfreundes: „Eine Magnum machen wir dann auf, wenn

Mein Lieblingsapfel – Freiherr von Berlepsch

meine Frau mal etwas weniger trinken möchte."

Weinkeller geht natürlich auch ohne Magnum. Zwei Alltagsweine weiß und rot, zwei höhere Qualitäten für besinnliche Stunden, etwas Winzersekt für Tage mit emotionalem Handlungsbedarf – schon mit einem Basissortiment kommt man bestens durch's Leben. Eine Altkleidersammlung, die Weinkeller sein will, spricht allerdings auch für sich.

Bei Blitzeis, Spontanbesuch oder beidem, beruhigt mitunter schon ein Schinken vom ganzen Stück. Allerdings werden geeignete Speisekammern zur Lagerung von kulinarischen Fundamenten immer seltener. Das ist schade, denn die geselligsten Stunden habe ich nicht in aufgerüsteten Imponierküchen erlebt, sondern dort, wo die Vorratskammer gut bestückt war. Können Gastgeber irren, die einen Laib Holzofenbrot und einen kapitalen Schinken aufschneiden? Dazu eine gute Flasche. Und noch eine. 2015

Gasthaus zum Fischmeister, Ambach (vor der Renovierung 2024)

Adressen für gewisse Stunden

Alle Jahre wieder erscheinen neue Restaurantführer und einmal mehr bleiben wichtige Aspekte der Gasthauswahl unbeantwortet. Man erfährt zwar, wer es mit wem und mit welcher Kerntemperatur in der Küche so treibt. Die Quersumme der Testerei lautet aber wie so oft: Teuer und richtig gut sind wenige, nett und fettig viele.

Aber wo bitte steht das Gasthaus „Zur zornigen Ameise" (das es einmal gab, als der Ruhrpott seinem Namen Ehre machte). Und wie weit ist es zur Einkehr, die zur spätherbstlichen Melancholie paßt, wie eine kalte Vollmondnacht zur Schlachtplatte? In welchem Wirtshaus können Verliebte und Einzelgänger so intensiv schweigen wie vor langer Zeit im Gasthaus *Zum Fischmeister* am Starnberger See? Wo könnte man unbehelligt von Loungegedudel lauschen, wie sich die Dämmerung über ein Haus legt, wie der Sturm an den Fensterläden rüttelt?

Einen Gasthausführer für gewisse Stunden müßte es vielleicht auch geben. Was machen Mann und Frau eigentlich nach einem auf den Punkt gegarten Steinbutt an Beurre blanc? Elektrisch nach Hause fahren und Spätnachrichten schauen?

2016

Krumme Dinger von der eigenen Wiese – Boscs Flaschenbirne

Feinkost für kleines Geld

Vor gut 200 Jahren wurde in einem Wald in Savoyen ein Zufallssämling mit delikaten Früchten entdeckt, schon wenige Jahre danach breitete sich Boscs Flaschenbirne auch in geschützten Lagen am Oberrhein aus. „Fruchtschale zur Reifezeit zimtfarbig berostet, Fruchtfleisch gelblichweiß, schmelzend, saftig, sehr süß, fein gewürzt" heißt es im Apfel- und Birnensorten-Klassiker von Willi Votteler. Im Jahr 1936 empfahl Henri Philipps, Obstzüchter und Lehrer an der Winterschule im Elsässer Wissembourg, den Anbau der Sorte so kurz wie treffend: „Reifezeit Oktober bis Ende November, Marktsorte I. Ranges; Haltbarkeit 3 bis 4 Wochen."

In Zeiten von Ganzjahresheidelbeeren aus Peru und belanglosem Designerobst, dessen Aromen in Baumschulkatalogen als „süßlichmittelgut" beschrieben werden, hat Boscs Flaschenbirne als Marktsorte keinerlei Bedeutung. Wie unzählige andere Lokalsorten gilt sie im Handel als Störfrucht. Ein delikates Nischengewächs für Außenseiter, das die Hoch-

Hält lang am Stamm und im Keller – Champagnerrenette

preisversprechen von Superfood heimlich unterläuft.

Oft handelt es sich bei solchen Delikatessen um fast vergessene Arten, die keine Biosiegel- oder Naturschutzlobby haben, aber sortentypisch schmecken. Dazu passen renitente Feinschmecker, die mit Spürsinn um Marktstände schleichen und nach ihrer Lieblingssorte suchen, was in Zeiten von süßlichmittelgutem Normgeschmack auch ein Akt kulinarischen Widerstandes ist. Auch der „Freiherr von Berlepsch" war, ist und bleibt trotz seines altvorderen Namens ein Apfel von Gnaden; meist angeboten in der Handelsklasse null. Mit Schorf, Macken und edlem Aroma – lagerfähig bis ins Frühjahr. Im Zusammenspiel mit einem Sackmesser, auf der Sonnenbank eines Panoramaweges genossen, kann so ein Apfel jedem Wandertag einen stillen Höhepunkt verleihen.

Quellen für solche Störfrüchte sind rar, wobei schon die Suche nach oder das Bewahren von handelsunüblicher Feinkost manches Erlebnis verspricht. Meine halb vergreiste Hochstamm-Flaschenbirne steht einsam und von einer übergriffigen Feldahorn- und Schlehenhecke bedrängt, am oberen Rand eines aufgelassenen Weinberges. Die Witwe, von der ich das Stückle Land mit ein paar alten Hochstämmen vor Jahrzehnten erwarb, konnte den steilen Hang allein nicht mehr bewirtschaften. Es heißt so schön, der Obstbau sei „die Poesie der Landwirtschaft". Das klingt gut, aber nur, solange die Hüften mitmachen.

Der Landverkauf kam seinerzeit auch gegen das Versprechen zustande, der betagten Verkäuferin jeden Herbst eine Kiste jener Champagnerrenetten zu bringen, die weiter unten am Hang standen. Es sei das einzige Obst, das sie noch roh essen könne, sagte sie damals. Das Versprechen war leider schon nach wenigen Jahren eingelöst.

Dreißig Jahre später kommt mir der Hang steiler vor als damals. Auch ich mähe ihn nicht mehr selber, sondern lasse ihn von einem Schäfer beweiden. Die Poesie der Landwirtschaft wird bereits beim Tragen einer Kiste Birnen von der Realität einer abschüssigen Obstwiese relativiert. In manchen Jahren trägt der alte Birnbaum oben am Hang auch gar keine Früchte, was ich aber gelassen hinnehme, seit ich ein Tal weiter in Kandern ein, zwei Marktstände entdeckt habe, die krumme Birnen und anderes Störobst anbieten. Man lernt nie aus, auch die eigene Mißernte weitet den Blick.

Zu Boscs Flaschenbirne wäre noch zu sagen, daß der Zufallssämling aus dem Wald von Savoyen seit über 200 Jahren für Delikatesse sorgt, besonders zusammen mit einem Stück Rohmilch-Hartkäse. Der könnte vom *Klosterhof* in Kandern-Sitzenkirch kommen, zu dem eine Demeter-Käserei mit kleinem Hofladen gehört. Feinkost beginnt oft mit einer guten Idee.

2022

Hier war einst eine Wirtschaft, es folgte ein Sternerestaurant

Wirtshaus und Gasthaus

Das Wirtshaus gehört zu jenen sozialen Errungenschaften, die zu alt und zu wichtig sind, um modern zu werden. Es geht hier um Wirtshäuser, nicht um Konzeptrestaurants oder kurzfristig aufpoppende Institute zur Behandlung von Persönlichkeitsstörungen. Ein Wirtshaus wird bekanntlich vom Charakter des Gastgebers geprägt, nicht von den Marotten der Gäste. Im Wirtshaus hat der Wirt das letzte Wort, gerne auch eine Wirtin, die der Gast nach einer Reihe vertrauensbildender Besuche mit Vornamen ansprechen darf. Wenn der Name des Wirtes den des Hauses überstrahlt, handelt es sich um ein Wirtshaus. Wir gehen zum Max, zur Sophie oder zum Ebner, heißt es dann. Hieß es früher.

„Sie sind hier in einem Wirtshaus, nicht im Gasthaus," sagt der Wirt, wenn Ichlinge ihren Narzissmus im heiligen Schankraum ausleben. Der gute Wirt (der in Personalunion auch Sozialarbeiter oder Metzger sein darf) erinnert mich an einen Bergführer, auch weil die Einkehr im straff geführten Wirtshaus etwas von einer Tour hat, an die man sich erinnert.

Frauenwirtshäuser erkennt man an Blumen und Tischdecken

Im Flachen kann die Gruppe frei gehen; an den Schlüsselstellen, wenn es um Prinzip und Verantwortung geht, gibt es aber keine Diskussion, sondern Demut und Vertrauen. Das ist nicht modisch und nicht altmodisch, aber befriedigend. Einem Wirtshaus muß man sich als Gast nämlich hingeben. Der Unterschied zwischen Wirtshaus und Gasthaus beginnt schon auf dem Parkplatz. Als Wirt würde ich die Stellplätze für Range Rover fahrende Innenstadtförster limitieren.

Totrenovierte Irrtümer, All-in-one-Gasthäuser, Sowohl-als-auch-Karten, erst recht Schäumchenhochburgen, sind der Gegenentwurf zum Wirtshaus. Wirtshäuser fordern Respekt vor der Kulturgeschichte des Einkehrens. Andererseits ist es gut, daß sie in lobhudelnden Restaurantführern, auch unter Oberflächenessern, kaum mehr eine Rolle spielen. Der Raben in Horben war mal ein Wirtshaus,

Als Zigaretten 3 Euro kosteten – Ahorn, Schwärzenbach

dann ging es kulinarisch steil bergauf, oder sozial bergab, je nach Standpunkt des Betrachters.

Der *Löwen* in Sölden ist ein Wirtshaus, eines der letzten im Speckgürtel Freiburgs. Schlicht und still an der Landstraße gelegen, ohne Zierleisten, aber aufrichtig bis in den Kern. Die Seniorwirtin, eine Persönlichkeit, spielt in der exklusiven Ü-80-Liga. Ihr Sohn Udo Heine ist ein Wirt, der seine Liegenschaft und seine Arbeit schätzt. Er hält Hühner, Bienen, ein paar Schweine und einige Gäste. Letztere werden im Löwen grundversorgt: mit kaltem und warmem Vesper, Salat und Kachelofenbrot. An jedem Sonntag gibt es ein handgekochtes Mittagessen, im November Freiland-Gänse aus dem Dreisamtal.

In einigen Jahren wird man sagen, Wirtshäuser sorgten für eine andere Wärme als Wärmepumpen. 2016

Karte zu und alle Fragen offen

Man wird ja noch fragen dürfen!

Weshalb immer mehr Kochshows und immer weniger Braten aus dem Ofen? Und warum so viele Fachsimpel nördlich der Alpen und so viel Heiterkeit an den Tischen im Süden ?

Wie lange noch gehört das Markieren von Tellern mit dunklen Sirupklecksen zur Lieblingstätigkeit unbegabter Köche?

Schaufel und Besen haben oben, ein Weinkelch hat unten einen Stil dran. Das ist so, damit man vernünftig damit arbeiten kann. Kann es sein, dass einige Mitbürger weder mit einer Schaufel, noch mit einem Weinglas umgehen können?

Ist es zuviel verlangt, daß in einem Lokal, das seine Hauptgerichte zum Preis eines innereuropäischen Fluges anbietet, etwas Salz und eine ordentlich betankte Pfeffermühle auf dem Tisch stehen?

Welches Kraut wächst gegen männliche Gäste, die „junge Frau" zur Bedienung sagen, sodann einen „Schoppen feinherben Roten" bestellen und danach ihre Gläser mit einem „Wöhlerchen" zusammenbringen?

Gibt es einen geheimen Grund für die wachsende Diskrepanz zwischen dem mittlerweile hervorragenden Angebot an erstklassigen, oft ökologisch produzierten Lebensmitteln und einer immer kleineren Zahl von Lokalen, die solche Produkte handwerklich gekonnt verarbeiten?

Darf man Dialoge von Dings an Bums anrichten und dazu aufgebackene Brotsimulation reichen? 2005/2020

Wurst für alle Fälle – München, am Viktualienmarkt

Kleiner Imbiß, großer Genuß

Wichtiger als Heilfasten ist das Heilessen. Von Weißwurst über Leberkässemmel bis Schokolade gibt es da einige Möglichkeiten. Die Bandbreite reicht von der kleinen Schweinerei zwischendurch bis zur Schlachtplatte, die an der Grenze zum Heilfressen liegt. Ein Heilessen beginnt lange davor, schon eine gute Butterbrezel kann mit ihren knusprigen Ärmchen und dem molligen, weichen Leib therapeutische Wirkung entfalten. Klassiker eignen sich ohnehin bestens zum Heilessen, zur Leberwurst sagen manche Lebenswurst.

Großmeister, wie der Koch und Autor Alfred Walterspiel, wußten: „Eine Scheibe ofenfrisches Bauernbrot, mit leicht gesalzener Butter bestrichen, dazu ein spritziger Riesling und eine Handvoll junger Haselnüsse. Etwas Besseres gibt es nicht." Auch ein belegtes Brötchen, dessen Garnitur über das banale Duo Gurke-Salatblatt hinausreicht, gehört zu den verkümmerten Tugenden. Das große Menü ist eben nur eine Disziplin der Kulinarik, auch der Imbiss-Alltag gehört zum Kanon. Ein komponiertes Brötchen übertrifft allemal ein

Tägl. ab 7 Uhr – Weißwürste, Gaststätte Großmarkthalle, München

überladenes Ciabatta-Plagiat. Selbst die als „Assi-Schale" verunglimpfte Currywurst mit Pommes kann zur eleganten Zwischenmahlzeit aufsteigen, etwa durch eine Begleitung mit Schaumwein oder Champagner, wie in Berlin nicht unüblich. Etwa an den Ständen von Witty's, Curry61 oder Bier's am Kudamm 195; dort zu durchaus sozialverträglichen Preisen (Currywurst 2,70, Champagner 25 bis 510 Euro).

Zurück zu Walterspiels Butterbrot. Der Jahreszeit folgend könnten die Haselnüsse im Herbst durch neue, geschälte Walnüsse ersetzt werden und statt einem frischen Riesling käme im Südwesten auch ein Gutedel in Frage, Hauptsache frisch, leicht und trocken.

Zur Salzbutter wäre zu sagen, daß es Sauerrahm-Faßbutter mit ganzen Meersalzkristallen sein sollte („Beurre de baratte aux cristaux de sel de mer"), die es in fast allen grenznahen französischen Supermärkten gibt. Also keine salzige Wagenschmiere, wie sie in deutschen Regalen liegt. Im grenzfernen Binnenland behelfe man sich mit frischer Landbutter, à la minute durch eine Prise Meersalz veredelt.

Kathedrale für Zuzler – Großmarkthalle, München

Das größte Problem ist ohne Zweifel ein Bauernbrot, das Walterspiels Ansprüchen genügen würde. Zum Thema Brot lassen sich lange kulturkritische Abhandlungen verfassen, man kann aber auch nur festhalten, daß Bäcker, die Scherzartikel anstelle von Brot fabrizieren, zur bundesdeutschen Leitkultur gehören. Schon das Wort Bauernbrot ist entlarvend, Bäckerbrot ist ja schon länger kein Prädikat mehr. Andererseits gibt es eine massive Renaissance der handwerklichen Bäckerei. Leser meiner Kolumnen wissen es, in der Gratisbroschüre *Brotzeit* habe ich gute Adressen zusammengefaßt (vgl. den Hinweis auf: oaseverlag.de).

Bei der Gelegenheit: Weißwürste (Wollwurst, Kalbsbratwürstl abgebräunt, ofenfrischen Leberkäs; auch Straßenverkauf) in Referenzqualität gibt es in der *Gaststätte Großmarkthalle* in der Münchner Kochelseestraße ab 7 Uhr in der Früh, direkt am Großmarkt im Süden der Stadt gelegen. Die tagesfrischen Weißwürste erreichen den hoheren Aggregatzustand eines Soufflés. Als Gabel- oder Reparaturfrühstück mit einem schäumenden Weißbier, wäre auch dies ein perfekter Genuß im Sinne Walterspiels. 2010/2022

Glänzend frisch – Merluza, Mercado de la Esperanza, Santander

Kühler Atlantik, heißer Grill

Getaria liegt 25 Kilometer westlich von San Sebastián auf einer Halbinsel im rauhen Atlantik. Wer in einem der gut ein Dutzend Meeresfrüchte- und Grillrestaurants des Hafenstädtchens ein fangfrisches Filet vom breiten Rückenstück eines Merluza (Seehecht) genossen hat, das im perfekten Moment vom Grillrost kommt, vergißt sein kulinarisches Glück nie und nimmer. Die kleinen Küstenorte zwischen San Sebastian und Bilbao gelten als Wiege der baskischen Grillkultur über offenem Feuer, auch Zumaia, nur ein paar Kilometer weiter im Westen, bietet eine ähnliche Auswahl an Adressen wie Getaria.

Viele der renommierten Häuser bieten zum maritimen Überfluß noch volksnahe Bar- oder Pintxo-Ableger, die sich mit ihrer Mikrogastronomie – pintxo heißt Spießchen – zum Reinschmecken in die großartige Küche des Baskenlandes eignen. Darunter auch der Einsterner *Elkano* mit seinem *Elkano-Txiki* in Getaria (txiki = baskisch für klein). Auch der *Politena Grill* in Getaria hat einen Ableger in der Altstadt. Die in weiß gehaltene *Politena Bar* mit einer selbst für das Bas-

Ausnahmsweise Flaute – Getaria im Baskenland

kenland außergewöhnlich vielfältigen Auswahl an Pintxos ist alles andere als eine Zweitadresse. Abgerechnet wird in den Pintxo-Bars oft nach der Zahl der gesammelten Holzspieße, frischer Fisch vom Restaurant-Grill wird wie üblich nach aktuellen Kilopreisen abgerechnet. Das noble *Kaia Kaipe* in bester Lage direkt über dem Hafenquai Getarias hat zwar keine Pintxo-Bar, aber einen gut bestückten Viveiro (Hummerbecken).

Neben San Sebastián gilt die gesamte Küstenregion seit Jahrzehnten als Pilgerziel für Freunde maritimer Grillgerichte, aber auch hervorragendes Rindfleisch vom Grill und Schmorgerichte in der Tonkachel bieten viele Häuser von rustikal bis nobel. Wobei auch hier die Faustregel gilt, daß mit Küsten- oder Hafennähe das Angebot moderner, elaborierter, oft auch teurer wird. Während flußaufwärts im Hinterland eher das Format rustikaler Asador mit kerniger Stimmung und beachtlichen Portionen überlebt hat. In solchen Häusern ist es auch durchaus üblich, die oft mächtigen

Asador Bedua am Rio Urola bei Zamoia (im Jahr 2007)

Portionen zu teilen. In der Klasse bodenständiger Landgasthöfe wäre etwa der *Asador Bedua,* an einem Seitenarm des Rio Urola bei Zamoia gelegen, seit Jahrzehnten eine beliebte Adresse. Vor 15 Jahren reichte der Gemüsegarten des ländlichen Ausflugsziels noch bis an den Gutshof. Heute sind dort Parkplätze, wo früher der Grünkohl am Haus wuchs (wie im Bild oben). Das Gemüse wird aber immer noch in einer eigenen Huerta am Fluß nahe dem Anwesen gezogen; Gemüse wird bis heute in einer eigenen Abteilung der Karte angeboten.

Wie in vielen baskischen Restaurants wirkt auch im Bedua das Angebot mittlerweile nobilitiert (auch im Preis), das 1948 gegründete Haus hat seinen ländlichen Charme aber nicht verloren. Im klassisch möblierten Comedor interior mit seinen Bruchsteinmauern kann einem auch ein Wintersturm nichts anhaben. Für Sommertage gibt es eine moderne verglaste Terrasse und eine offene Uferterrasse unter Platanen.

2007/2023

„Unter drei und über neun sollen keine Gäste sein."

MARCUS VARRO LUCULLUS, 116 - 56 V. CHR.

Unter Geiern

Zu den schwer kalkulierbaren Risiken zählt die Einladung im Bekanntenkreis. „Schau doch einfach vorbei, Fischer-Hohensteins kommen auch. Es gibt eine Kleinigkeit zu essen, später spielt der Malte noch etwas."

Leider gab es nichts zu essen. Auf wackligen Tapeziertischen standen bunt bemalte Steingutschalen aus dem globalen Süden. Darin befanden sich Gesinnungsgerichte aus diskriminierten Getreidesorten. Davor ein niedlicher Schilderwald: „Emmerrisotto", „Chilli con Quinoa", „Chia-Pudding nach Maya-Art." Die Reis-Linsen-Frikadellen waren keine echte Alternative, der vegane Kokosmilch-Yoghurt auch nicht. Mag sein, daß die Welt etwas bunter unterginge, wenn mehr Inkagetreide konsumiert würde. Aber wer will schon so lange warten. Außerdem hilft Leinsaat bei Verdauungsproblemen ähnlich gut wie Chia-Samen.

Den Weinen des Abends widmete der Gastgeber eine kurze Ansprache. Der verantwortliche Winzer war anwesend. Es handelte sich um einen ehemaligen Freiburger Hausbeset-

Manchmal wäre Bier die Lösung

zer, der früher jeden Wasserwerfer mit Vornamen kannte. Nach seiner Promotion in vergleichender Kulturgeographie arbeitete er zunächst bei diversen NGO-Projekten, während eines Sabbaticals formte er aus Kupferblech Armreifen. Jetzt fabriziert er ungeschwefelte Naturweine. Sein verstecktes Garagengut wird unter Eingeweihten auch „Die Weinerei" genannt, angeblich reifen dort „nackte Weine aus verbotenen Früchten". Einzelne Damen nippten an den Gläsern. Der urinfarbene Nacktwein war handwarm, der Rotspon seichwarm. Die Gastgeberin war nervös, sie bekam rote Flecken am Hals.

Fischer-Hohensteins kamen zum Glück nicht, dafür war der Malte da. Er trommelte mit seinen kurzen Fingern auf Frauenschultern und Tischen herum; später kündigte ein Helferkreis seinen Auftritt an. Es war von Hörerfahrungen die Rede, eine Fagott-Performance auf dem Festival von Plüderhausen wurde langfädig dargelegt, ebenso die angespannte finanzielle Situation des Solo-Künstlers.

Nach dem musikalischen Teil des Abends kam mir eine

bewährte Faustregel von Yale-Absolventen in den Sinn, nach der allenfalls ein Drittel der Gäste aus demselben Fachgebiet stammen sollte. Da war es für einen Abgang aber längst zu spät. Ich fühlte mich wie in einer schlechten Komödie, „Unter Geiern“ oder so ähnlich. Vegane Prädatoren lächeln ihre Beute mit brutaler Empathie in die Enge. Ihre Moral kreist über allen und sie ist so spitz wie die Kralle der Habichtartigen. Ihre Opfer verenden meist ohne Gegenwehr an Selbstaufgabe.

Der Abend nahm den befürchteten Verlauf: erst Staunen, dann Eigenscham, zuletzt Fluchtreflex. Auf dem kleinen Balkon standen noch die Klappstühle vom letzten Sommer. Die Ausgänge wurden von Männern in Schwarz überwacht. Es war unklar, ob es Bestatter oder Architekten waren, mitunter verstellten auch Damen in körperfernen Leinenkleidern die Fluchtwege. Sie trugen lange Halsketten aus nachwachsenden Rohstoffen. Der schwarze Block trank Rotwein aus nachttopfgroßen Schwenkern und nickte wissend, trank und nickte weiter. Ein Filmemacher, den alle nur „Pepe“ nannten, gab in hohem Ton bekannt, er trinke Rotweine, „aber nur aus dem Barrique“.

Nur Routiniers kommen aus solchen Situationen unfallfrei raus. Angeblich wird im Auswärtigen Dienst Englands das Verlassen von riskanten Veranstaltungen trainiert. Der ansatzlose Rückzuck unter Wahrung voller Souveränität gilt dort als Kunstform. Als Amateur verstolpert man solche Übungen natürlich. Erst nach Mitternacht entspannte sich die Situation. Ein Drittel der Gäste war betrunken, ein Drittel zerstritten, ein Drittel erschöpft. Eine Holzkettenfrau sagte zu ihrem Mann: „Carlo, ich denke, es ist soweit.“

Am besten fährt man nach so einer Grenzerfahrung zur nächsten Tankstelle, holt Flaschenbier und spült ordentlich nach. Vielleicht kommt noch jemand mit, dem es ähnlich erging. Dann kann es losgehen. 2016

Zum Löwen

Unter Trinkern

Der Gasthof war zu keiner Zeit als Besserungsanstalt gedacht. Generationen gingen in den Gasthof, wenn sie schweigen und reden, lachen und weinen, essen und etwas trinken wollten. Es ist ein Verlust, wenn solche Stätten verschwinden. Wer glaubt, daß der Verzehr von Urgetreide hinter dreifach verglasten Isolierfenstern zur Weltrettung beiträgt, kann das gerne tun. Denken ist Arbeit, Glauben Komfort. Aber nicht jeder Rosenkranz muß am Nebentisch absolviert werden.

Ein Gasthof ist ein osmotischer Ort, Geben und Nehmen geschieht dort auf der Grundlage von Vertrauen und Zuversicht. Der öffentliche Charakter solcher Orte zwingt die Besucher zu einer gewissen Zurückhaltung, die je nach Anlaß, Tageszeit und Seegang austariert werden muß. Man nennt das Ganze auch Zivilisation. In diesem Sinne ist die Ofenbank eines altgedienten Hirschen lebenssatter als manche Nachhaltigkeitskapelle. Mag sein, daß ich mich an anderer Stelle der „Vier Jahreszeiten" bereits ähnlich geäußert habe, was Absicht ist. Die Chancen eines selbstbestimmten Lebens sind für mich elementar.

Heute gelten freilaufende Trinker, Nachdenkliche und Islamisten als potentielle Gefährder, für manche Gruppen gibt es Aussteigerprogramme. Bußgelder und Maluspunkte bleiben in Flensburg registrierten Einzeltätern vorbehalten. 2022

< Freie Interpretation der „Biergit" von Rothaus

Winter

Gerstensuppe, Nusstorte, Läuterung– Alp Muot Selvas, Fextal

Über der Baumgrenze

Auf seinen Touren im Oberengadin entdeckte Theodor Adorno, ähnlich wie zuvor Nietzsche, weniger Alpwiesen und Heustadel, sondern „illusionslose Wahrheiten" und eine „transzendente Trauer des Raumes". Und weiter im Text: „Das Unberührbare jenseits der Baumgrenze steht konträr zur Vorstellung von Natur als einem tröstlich, wärmend den Menschen Zubestimmten, es verrät schon, wie es im Kosmos aussieht."

In Schneelandschaften mag ich nicht schwer nachdenken und Transzendenz verspricht schon der Gang durch eine Winterlandschaft. Man muß das Erreichen der Baumgrenze auch nicht so emotionslos wie Adorno betrachten. Mit bürgerlichem Blick kann eine Vesperbank wie ein Kleinkraftwerk erscheinen. Ein Seinsverstärker, der Wunder wirkt. Transzendenz geht an fast jeder Wand eines Stadels, den namenlose Starhandwerker gezimmert haben. Nach den ewigen Regeln von Nützlichkeit und Materialknappheit.

Von Sils Maria zur *Alp Muot Selvas* zuhinterst im Oberengadiner Fextal geht man gut zwei Stunden zu Fuß. Ich gebe mein Ehrenwort: die Bündner Gerstensuppe, die Nußtorte und die Sonnenbänke vor der winters bewirteten Almhütte werden Sie auch nach Jahrzehnten nicht vergessen. 2011

Kein Schnee, viel Eis – Schwarzeis auf dem Silsersee

Dickes Eis auf dem Silsersee

Ich weiß nicht, wie es in diesem Winter auf dem Silsersee im Oberengadin aussieht. An Weihnachten vor ein paar Jahren war das Eis aber massiv, fast nachtschwarz und so transparent, daß man die Tiefe des Sees sehen konnte. *Schwarzeis* heißt das Naturereignis, wenn sich eine dicke Eisdecke ohne Schneedecke bildet. Trotz der seltenen Erscheinung gingen damals nur wenige Menschen über den See. Gegen Abend versank die Sonne spektakulär hinter dem Malojapass, es begann eine blaue Stunde bei Eiseskälte. Zeitferne Stimmung wie auf großer Fahrt – bald zwanzig Jahre vergangen und noch immer sehr präsent.

Als es dunkel wurde, gab es im *Hotel Waldhaus* zum Nachmittagstee Aprikosenkuchen mit leise perlendem Piano im Hintergrund. Der Speisesaal war schon für den Abend eingedeckt. Links drei Gabeln und der Brotteller mit Buttermesser, rechts Vorspeisenmesser, Suppenlöffel, Fischmesser, Fleischmesser, oben Dessertbesteck, Löffel nach links, Gabel nach rechts. Alles hatte seinen Platz, man fühlte sich aufgehoben im Sinne des Wortes .

Mir ging das Warnschild vom Seeufer trotz der Geborgenheit im Hotel nicht aus dem Sinn. Warnschilder passen nicht zum Reiz einer blauen Stunde auf Schwarzem Eis. Natürlich kann man auf dem Eis einbrechen, im Meer ertrinken, in Gletscherspalten fallen, sogar an einem Schinkenbrot ersticken. Wo ich wohne, ist zwei Dörfer weiter ein erwachsener Mann am überhasteten Verzehr eines Schinkenbrotes erstickt. Sicher ein tragisches Ende. Ich meine aber, das ist kein Argument gegen das Schinkenbrot, sondern ein tragisch verlaufener Abend (ausgelöst durch eine Stammtischwette).

Als Friederich Nietzsche in den Jahren zwischen 1881 und 1888 sieben Sommer in Sils Maria verbrachte, in Tagesmärschen von mindestens fünf Stunden Gedanken erwanderte, sich zum „Hammerphilosoph" erklärte und für einen Franken am Tag im ungeheizten Zimmer des Gemeindepräsidenten unterkam, erschien neben anderen Werken auch seine Aphorismensammlung *Fröhliche Wissenschaft,* darin stehen auch diese beiden Sätze:

„Denn eine Gesundheit an sich gibt es nicht, und alle Versuche, ein Ding derart zu definieren, sind kläglich mißraten. Es kommt auf dein Ziel, deinen Horizont, deine Kräfte, deine Antriebe, deine Irrtümer und namentlich auf die Ideale und Phantasmen deiner Seele an, um zu bestimmen, was selbst für deinen Leib Gesundheit zu bedeuten habe."

Die Definitionsmacht über Risiken und Folgen eines individuellen, selbstbewußten Gesundheitsempfindens wurde uns längst genommen. Nicht erst seit Anfang des fatalen Corona-Jahres 2020. Seit Jahrzehnten werden Brückengeländer erhöht, Hotelschwimmbäder umzäunt, Verkehrskreisel entgratet, neue Normen und Warnhinweise ersonnen. Im Winter wird vor Schnee gewarnt, im Sommer vor Hitze und dazwischen droht Hate-Speech oder dünnes Eis. Das biblische „Fürchtet Euch nicht vor Ihnen… " war einmal.

Wokeness-Agent*innen kümmern sich professionell um

Advent im Waldhaus Sils

steten Nachschub an Empörungsmaterial. Als Lohn winkt jedem gläubigen Staatsbürger ein Leben im Laufstall, der ohne Schilderwald und kurze Leine nicht zu haben ist. „Geeignete Maßnahmen sind zu ergreifen", hieß es einst im Osten. Heute heißt es in unseren staatstragenden Organen, alle Demokraten müßten zusammenstehen gegen xyz. Demokratie ist aber keine Herdenveranstaltung, sondern ein regelbasierter und streitbarer Diskurs.

Dem französischen Anthropologen und Historiker Emmanuel Todd sind alle Gesellschaften suspekt, die vor einer roten Ampel bedingungslosen Gehorsam zeigen. Wenns nur rote Ampeln wären. Springseile für Kinder werden mittlerweile mit einem Warnhinweis verkauft: „Achtung! Nicht geeignet für Kinder unter 3 Jahren, Strangulationsgefahr durch lange Schnur. Nur für den Außenbereich geeignet. Nur für den Hausgebrauch. Kinder sollten immer beaufsichtigt werden." Erwachsen werden ist im Betreuungsstaat nicht vorgesehen.

2021

Schwarztellergastronomie

Prolog: Gegenüber sehen wir ein typisches Beispiel der Schwarztellergastronomie. Auf der Karte eines ambitionierten Freiburger Lokals wurde der übersichtlich portionierte Hauptgang passend zur bedeutenden Unterlage in zeitgenössischer Querbalken-Schreibweise angeboten: Arktisches Saiblingsfilet | Lauch | Beurre Blanc | Quinoa. Heißt im Klartext: Zwei Stücke Lachsforelle aus Aquakultur im pfannenfertigen Bankettschnitt auf gedünstetem Lauch, geschäumte Buttersauce, Quinoa (weiß, rot, schwarz). Geschätzter Wareneinsatz: unter fünf Euro. Restauranttarif im Jahr 2022: 26 Euro. Fazit, frei nach Wilhelm Busch: „Es steigt bei näherer Betrachtung mit dem Preise auch die Achtung." Senkrechte Balken auf der Speisekarte und dunkle Teller verstärken den gewünschten Effekt.

Jeder Mensch braucht ein Frühwarnsystem. Ein Händedruck wie feuchte Sportsocke verspricht wenig Gutes. Über den Salatteller versprengte Granatapfelkerne stimmen nicht hoffnungsvoll. Rohkost, im Weckglas serviert, läßt nicht

Je mehr Provinz, desto dekorativer der Schaum

auf kulinarische Reife schließen. Pommes in Tütchen aus Camouflage-Zeitungspapier mögen eine Zeit lang modern gewesen sein. Schrille Verpackung ist aber kein Zeichen von Vollendung, ebensowenig die Kleckserei mit dunklem Sirup der Viskositätsklasse SAE 140.

Man achte zudem auf Kleinigkeiten. Doppelwandige Teegläser, die aussehen wie eine Bonsai-Thermoskanne, sind ein zuverlässiger Zeiger für abwesende Teekultur. Milchschaumflüsterer sind mir ebenfalls suspekt, kritisch wird es, wenn der Barista lieber Konzeptkünstler wäre. Je tiefer die Provinz, desto mehr dient Latte Art als Ausweis der weiten Welt – von der Pfauenfeder über den Männerhintern bis zum Pandagesicht wird mittlerweile alles auf den Cappuccino gezirkelt. Herrgottle, wie originell!

In *Schumanns Tagesbar* in der Münchner Maffeistraße gibt es nur ein Herz auf dem Milchschaum, aber fein belegte Panini, oder auch gekochten Schinken aus der ganzen Keule

Weiße Teller I – Suppenteller klassisch

geschnitten, brut serviert mit frisch geriebenem Meerrettich und Weißbrot mit maronendunkler Kruste. Nach 40 Wanderjahren durch gastronomische Etablissements aller Klassen möchte ich kurz zusammenfassen: Wo ein ganzer Schinken hinter dem Tresen grüßt, da trete frohen Mutes ein. Wo das Gedeck mit dir diskutieren will, da nehme dich in acht.

Es ist nämlich so: Seit es Gasthäuser gibt, gibt es runde Teller. Die flachen für die Vorspeise, die tiefen für die Suppe, die großen für den Hauptgang, außerdem gibt es Schöpflöffel für die Terrine mit der Nudelsuppe. So war es und es war gut so. Manchmal wurde die Suppe vom Kellner auch direkt am Tisch aus einer metallenen Henkeltasse in den Teller gegossen. Das hatte etwas Rituelles, Mundschenkhaftes. Es war die Feier des Augenblicks, im besten Fall. Selbst eine ausgebildete Restaurantfachkraft kann eingießen, schütten oder verschütten. 2022

Weiße Teller II – Kalbfleischküchle, Walsers, Efringen-Kirchen

Die Guten im Service erkennt man unter anderem an harmonischen, dennoch entschlossenen Bewegungen. Guter Service ist Kunsthandwerk, Suppen in Zwangstellern sind ein Irrtum, auch ein Signal: Obacht, hier drohen im Lauf der Veranstaltung noch weitere Belästigungen, welche in der Heißluftgastronomie natürlich nicht als solche präsentiert werden, sondern als bahnbrechende Innovation. (Hat da jemand Molekularküche gesagt?). In diesem Zusammenhang sei an Baltasar Gracián y Morales (1601-1658) und einen seiner lebensweisen Aphorismen im *Handorakel* erinnert (*): „Dem Klugen nützen seine Feinde mehr als dem Dummen seine Freunde.“

Vermutlich sind die derzeit beliebten radkappengroßen Steilwandteller, in denen biedere Hauptgänge serviert werden, als Experiment am lebenden Gast gedacht. Oder als Service für die Generation Sieh!-Mich!-An! Anstelle von Geschirr werden Bilderrahmen für Onliner

Alles auf Holz – Vesper auf dem Mosthof, Oberglottertal

serviert. Ein runder Vesperteller aus Holz ist für diese Klientel sowas von langwellig.

Und was geschieht nach der ersten Berührung der Installation, wenn Sauce, Beilage und Hauptdarsteller in Bewegung geraten? Es entsteht Tumult am tiefsten Punkt des Tellers, wo nichts mehr nach dem schmeckt, was es ist. Auch die Rechnung könnte überraschend ausfallen

Also liebe Gäste, seht die Signale: Wo das Flüssige in komplizierten Behältern präsentiert wird, kommt Festes jetzt auf die Präsentierteller kochender Narzissten. Alternativ auf einer polygonalen Sondernutzungsfläche, deren Schmalseite zur Schlangenlinie tendiert. Schieferplatten sind allerdings nicht mehr der letzte Schrei. Demnächst werden Regionalgerichte auf historischen Bieberschwanzziegeln präsentiert.

2022

* In neuer Übersetzung des Romanisten Hans Ulrich Gumbrecht: Baltasar Gracián, Handorakel und Kunst der Weltklugheit. 302 S., Reclam-Verlag, Stuttgart 2020.

Au Pont de l'Ill, Straßburg-La Wantzenau

Atlantik am Eck

In Tat und Wahrheit gibt es wenig Angenehmeres, als in passender Gesellschaft eine Meeresfrüchteplatte abzuvespern. Das Knacken der Hüllen, das Klackern leerer Schalen auf Porzellan, Tiere teilen, nachspulen. Vermutlich wären einige Eheberater arbeitslos, wenn sich einander Geneigte noch vor der Kür das Vergnügen einer „Plateau de fruits de mer" gönnen würden.

Die antiquierte Regel, nach der R-Monate die beste Zeit für Meeresfrüchte wären, gilt längst nicht mehr. Kühltransport, Hygiene und eine Vielzahl von Ernte und Zuchtmethoden machen enge Saisonzeiten obsolet. Für Austern aus europäischen Revieren gilt immerhin, daß ihr Fleisch in der Laichzeit im Sommer weniger schmackhaft ist, wobei auch diese Einschränkung nicht für kalt umspülte Bestände in nordischen Gewässern gilt.

Wo die Ware im Stil von Küstenrestaurants offen auf Eis präsentiert wird, entsteht Vertrauen und Appetit zugleich. In Mulhouse und Straßburg gibt es zwei solcher Institute, die sich wegen ihrer Spezialisierung auf Fisch und Meeresfrüchte besonders empfehlen. Das *Bistrot à huîtres* in Mulhouse wurde von mir vor bald zwei Jahrzehnten unter der Überschrift „Atlantik am Eck" empfohlen, was bis heute zutrifft. Das Restaurant *Au Pont de l'Ill* im Straßburger Vorort La Wantzenau liegt auch an einer Straßenecke. Das Meeresfrüchteangebot, Kapazität und Routine sind dort noch umfangreicher als in Mulhouse.

2003/2023

Kleine Pause im Grand Hotel Les Trois Rois, Basel

Heißes Wasser in weißem Porzellan

Wohin geht der unbehauste Mensch in einer schönen Stadt, wenn es kalt und noch etwas früh für das erste Glas ist? Zu den unterhaltsameren Wärmestuben zählt die Lobby eines Grand Hotels. Samtweiche Polstersessel, gestärkte Servietten, warme Getränke und delikate Häppchen können nicht irren.

Basel, *Grand Hotel Les Trois Rois,* 15.30 Uhr: Ein ausgesucht gekleideter Mann mittleren Alters durchmißt die Hotellobby in Begleitung eines cremeweißen Königspudels, der seine Haare schön hat. Das diverse Paar wird von einer Moschuswolke umweht, wobei die Sekundenfrage aufkommt, wer von beiden so präsent parfümiert ist.

Es sind auch solche Szenen, die eine etwas höhere Einstiegspreislage in einem Hotel rechtfertigen. Für eine Portion Tee, dessen Brühzeit von geschultem Personal überwacht wurde, sind 14 Franken sicher sozialverträglich kalkuliert. Tee zum Sattwerden gibt es im Drei Könige ebenfalls, als Afternoon Tea Deluxe oder Royale, von 80 Franken aufwärts, bei Bedarf auch mit Cüpli von Ruinart.

It's tea time – Grand Hotel Les Trois Rois, Basel

Zur Kultur des Tees ist das meiste gesagt, das Thema füllt bekanntlich Bibliotheken. Eine der Tee-Bemerkungen, die ich nicht vergesse, verdanke ich einer Bekanntschaft mit Hans Scherer, dem 1998 verstorbenen Reiseautor und FAZ-Kultur-Korrespondenten. Als Schriftsteller hätte Scherer zu weißen Pudeln in Hotellobbys sicher nicht geschwiegen. Zum Wesen unfermentierten Tees wie er in China getrunken wird, erklärte mir Scherer einst, er dürfe nur soviel Farbe und Aroma annehmen, als hätte eine Herbstbrise etwas trockenes Laub durch die Tasse geweht.

Das klingt vielleicht feuilletonistisch, mein weißer Tee im Trois Rois kam dem Ideal von heißem Wasser in weißem Porzellan aber recht nahe. Man kann dazu eine „Trilogie von Canapés" bestellen, sie wird auf einem Vesperbrett aus Schiefer serviert. Das Set erinnerte mich an einen Lehrgang zur Entstofflichung von Genüssen, der in drei knappen Lektionen erteilt wird. Gänseleber auf Toast, Lachsröllchen, Tartar auf Röstbrot (28 Franken). Die Fragmente waren klein und leicht, als hätte sie der Herbstwind herbeigeweht. Ich bin kein Teesommelier, schwerelose Canapés zu weißem Tee sind aber sicher eine perfekte Wahl.

Von der Barseite der Trois Rois Lobby geht der Ausblick nicht nur zum beruhigend dahinströmenden Rhein. Durch drei saalhohe Fenster sieht der Gast auch in das Hotelrestaurant Cheval Blanc. Einige Tische dort blieben bis in den Nachmittag hinein besetzt, was in einem Dreistern-Restaurant keine Besonderheit ist. Nach dem Mittagservice erschien der Küchenchef zur üblichen Lokalrunde. An einem Tisch war die Begrüßung inniger als üblich. Gäste und Chef de Cuisine umarmten sich so ungeniert und ungekünselt wie Recken im Fußballstadion, die schon manchen Kampf gewonnen haben. Die ebenfalls schon etwas reiferen Damen der erfrischenden Szene trugen klassisches Bogenhauser Blond, in Basel eventuell als Bruderholz-Blond geläufig.

Als eine der letzten Tischgesellschaften im Restaurant erhob sich gegen 16 Uhr eine gemischte Gruppe, bei der ein heiteres Beruferaten zu keinem befriedigenden Ergebnis führte. Zwei Damen mit dunklem Teint, schlank, elegant und parkettsicher wie hohe Palmen in sanfter Brise, verließen mit stolzem Schritt das Restaurant. Ihre dicht folgenden Begleiter wirkten etwas älter und servil. Für UN-Gesandte waren die beiden Grazien noch zu jung. Vielleicht hatten sie irgend etwas mit seltenen Erden oder harten Steinen zu tun.

Die *Kaminbar* auf der gegenüberliegenden Seite der Hotellobby füllte sich dann bei nachlassendem Tageslicht, es kamen nicht nur Herren in Begleitung von Pudeln. Bar, Gäste und Distinktion im Trois Rois hätten eine eigene Kolumne verdient. Die Auswahl an Cocktails, Drinks und Snacks ist erschöpfend, sie reicht vom hahnenfrischen Basler Wasser (fünf Deziliter neun Franken) über die Stange Bier bis zu Pariser Caviar (50 Gramm, 250 Franken.) Vielleicht genügt aber auch der Satz, daß es in der an Barkultur wahrlich nicht

Sehr angenehm – Kaminbar, Grand Hotel Les Trois Rois

alternativlosen Stadt Basel nur wenig Optionen auf diesem Niveau gibt. 2023/2024

Seit 2023 gibt es mit der **Amber Bar** auf dem Kasernenareal (Kleinbasler Rheinseite) eine Ergänzung der überaus bunten Basler Barszene. Die Bar mit Dachterrasse im südlichen Turm der Kaserne wäre allein schon wegen der großartigen Aussicht einen Besuch wert. In der dunklen Jahreszeit lockt ein gepflegtes, sachliches Innendesign mit einigen Jugendstil-Zitaten – Betriebssystem, Stimmung, Publikum, alles sehr angenehm. Nach der mehrjährigen, aufwendigen und recht holprig verlaufenen Sanierung zu Beginn der 2020er Jahre bietet die Kultureinrichtung Kaserne (jetzt: ***kHaus*** genannt) zudem das gepflegte ***Bistro Walter*** (mit Buvette zum Rhein). Allein, die Anbiederung an den Zeitgeist mit geschlechtsneutralen Toiletten hätte man sich sparen können.

Neu, sowie spektakulär gestaltet ist das ***B1 Rooftop Bistro*** im westlichen Turm des Helvetia-Campus an der St.-Alban-Anlage, eröffnet im April 2024; mit gastronomischem Angebot von Frühstück bis nach Feierabend.

Der 2016 gegründete Verein ***Baselbartender,*** ein Netzwerk aus mehr als 50 Bars, bietet dank einer gedruckten Broschüre und auf seiner Internetseite einen Überblick zur Basler Barkultur: baselbartender.ch.

Mit Tresen und Terrasse – Amber Bar, Kaserne (kHaus), Basel

Abgefüttert

Ein Menü kann wie eine Festrede schmecken, je länger, desto mühsamer. Neulich hat mir jemand von so einer Tortur erzählt, inszeniert als große Oper in sieben Akten. Mit korrespondierenden Weinen, bedeutenden Winzern und Weinansprache. Zu jedem Gang gab es drei neue Weine, immer halbvoll eingeschenkt. Kurz vor Mitternacht war Land unter, das Pre-Dessert aber immer noch nicht in Sicht. Die eine Hälfte der Gäste war betrunken, die andere erschöpft. Es kam zu Auflösungserscheinungen, erste Gäste verließen die Hochrisikoveranstaltung durch den Hinterausgang. Selbst austrainierte Profis leiden bei Weinproben und Langstreckenmenüs unter Reizüberflutung. Nach dem soundsovielten Grand Cru meldet Gaumen an Großhirn: es reicht, Bar ansteuern, Reparaturbier bestellen. Als „überprobiert“ beschreiben Winzer den kritischen Zustand gegen Ende eines Verkostungsmarathons.

Das Wort zur Übersättigung liefert ein gewisser Hans Waldemar Fischer in seinem *Schlemmerparadies*: „Langwierige Abfütterungen sind meist furchtbar. Man fühlt sich rettungslos eingeklemmt und den Teilnehmern bricht schließlich der Angstschweiß aus, bis sie sich zum Kaffee mit Likören und einem guten Glimmstengel retten.“ Fischers amüsantes „Taschenbuch für Lebenskünstler“ erschien erstmals vor knapp 100 Jahren, es ist bis heute aktuell. Die Zahl der sozial akzeptierten Fluchtwege hat sich seither immerhin erhöht.

2022

Das Holz ist im Trockenen

Mein Tal, mein Holz

An der Kreuzung im Tal steht ein Gasthaus mit dem schönen Namen *Warteck*. Am Biergartenzaun der Warteck hängt ein Wegweiser nach Lipburg und Sehringen. Nach gut zwei Kilometern durch Buchenwald, Streuobstwiesen und Weideland öffnet sich ein reizendes Seitental am Westhang des Südschwarzwaldes. Je weiter man in Richtung des 1.165 Meter hohen Blauen kommt, desto höher werden die Holzbeugen. Unser Kulturbegriff ist ein anderer als unten im Tal. Ein Bulldog fahrt zur Not auch ohne Führerschein und solange man uns Feuer machen läßt, verzichten wir sogar auf Integrationshelfer.

Es gibt hier oben Leute, die sind nicht bei Facebook, aber sie haben einen niederen Gartenzaun. Das ist eine Plattform zum Teilen, Loben und Fluchen. So ab 500 Metern über dem Meer kann man mit seinem Kraftfahrzeug auf der Straße anhalten und kurz mit dem Gegenverkehr reden, der Rest wartet. Das geht aber nur in dringenden Fällen, zum Beispiel, wenn der eine vom anderen den Hänger braucht, weil er noch Obstbaumschnitt verbrennen muß. Wir teilen analog.

Wir machen den Weihrauch noch selbst

Obst, Honig, Eier, Linzertorten und Hefezöpfe werden auf Verkaufsständen an der Landstraße gepostet. Ein Tal weiter, in Schallsingen im Hofkiosk der Familie Moritz gibt es jeden Freitag einen guten Salzzopf. „Wie süßer Hefezopf, nur salzig," stand einmal auf einem Schildchen neben dem Brotkorb. Wie süß, nur salzig. Es sage keiner, Landbewohner wären unflexibel.

Holz und Feuer machen gehört zu den Grundrechten hier. Gemeinsam am Feuer stehen, heißt Andacht halten, Feinstaub gilt als Puderzucker des Lebens. In den Tagen zwischen den Jahren wird bei uns besonders viel Holz gemacht. An Silvester erklingt das Konzert der Sägen bis zum Einbruch der Dunkelheit. Um 17 Uhr wird es dann plötzlich still und die Rauchsäulen aus den Kaminen stehen wie angeschraubt über den Dächern.

Manche feuern früh morgens an, andere erst am Nachmittag. Man kennt sich und man kennt den Rauch des Nachbarn. Buche riecht anders als Nadelholz, Grundofen atmet anders als Küchenherd. Echter Ofenrauch schützt übrigens vor Einbrechern. Einbrecher lesen den Rauch und sie riechen die Axt im Haus.

Holzkauf im Baumarkt gilt als Zeichen einer degenerativen Männerkrankheit. Je älter wir werden, desto größer werden unsere Holzstapel, Pellets sind was für die Generation Treppenlift. Letztes Jahr wurde ein über 80-jähriger Holzmacher von einer morschen Baumkrone erschlagen. Man kann das tragisch finden, oder meinen, es sei ein schöner Tod. Es gibt hier Menschen, die eine morsche Baumkrone jeder Pflegestufe vorziehen. Naturverjüngung gibt es nicht nur in Baumgesellschaften. Weiter oben hinter den Bergen hieß es früher: „Verheiratet war er kaum, da erschlug ihn ein Fichtenbaum".

Freihand die Kette schärfen, auf einem frisch gefällten Baumstamm, ist das Zen der Holzmacher. Ruhige Hand, langer Feilenstrich. Druck und Winkel müssen stimmen. Eine stumpfe Kette ist wie ein Kuß ohne Liebe. Die Frage, ob Stihl oder Husqvarna ist eine Weltanschauung, also nicht abschließend zu entscheiden. Hannes, der Sägenspezi, meint dazu: „Wenn sie net laufe, sin beide nix." Ein Feuer machen, heiß duschen, tot umfallen. Das wär's doch – aber bitte noch nicht in diesem Jahr! 2017

Auf diese Kolumne erhielt ich eine Zuschrift vom Sohn des erschlagenen Holzmachers. Er schrieb mir, sein Vater hätte die Sache mit der Baumkrone und der Pflegestufe genauso gesehen.

- Lars Mytting. Der Mann und das Holz. Vom Fällen, Hacken und Feuermachen. Insel Verlag, 2014. Ein Klassiker für all jene, denen ein Scheit Holz mehr bedeutet als ein Scheit Holz. Anregendes und Nachdenkliches zu Technik und Sozialpsychologie der Brennholzernte.

- Robert Penn. Der Mann, der einen Baum fällte und alles über Holz lernte. Ullstein, 2016. Ein englischer Journalist fällt eine Esche, läßt daraus alles Mögliche herstellen und entdeckt dabei eine Welt, die sehr alt ist aufs Neue.

Ausnahmezustand

Die Jahresendrally beginnt. Der Duft von Glühwein lockt arglose Bürger in innerstädtische Almhütten, es kommt zur massiven Übergabe von Spendenschecks. In Gasthöfen werden Tische zur langen Tafel gestellt, es wird laut. Als besonders riskant gelten Firmenfeiern. Man weiß ja nie, ob der Rüdiger aus der Logistik wenigstens diesmal seine Klappe halten kann. Dabei kommt die eigentliche Bewährungsprobe noch, die „Zeit zwischen den Jahren". Was wiederum für Chancen sorgt. Wer sich den Auswüchsen zum Jahresende verweigert, hat plötzlich ein Gefühl wie vier Wochen Sonderurlaub. Das schaffen aber nur starke Geister.

Zu den eher beschaulichen Vermeidungsstrategien zählt der Zauber des seitlich dran Vorbeigehens. Der Satiriker und Alltagsgelehrte *Max Goldt* hat dieser universellen Überlebenstechnik bereits im Jahr 2005 ein Buch gewidmet und die Vorzüge der gelassenen Verweigerung ausführlich erörtert. Für Goldt sind Glühweinbutzen vor historischen Häuserfronten kein Ort der Erbauung, sondern ein Interventionsgrund für den Denkmalschutz.

Seitliches Vorbeigehen wirkt sofort und es hat keine Nebenwirkungen. Somit das Mittel der Wahl, auch angesichts jenes Weihnachtsmarkt genannten Holzverhaus, mit dem ab sofort öffentliche Plätze vereinnahmt werden. 2017

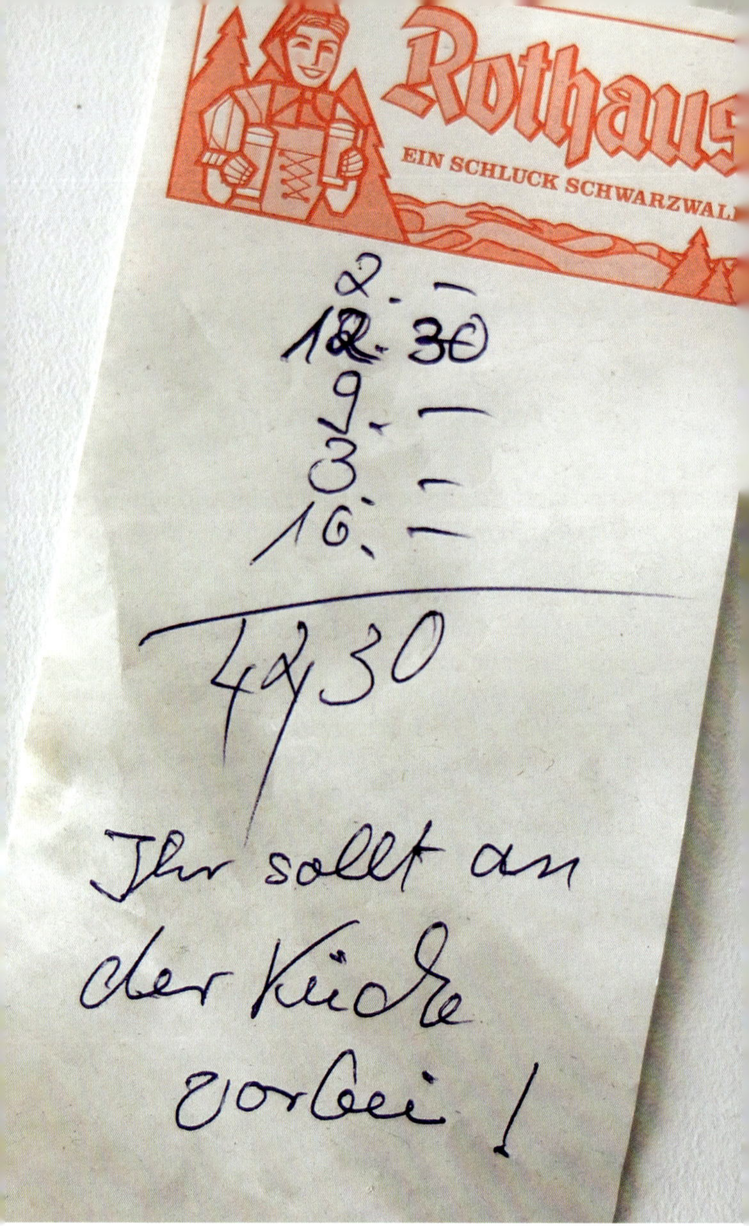

Analoge Abrechnung mit Kurznachricht

Zettelwirtschaften

Lange vor dem Business-Lunch gab es den Kleinmeisterfeiertag. Es handelte sich dabei um ein Selbsthilferitual unter Autonomen und Kleingewerblern. Zelebriert allwöchentlich, meist pünktlich ab Freitagmittag in einem sorgfältig ausgewählten Gasthaus, das eher am Rande als in der Mitte der Strömung lag. Ein solider Tisch, ein gutmütiger Wirt, besser noch eine Wirtin, die idealerweise in der Gaststube wohnen , waren der Kleinmeisterfeier dienlich.

Durch Rede, beredtes Schweigen, geschickte Bestellregie und ein folgenloses Ankündigen des Aufbruchs, erreichten die Teilnehmer langsam den Nachmittag. So wurde der Tag zum Feiertag, zum kleinen Fest. Eventuell kamen dabei ein, zwei Termine ins Schleudern, was in der Endabrechnung bekanntlich keine Rolle spielt.

Der organisatorische Aufwand für so einen Feiertag ist gering, der emotionale Gewinn aber beträchtlich. Im Prinzip läßt sich ein Kleinmeisterfeiertag überall begehen, auch ansatzlos, sogar allein. Man bleibt einfach stehen, stellt einen Fuß auf's Geländer und schaut, wer und was so vor-

Geeignet zur Kleinmeisterfeier – Krone, Ortenberg

beikommt. Slow Travel heißt das Neudeutsch, gemeint ist aber die Kulturtechnik selbstbestimmter Lebensführung. Protestantische Pastorentöchter, die zur Legitimation eines vergeigten Nachmittags etwas philosophischen Überbau benötigen, werden bei Gracián y Morales fündig: „Der Zeit nachgeben heißt, sie überflügeln."

Abends ausgehen kann jeder, macht jeder. Gerade jetzt, wo Weihnachtsfeiern und Kollateralereignisse für unheilige Stimmung sorgen. Ein aus freien Stücken in die Länge gezogenes Mittagsmahl ist intimer, mehr Kammerspiel, oft mehr Qualität. Schon das Studium der Karte könnte mit einer Ausschweifung unterlegt werden – trinken, essen, reden oder auch schweigen, während Abteilungsleiter powermeeten.

Mittags essen gehen, ist ohnehin leiser Luxus, ähnlich wie ein Dienstagmittag im Kino. Man hat die Dinge für sich, Farben leuchten, das Lokal duftet so frisch wie die Blumen auf dem Tisch. In gehobenen Häusern ist das Tagesmenü meist günstiger als der Abendtarif. Außerdem ist das Mittagspublikum in solchen Häusern entspannter und aus dem Gröbsten raus. Es gibt keine Gäste, die Genuß als Kampfsport betreiben.

Irgendwo in der Provinz einen langen Samstagmittag vervespern, sitzen bleiben, überhocken bis es dämmert – wer das beherrscht, hat die Sache mit dem Kleinmeisterfeiertag verstanden. Alleine zu Mittag essen und sich vom Ausbleiben der üblichen Zumutungen inspirieren lassen, ist Lebenskunst. Die Älteren unter uns kennen vielleicht noch den Publizisten und Intelligenzbolzen Johannes Gross. Als leidlich eitler Mensch hatte Gross genug Gelegenheit zu Einsamkeit und Melancholie, auch bei Tisch. Legendär wurde ein von Gross bei Gruner & Jahr eingereichter Bewirtungsbeleg über ein Mittagsmahl und eine Flasche Dom Perignon. Mit einem Wort verwandelte Gross den Kassenbon in einen Aphorismus. Unter „Grund der Bewirtung“ notierte er „Selbstgespräch“.

Wo wir schon bei Belegen sind, auch die analoge Abrechnung auf dem kleinen Brauereiblock wird immer exklusiver. Wahrscheinlich werden Zettelwirtschaften und Schubladenkassen demnächst ohnehin verboten; wegen Datenschutz oder so was in der Art. Der Stammgast in der Zettelwirtschaft geht nicht aus, er kehrt ein. Er fühlt sich zu Hause, muß aber nicht abspülen. Manchmal bekommt er noch einen Gruß aus der Küche mit auf den Heimweg, das steht dann vielleicht auf dem Zettel, aber ohne Preis.

Einige Zettelwirtschaften eignen sich auch gut zum kultivierten Schweigen. Manchmal sagt auch der Wirt nichts, was in Ordnung ist, da man sich auf Zuruf versteht. „Hans, nimmsch no eins?“ „Ja, ungern.“ Zuletzt erfolgt eine dialogbasierte Erörterung des Konsums. Strich drunter, fertig. Zettelwirtschaften, die sich zur Kleinmeisterfeier eignen, haben keinen Stern, aber sie sind eine Klasse für sich. 2015

Gasthaus Adler, Raich im Kleinen Wieseltal, 2012

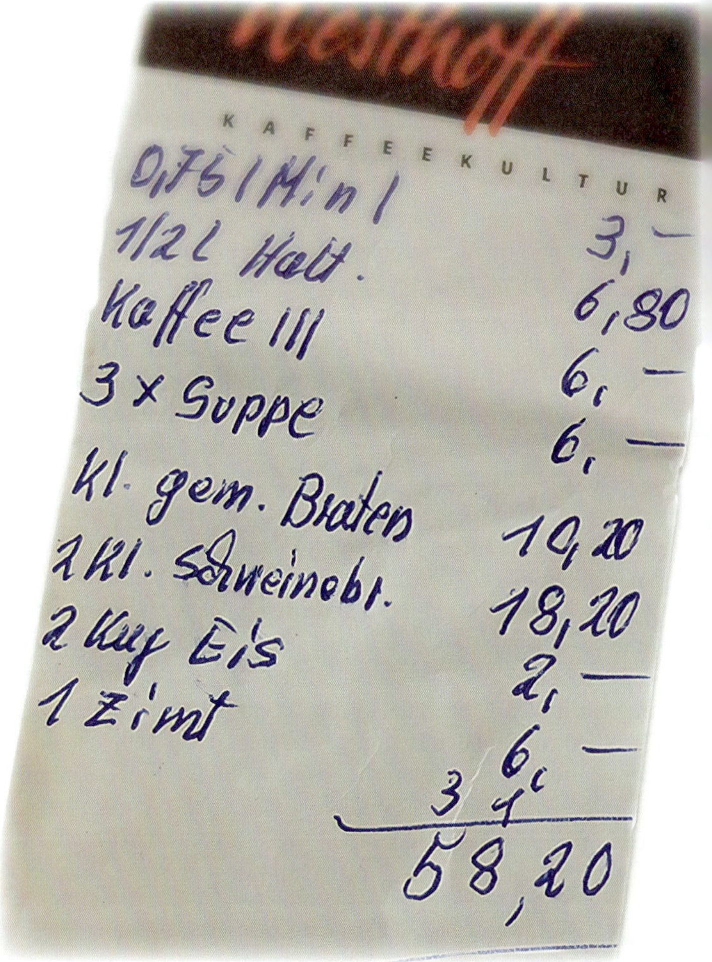

Gasthaus Ochsen, Müllheim-Feldberg, 2024

Dieser Bon entspricht der "Verordnung zur Bestimmung der technischen Anforderungen an elektronische Aufzeichnungs- und Sicherungssysteme im Geschäftsverkehr, Kassensicherungsverordnung - KassenSichV vom 26.01.2017, geändert durch Art. 2 G v. 30.7.2021 I 3295."

Arnd Erbel
Die Backwaren des fränkischen
schmecken nicht nur köstlich, sie sind auch
Ausdruck unserer wichtigsten
die man am besten bewahrt, indem man sie ißt.

S' Beschte oder nix

Bis zum Ende des letzten Jahrhunderts galt in der Stuttgarter Mercedesstraße eine Maxime des Firmengründers Gottlieb Daimler: „S' Beschte oder nix." So hat es mir jedenfalls ein Ingenieur erzählt, der die Kurve gekriegt hat, bevor Chief Branding Officers eingestellt wurden.

Das Streben nach dem Besten sorgt für Demut an der Spitze und auf den Rängen. Außerdem wirkt so eine Haltung ressourcenschonend, ergo nachhaltig usw. Daimlers historisches Credo taugt aber nicht nur zur Produktion von Kraftfahrzeugen, auch im weiteren Sinne des Lebens hilft qualitative Radikalisierung bei der Spurhaltung. Lieber Austern mit Pumpernickel als noch so ein Menü mit wenig Beinfreiheit. Das Beste oder nichts ist wie ein guter Freund. Zuverlässig, unbestechlich, immer da, wenn man ihn braucht. Und ab und zu hält er auch mal den Mund. Denn ohne den Mut zum Gegenteil wird ein Superlativ zum Monster. Beweis: Auf den schönsten Schiffen fließen die meisten Tränen. Hört man jedenfalls in den Yachthäfen der Welt. 2018/2023

P.S. Zu den Besten zählen die Elisen-Lebkuchen von ***Arnd Erbel***. Der Freibäcker aus dem fränkischen Dachsbach schreibt über seinen Lebkuchen: „Er soll nach Gewürzen und gerösteten Nüssen duften und dem Gaumen nicht nur durch Saftigkeit schmeicheln, sondern auch eine Textur von gut differenzierbaren, feinen und gröberen Zutaten haben. Er soll all unsere Sinne auf den Winter einstimmen." Außerdem zählt Erbels Drei-Kilo-Würzlaib (mit Fenchel, Kümmel und Koriander) zu den besten Roggen-Sauerteigbroten im Lande; mit Butter und Meersalz ein Vollwertgericht. Versand immer am Dienstag.

Alles frisch – Auslage Grand Frais

Der große Frische

Nicht jeder Angehörige der Arbeiterklasse hat einen halben Tag Zeit für den entspannten Marktbummel oder zum Besuch diverser Feinkosthändler. Eben da greift das Konzept der französischen Kette *Grand Frais.* Ihre Filialen liegen autofreundlich in der Weite reizloser Vorstädte, ihre Struktur wirkt klarer als ein kleinteiliger Markt und angenehmer als ein Hypermarché mit rollfeldgroßem Parkplatz, Gänge-Labyrinth und verwirrend viel Non-Food.

Wegen der Konzentration gibt es beim Großen Frischen keine Zahnbürsten, aber schier jedes wichtige Lebensmittel, präsentiert in kompakt geschnittenen Abteilungen. Kurze Wege, schnelle Kassen, wer einmal im Grand Frais war, findet sich zurecht, eine Bäckereifiliale ist in die Märkte integriert.

So ein Zweckkauf kann die Sinnlichkeit eines Marktbesuchs nicht ersetzen, aber man bekommt in diesem Hybrid aus Feinkostabteilung und Discounter fast alles, gleich ob frische Krustentiere, Käseplatte, Label-Rouge-Geflügel oder Feiertagskapaun auf dem Zettel stehen. Die Temperatur im Markt ist so kühl wie in den Hallen eines Großmarktes, die Warenpräsentation schmucklos und sachdienlich. Blattgemüse wird unter permanentem Nebel frisch gehalten, beim Obst ist die Auswahl an Südfrüchten und Exotica frankreich-

Schmucklos, aber sachdienlich – Grand Frais, Sausheim

typisch groß. Passionsfrucht und Pitaya rouge aus Vietnam, Kumquat aus Spanien, Zimtäpfel aus Guatemala, alles da.

Die Fischauswahl in schlichten SB-Kühltheken wirkt auf den ersten Blick etwas gewöhnungsbedürftig. Gleich ob Filets, ganze Fische oder Krustentiere, jedes Produkt (bis auf Austern) wird sous vide unter Schutzatmosphäre verpackt angeboten, in Portionsgrößen für ein bis drei Personen, etikettiert mit Verpackungs- und Haltbarkeitsdatum, Fangart und Fangort. Für Mehrwegjünger mag das eine harte Prüfung sein, die Form der Verpackung garantiert freilich Hygiene sowie eine permanente Kühlkette und damit auch Haltbarkeit von mehreren Tagen.

Thun- oder auch Schwertfischfilets, die vor dem Verkauf nicht eingefroren waren, sind im Südwesten jedenfalls kaum frischer und kompakter zu haben als bei Grand Frais. Auch ein kleiner Steinbutt oder eine ganze Dorade für zwei könnte man aus der Theke angeln, kapitale Kaliber gibt es nicht.

Die können auch überregional – Flugobst bei Grand Frais

Aber wer schiebt im Binnenland schon einen halben Meter Fisch in den Ofen?

Das Bekenntnis zum regionalen Produkt geht zumindest in der Käseabteilung weit über das reine Alibi hinaus; bei Grand Frais liegen zwar keine 365, aber doch über 100 Sorten im Regal, darunter auch Käse regionaler Fermes und Juraspezialitäten wie ein Vacherin *Mont d'Or* aus der Fruitière Guy Rième in Pontarlier, verpackt in der typischen, ofenfesten runden Spanholzschachtel und damit ideal für den winterlichen Schmelzkäseabend (vgl. S.423).

Es gibt Menschen, die beim Einkaufen die Welt retten wollen, andere schätzen eher den feinstaubschwangeren Duft ihres Kamins, mitsamt einem Fläschle Rouge und zwei Jahre altem Comté. Für diese Klientel paßt die Adresse. 2019

Grenznahe Filialen in der Südwestecke von S nach N in: Saint-Louis (mit besonders großer Käse- und Fischauswahl), Kingersheim und Sausheim (bei Mulhouse), Colmar Sud und Colmar, Hoehnheim (nahe Kehl), Fegersheim (nahe Offenburg).

Im Laminatmillieu wenig verbreitet – Nudelsuppe

Nudelsuppe statt Kreistanz

Zukunftsforscher zählen den Verlust gemeinsamer Zeitrhythmen zu den wichtigen Veränderungen der Epoche. Neue Zeit schmeckt auch anders. Weniger Nudelsuppe und Rinderroulade, mehr Brunch, Bowl und to go. Einst bestimmende Momente wie Region, Jahreszeit und Wochentag prägen nur noch mittelbar das Leben in den gut gedämmten Wohnkabinen. Auch die Struktur des Sonntags wird im Laminatmilieu nicht mehr von Kirchenglocken und Bratenduft, sondern mehr von den Spätmessen Tatort und Talkshow bestimmt. Frau Maischberger hat Pfarrer Sommerauer abgelöst.

Aus der Familientafel mit Tischtuch wurde der Brunch mit Krümelmonstern. Das ländliche Schlachtfest, einst ein Winterhöhepunkt, wurde zum Dauerevent verflacht. Ähnliches ließe sich zu Gansessen, Spargel- und Trüffelwochen sagen. Der Hedonist will alles, jederzeit, überall. Auch für all jene Innenstadtförster, die natürliche Zyklen mehr ahnen als hautnah fühlen, werden Themenwochen und Landlust-Events zum rettenden Alibi.

Herrgottswinkel mit Stuhlkreis – Ahorn, Schwärzenbach

Nach soviel Theorie nun etwas kulinarische Archäologie: Besonders oben im Hochschwarzwald gibt es noch einzelne Gasthäuser, die am Sonntagmittag zu Kultstätten werden. Brunch mag der kleinste gemeinsame Nenner von Langschläfern und Patchworkfamilien sein, die Sonntagmittageinkehr auf dem Wald bleibt ein soziales Ritual fürs Restbürgertum. Mitunter kommt es dort zu Szenen wie im Heimatfilm: Drei Generationen sitzen an einer langen Tafel, Suppe in der Löwenkopfterrine, gemischter Braten auf Rechauds. Großvolumige Saucieren spenden Gewissheit in einer Zeit, die ansonsten wenig Orientierung bietet. „Warme Küche Sonntagmittag von 11.45 bis 13.30 Uhr“, heißt es auf der Speisekarte solcher Soziotope mitunter etwas streng. Schlag 12 Uhr rollen die Gäste vor. Mit gestärkter Bluse und frisch geduschtem Passat.

So ein Mittagessen ist auch deshalb etwas Außergewöhnliches, weil Gäste kommen, die nicht auftreten, sondern eintreten. Außerdem sind mir Tischnachbarn angenehm, die einen Reifen wechseln können. Egokuratoren, die mehrmals täglich Selbstporträts posten, gibt es ja genug.

In diesem Sinne stehen die Chancen ganz gut im Kleinen Wiesental im Hirschen in Sallneck oder auch im *Ahorn* auf gut 1000 Metern Höhe, weit draußen in Schwärzenbach. Dort kehrt man ein unter einer niederen, einst elfenbeinfarben lackierten Holzdecke. In die ist ein Fach für die Cegokarten eingelassen. Das Elektrische verläuft auf Putz, es gibt Roulade oder Sauerbraten vom eigenen Vieh und Hochschwarzwald ohne Filter. Ein Ortsteil weiter wartet im *Café Feldbergblick* das beste Kuchenbuffet zwischen Gutach und Wutach. Kirschtorte, Feldbergblick und ein vergeigter Sonntagnachmittag, mehr Ritual geht fast nicht.

Auch der 1.130 Meter hoch gelegene *Engel* auf dem Hochberg gehört in die Klasse eigensinniger Außenposten, die ohne ihre Widerständigkeit längst untergegangen wären. Sturm und Schnee, Zeit und Gäste kommen und gehen. Der Sonntagmittag und der Stammtisch bleiben. Das Haus verfügt über eine Wälder-Vollausstattung mit Kachelofen, niederer Holzdecke, Dielenboden und groben Bratwürsten. Außerdem läßt sich im Engel dem positiven Zusammenhang zwischen geklärter Fleischbrühe und Suppenfleisch mit Meerrettich nachschmecken.

Warum das hier steht? Weil ritualisierte Treffen ein humanes Vergnügen sind, weil ein runder Tisch im Wirtshaus mindestens soviel Begegnung und Erkenntnis bietet wie ein Stuhlkreis. Wobei das Motto „Wohltuende Wiederholung – ich gestalte und der Kreis gestaltet mich" auch über manchem Stammtisch stehen könnte. Die Therapiegesellschaft sollte nicht abrechenbare Formen tätiger Sozialhilfe nicht unterschätzen.

2016

Ein Herdfeuer ist praktische Lebenskunst

Lustbrenner

Einen Buchenstamm verschaffen, einen drehwüchsigen Sauhund in handliche Meterscheite spalten, sich zu guter Letzt auf dem Holzplatz noch am glühenden Kronenholz wärmen. Vielleicht mit Flaschenbier und einem Kameraden, vielleicht allein in der Dämmerung mit schweren Armen und allen Fingern. Darum geht es. Es geht um ein ernstes Spiel, ehrliche Muskeln und porentiefes Zufriedensein.

Wer nicht auf, sondern mit dem Land lebt, weiß es: Feuer machen ist praktizierte Lebenskunst. Seit es Schwedenöfen mit Schaufenster gibt, geht die Sache mit dem Lustbrennen sogar drinnen. Eine junge heiratswillige Frau sagte mir einmal: „Ich will in einem Haus leben, um das ich herumlaufen kann und in dem ich Feuer machen kann." Frau sucht Mann ohne Reihenendhaus und Wärmepumpe. Alles Weitere nach Absprache – wäre auch mal ein Ansage auf dem Heiratsmarkt.

Auch Hermann Hesse war ein Lustbrenner. Am liebsten zündelte er im Garten seiner Casa rossa über dem Luga-

Erneuerbare Energie: ein Ster Buchenholz = 190 Liter Heizöl

ner See. Über „verköhlerte Stunden" schreibt Hesse: „Später im Herbst liebe ich das offne, flammende Feuer. Jetzt aber, wegen der Wärme und auch aus Mangel an Holze streb ich danach, ein bedecktes, in sich glosendes Feuer, einen ruhig rauchenden Meiler zu pflegen, der halbe, oder auch ganze Tage leis fortglimmt. Drum nennt mich auch Köhler."

Wald, Holz, Wärme – ein Holzmacher lächelt über Halbschuhe, die rumänisches Scheitholz ofenfertig im Internet bestellen. Holzmachen ist etwas anderes als ein Bäumchen, das im Vorgarten Schatten wirft, mit einer geliehenen Motorsäge verstückeln und die Röllchen hinterm Carport stapeln. Der Holzmacher braucht Konzentration, Mut und Demut, manchmal ist es wie Schach mit Muskeln, manchmal Mikado. Immer gilt, Präpotente machen nicht lange Holz. Holz lehrt Achtsamkeit. Wer das Schärfen der Kette verschläft, wird spätestens beim Sägen wach.

Ein Förster aus dem hinteren Kandertal erklärte mir einmal, wie wichtig das Holzmachen für die älteren Eingeborenen ist. Wenn es dann irgendwann nicht

Akkumulator, historische Bauform

mehr so läuft mit Schlepper, Seilwinde, Säge und Spalter, fallen die Senioren regelrecht in sich zusammen. Kann sein, daß sie dann noch ein, zwei Jahre Anfeuerholz machen. Aber wie fühlt sich ein Holzmacher, der Spriessele macht? Wie ein Segler im Tretboot? Wie gesagt, Holzmachen ist ein ernstes Spiel und solche Spiele müssen nicht immer gut ausgehen, wie auf Seite 375 zu lesen ist. Aber Holz macht warm und zufrieden.

Nebenbei: Zweieinhalb Kilo Holz haben die thermische Energie von einem Liter Heizöl, etwa zehn Kilowattstunden. In einem Ster (= ein Raummeter) trocken aufgeschichtetem Buchenholz steckt die Heizenergie von 190 Litern Heizöl. Tannen-, Lärchen- oder Haselnußprügel haben einen besonders heißen Abbrand, sie eignen sich deshalb gut zum Brotbacken.

Holzofenbrot ist eine rare Spezialität, aber wer achtet noch auf Fundamente des Kulinarischen, wer weiß, wie ein Holzbackofen tickt? „Suche Frau, die Brot backen kann. Privatwald vorhanden", wäre auch eine Ansage. 2016/2023

Lob des Mittagessens

Zur segensreichen Wirkung des Mittagessens gibt es unzählige Aphorismen. Einer der originelleren stammt vom Dandy Oscar Wilde: „Männer sind Bestien. Darum ist es höchst wichtig, die Kerle gut zu füttern." Ganz offenbar wird Wildes Rat mittlerweile länderübergreifend ignoriert. Noch schlimmer: Die Chance eines gepflegten Mittagessens wurde während einer Generation zu einem Akt kulinarischer Selbstverleugnung.

Wie schnell ein Mann vom Kerl zum domestizierten Trottel wird, läßt sich werktags in jeder größeren Stadt vor jedem höheren Firmengebäude beobachten. Essen en passant, Klck kern auf der Parkbank, Pizza aus der Schachtel, Grünschnitt im Fressnapf, der jetzt Bowl heißt. To go kann Straßenzüge verändern. Im vergangenen Sommer wurde von Freiburgs Stadtverwaltung das Am-Bächle-Hocken und Vespern auf Hundeschnauzenhöhe als Form der Breisgauer Lebensart beworben. Tiefer geht immer.

Am Kleinbasler Rheinufer läßt sich im Umkreis des Weltkonzerns Roche in Echtzeit beobachten, wie hoch bezahlte Arbeitnehmer mit der Tücke von Salatdressing in Aufreißbeuteln kämpfen. Eine kleine Feldstudie zur Mittagszeit

Macht schöne Rinderrouladen – mise en place

stützt vor manchem namhaften Firmenportal den Verdacht, daß ein stattliches Einkommen wenig mit einem guten Leben zu tun hat. Der Niedergang reicht über das Geschäftsessen zum Power-Lunch, zu einem Reinstopfen wie auf der Flucht – und es bleibt immer wieder erstaunlich, wie klaglos sich erwachsene Wesen abrichten und abspeisen lassen. Außerdem wundert es mich, weshalb bis heute niemand eine (immerhin denkbare) Korrelation zwischen Kochkenntnissen und Ehestabilität untersucht hat. Vermutlich ist an einem ordentlich gegenderten sozialwissenschaftlichen Institut ein solches Erkenntnisinteresse aber gar nicht erwünscht.

Das gesellige Tier im Mann überlebt am ehesten in Mittelmeerländern, wo man Berufstätige nicht an Konferenz-, sondern an Eßtischen beobachten kann. In Katalonien gibt es für hungrige Geringverdiener noch vereinzelt eine Casa de Menjars. Speiselokale, die Mittagessen unter Gleichgesinnten für kleines Geld anbieten. In Barcelona ist zum Beispiel *Can Vilaró* so eine Einrichtung, an Werktagen von 8 bis 16 Uhr offen, direkt gegenüber von der Halle des zentralen Sant

Nahezu ausgestorben – Fischfilet | Remoulade | Muldenteller

Antoni-Marktes. Ein Dutzend Gerichte stehen dort auf der Tageskarte, hausgemacht, kein Teller über zehn Euro. Also volle Hütte und zufriedene Arbeiterklasse, die nicht streikt, sondern nach baskischem Kabeljau eine Crema Catalana zum Dessert bestellt.

Wenn ich Fabrikant wäre, würde ich so eine Sozialstation am Fabriktor installieren, jemanden mit Herz als Küchenoberhaupt engagieren und das Institut allgemein zugänglich machen. Als Dauerwerbesendung für offene Stellen und integrierte Firmenkultur. Was effektiver, billiger und aufrichtiger wäre als das ewige Blabla von Nachhaltigkeit und sozialer Verantwortung. Die Wirkung eines guten Mittagessens auf die Kreativität wird ohnehin unterschätzt. Die Geschichte zeigt, gute Ideen lassen sich fast immer auf einer Papierserviette festhalten. Ein ordentlich beladener Muldenteller ist zwar selten, aber keine Schande. Kreative, die mit Einmalbesteck auf Parkbänken sitzen und Nudelboxen auspicken, erinnern dagegen an notgelandete Krähen.

2022

Risotto gelingt selten nach Rezept

q.s.

Die Abkürzung q.s. steht für *quantum satis,* was auf pharmazeutischen Rezepten früher „soviel als genügt" bedeutete. Auch bei Kochrezepten wäre q.s. häufig eine sinnvolle Mengenangabe, weil bei vielen Gerichten Erfahrung und Gefühl die wichtigsten Zutaten sind. Zu Recht weisen erfahrene Köche in diesem Zusammenhang auf ein Problem hin, das mit der modernen Lebensmittelproduktion aufkam: Lebensmittel kommen heute in sehr unterschiedlicher Qualität auf den Markt, auch bei vielen Gewürzen kann nur mit Gefühl gearbeitet werden. Gleiches gilt auch für Öl und Essig, die liederlich oder erstklassig sein können und entsprechend differenziert dosiert werden müssen.

Wobei die helleren unter den Rezeptautoren Mengenangaben und „Schritt für Schritt"-Rezepte bereits vor Jahrhunderten kritisiert haben. Spätestens nach Erscheinen des Klassikers *Geist der Kochkunst* von Karl Friedrich von Rumohr müßte es ein Ende haben mit der gegenseitigen Abschreiberei von sinnlosen Bastelanleitungen. Schon 1822 sah Rumohr im damals sicher überschaubaren Sortiment der Kochbücher die „planlose Anhäufung von allerlei höchst widersinnigen Vorschriften". Rumohr bemerkt schließlich, Kochbücher seien nichts als „kleine Winkelinstitute der Schlemmerei, in denen wenig von dem die Rede ist, was jede gute Hausmutter, oder jeder andere Vorsteher einer Haushaltung, eigentlich zu wissen bedarf."

2015

„Keine Gruppen, keine Karten" – Bräunerhof, Wien

Invasive Arten

Bessermeinende sind zwar nicht an allem Schuld, bei der Umwidmung von Kaffeehäusern in Arbeitsplätze und Wärmestuben, Verzeihung Workspaces, haben sie aber fleißig mitgewirkt. Dort will man natürlich unter sich bleiben, also wird das Revier ringsum mit Sack und Pack blockiert, wie das in den großen Ferien mit Handtuch und Liegestuhl trainiert wurde. Nebenbei könnte man auch alle Supermammis daran erinnern, ein Café nicht mit Babycastoren zuzuparken. Ähnliches gilt für fotografierende Influencer, sektfrühstückende Vorstadtweiber, Überzeugungsradler, Rucksackträger, Hundehalter und alle anderen moralisch Höherstehenden, deren Emissionen der Aura eines klassischen Kaffeehauses abträglich sind. Hat einer dieser My-Laptop-is-my-castle-Autisten eine Ahnung, daß sein Gehakke bis zum Nebentisch strahlt? Der moderne Michel trägt Ohrhörer statt Ärmelschoner, seine Wasserflasche paßt ins Lieblingsaccessoire aller uniformierten Nonkonformisten, der Freitag-Tasche aus ranzigen LKW-Planen. In der hat außerdem noch eine halbe Klimakatastrophe Platz.

Ich kann gut verstehen, wenn sich letzte Wiener Kaffeehäuser gegen invasive Arten mit einem rigiden „Sie werden gesetzt“ wehren. Es ist Notwehr. 2010/2023

Ein Schöpflöffel lebt nicht gern allein

Heiliger Ballonbesen

Die Kunst der Ehezerrüttung lebt nicht zuletzt vom perfide gewählten Geschenk. Haushalts-, besonders aber Küchenutensilien bieten da ein schier unerschöpfliches Terrain. So hält die unter Hobbyköchen hoch geschätzte Firma Rösle neben nützlichem und ansehnlich gefertigtem Handwerkszeug auch ein breites Sortiment von Küchenobjekten bereit, die erste zwischenmenschliche Zweifel nähren können.

Es beginnt eigentlich schon mit den ebenso schönen wie teuren Edelstahl-Normleisten, an denen sich später einmal lauter todschicke Dinge aufhängen lassen. Unverzichtbare Instrumente wie Pendelschäler für Rechtshänder, Fruchtentkerner, Gemüseaushöhler, Ziseliermesser. Ein Schneebesen allein reicht heute längst nicht mehr, allein bei Rösle gibt es bald ein Dutzend heftig durchdesignter Drahtrührgeräte, unter anderem einen Ballonbesen, der „besonders viel Luft zuführt". Im Land der Hightech-Küchen und Low-price-Lebensmittel kommt es eben auf die feinen Unterschiede an. Schon die Ausdifferenzierung einfachster Hebehilfen ist enorm. Bei WMF unterscheidet man zwischen Lasagne- und Capreseheber. Ofenrohrförmige Spaghettikochtöpfe gibt es hierzulande natürlich auch, nur in Italien nicht.

Die Aufrüstung der Küche fängt ja meist ganz harmlos an, ist die Edelstahlleiste aber erst mal an die Wand gedübelt, ruft sie unablässig: „Ich will den Gourmethobel." Oder den verchromten Filterpapierhalter, einen Kochbuchträger mit Plexiglasabdeckung, einen Nespresso-Kapselhalter, einen Rührbesen, der wilde Phantasien auslöst. Oder bleibt es beim Kapselturm aus Edelstahl?

Den Kochbuchhalter kann man sich für die Endphase einer Beziehung aufheben. Er könnte als kleine Spitze nützlich sein, vielleicht mit einem Zweipfünder-Kochbuch dazu, damit der Partner etwas länger in der Küche bleibt und anderswo keinen Schaden anrichtet. Sicher gibt es in einschlägigen Fachgeschäften auch einen Adapter für den Kochbuchhalter, zur Befestigung am Nachttisch, wo er als Kamasutrahalter Verwendung finden könnte. Dann wären zwei Dinge mit einem Buchhalter gelöst.

Frivol ist etwas, wenn die Phantasie mehr sieht als das Auge. Eben deshalb ist ein Filterpapiertüten-Halter an der Edelstahlleiste mehr als ein Zaunpfahl. Sicher, es gibt auch Männer, die erst mal ihre Hosen auf Bügelfalte legen. Aber es gibt eben auch Frauen, die so einen Filterhalter besitzen und diesen im Ernstfall auch einsetzen. Man stelle sich das einmal vor: Sie bringt den Klassiker: „Kommst du noch auf einen Kaffee." Wenig später zieht sie eine erdkrötenbraune Recyclingtüte aus dem matt gebürsteten Filtertütenhalter, gleich daneben hängen Utensilien wie ein Grapefruitschäler und ein Caipirinha-Stößel mit limettengrünem Endstück – aber dann ist die Falle schon zu.

Das Ende von der Geschichte ist dann der Kochbuchhalter. Deshalb heißt der bessere Satz: „Kommst du noch auf einen

Was es zum Kochen nicht alles gibt

Robusta?“ Darauf kann man wenigstens antworten: „Lieber nicht, ich trinke nur Arabica.“

Geschenke sprechen für sich, Kochbuchhalter mit Plexiglasdächle auch. Prozessorgesteuerte Eierkocher, Brotbackmaschinen mit USB-Anschluß oder elektrische Tischstaubsauger gehören ebenfalls zu den Gemeinheiten, die eine Partnerschaft rasch an einen Kipp-Punkt bringen, an dem nur noch entschlossenes Handeln weiterhilft.

Immerhin kann die Umverpackung vor den Augen des Täters fachgerecht entsorgt werden, sodann sollte der enthaltene Sondermüll an einem kühlen und dunklen Ort endgelagert werden. Das schafft klare Verhältnisse und verhindert Hängepartien, gerade an Festtagen. Andererseits gilt für den Tischstaubsauger der bislang unwiderlegte Satz: „Eine Ehe, die einen Tischstaubsauger aushält, hält ewig.“ 2011

In besonders schweren Fällen ist der Cappuccino „mega lecker"

In der Milchschaumzone

Es gibt Hupfdohlen und Bedienungen. Hupfdohlen hören gerne auf Namen wie Manu oder Kim, ihre Freunde heißen Ben und alle kennen sich irgendwie. Letzte Nacht waren sie noch beim Roy und der Chris, die fangen demnächst mit einem Projekt an. Und zwischendurch kellnern alle noch ein bißchen. Bringen Stullen, die Ciabatta heißen, tragen Teller mit Rucola drauf an zu kleine runde Tische.

Eigentlich würden sie lieber zu einem Casting gehen, aber da wäre noch das Tattoo vom letzten Sommer und das Weglasern des ollen Drachenkopps kostet. Also ein bißchen kellnern. Wobei das mit dem Laufen so eine Sache ist. Es gibt welche, die tragen lange Schürzen, was elegant aussehen soll, aber komisch wirkt, wenn man durch die Reihen rumpelt wie eine Entsorgungs-Fachkraft.

In der Milchschaumzone vergeht kein Tag ohne Menschen, die Kontakt mit etwas Leckerem haben. In besonders schweren Fällen ist der Cappuccino „mega lecker“ oder gar „Bombe“. Leckerer sind einmal im Jahr gegen Rechts und ganzjährig für den Frieden. Oft ist Party, sonst Aktionswoche, aber nur bei vollem Lohnausgleich. Manche Leckerer leiden an Sekundärinfektionen. Dauergrinsen, ein Wortschatz wie unter Schock. „Die Gorgonzolasauce! Total lecker, du!" Knakkige Salate sind übrigens die Geschwister des Leckeren.

Trentiner Holzfäller haben ihren Caffè corretto in der kalten Jahreszeit einst mit Grappa „korrigiert". In unseren Wohlfühlzonen wird etwas Caffè mit viel Milchersatz korrigiert. Zur Ganzjahreslatte passt die Eigentlich-wäre-ich-ja-lieber-Schmuckdesignerin-Bedienung. Sie kommt gerne mit halbvoller Untertasse zu Tisch und lächelt: „Ups, da hat es ein bisschen gewackelt." Es kann einem aber auch passieren, daß ein Gegeelter in langer Schürze das Publikum generalstabsmäßig abschreitet, bewaffnet mit einem Glas Milchkaffee. Mehr kann so eine Hand mit fünf Fingern halt nicht tragen. Außerdem zieht es in Milchschaumlokalen gerne, deshalb liegen überall diese flauschigen Fleecedecken aus.

Das lustvolle Vermeiden von Moden wird in der Gastronomie ohnehin immer wichtiger. Das beginnt schon beim Mineralwasserpreis. Fraglich, ob Aqua Panna, über die Alpen gekarrt und zum Weihwasser der Schnöselgastronomie avanciert, wie eine Delikatesse kalkuliert sein muß. In krassen Fällen hilft die Bitte nach einer Karaffe Leitungswasser, auf neudeutsch *Acqua di rubinetto*. Ersatzweise kann auch eine Kalziumkarbonatallergie angetäuscht werden. Nach zwei Schrecksekunden gilt man beim Service jedenfalls nicht mehr als Opfer, das sich ausplündern lässt.

Gerade weil es im Service so unbeholfen zugeht, könnte mehr Achtung vor einer gediegenen Leistung nicht schaden. Dabei geht es nicht um die Reanimation des Auslaufmodells dressierter Kühlschrank im Frack, auch die Serviertochter in Schwarz-Weiß darf gerne zuhause bleiben, Serviettenbrechen als Prüfungsinhalt ist im Zweifel entbehrlich. Muss

Gepflegt einschenken – Maniküre an Milchschaum

aber ein anspruchsvoller Beruf ohne Gegenwehr in die Hand von bestenfalls bemühten Praktikanten geraten, wird Service vollends zur Domäne von 530-Euro-Aushilfen?

Dabei klingt die rituelle Gastronomenklage vom immerwährenden Personalnotstand so bekannt wie unglaubwürdig. Wenn Arbeitsbedingungen geboten werden, die denen der Entsorgungsbranche ähnlich sind, darf sich keiner wundern, wenn es beim Service auch so zugeht wie bei der Reststoffbranche. Wir leben nun mal in einem Land, in dem mit Hingabe am liebsten dem Staat gedient wird – unter Kenntnis der aktuellen Versorgungsansprüche. 2008/2011/2024

Vorsicht, hier kocht ein Zehnkämpfer

Zehn Schritte zum Spitzenkoch

1. Imagetransfer: Schäle Rübchen bei einem hoch Dekorierten und rede darüber. Auch wenn du ein schlecht bezahltes Jahr lang nur das Personalgeschirr spülen durftest, der Glanz des Meisters wird dich und deine Stüble erleuchten.

2. Premiere: Inszeniere ein Pre-Opening. Behaupte, Fehler seien sexy, lade die üblichen Mietmäuler ein, verlange vom gemeinen Volk aber den vollen Preis für die Experimente eines Strebers.

3. Hochamt: Verwandle dein Lokal in eine Weihestätte. Sorge für sakrale Raumwirkung, schule die Mitarbeiter im bedeutenden Blick, entferne das übliche Geschirr und serviere Kolonialwaren auf kantigen Schieferplatten. Schreite gelegentlich durch die Reihen und erteile Absolution.

4. Molekulare Verwandlung: Erwerbe im Labor-Fachhandel Reagenzgläser, Erlenmeyerkolben und Petrischalen. Gruppiere diese jeweils zu dreien und befülle sie mit aufgeschäumtem Püree und/oder skurrilen Framenten von liegengebliebenem Gemüse. Verkünde in hohem Ton, die

Eine bunte Jacke macht noch keinen Koch

Textur deiner Topinambur-Schäume sei eine Vermählung von komplexer Aromatik und unmittelbarer Sinnlichkeit.

5. Imagetransfer II: Bestelle wenige oder gar keine Flaschen bei prominenten Weingütern. Schmücke deine Weinkarte mit ihren Namen, markiere diese aber mit dem Stempel „Ausgetrunken". Das putzt und es gibt dir die Chance, schwierige Patienten mit einer Flasche vom Ausgetrunkenen zu beglücken.

6. Dekonstruktion I: Zerstöre Vertrautes und füge es neu zusammen: Von Verveinekraut brühe keinen Tee, sondern fertige ein würfelförmiges Sorbet; fülle Ravioli mit Blutwurst, confiere Baumflechten, püriere Feldsalat und nenne es „Crema di Insalata di Campo“. Oder, noch besser: Garniere deine Variationen vom napoletanischen Pulpo mit einem Kopfhörer, aus dem Pavarottis Canzone napoletana ertönen.

Dekonstruktion II: Kaufe einen Ring paprizierter spanischer Hartwurst, schneide dünne Scheibchen davon und platziere diese neben Fisch oder Meeresfrüchten. Kalkuliere deinen „Angelkabeljau mit Spitzkohl und Chorizo“ nach der Devise von Wolfgang Joop: „Es muß weh tun.“

Minimalismus: Serviere von allem ein Drittel, das Wenige jedoch in neun Gängen. Nenne es „Unser Amuse-Bouche-Menü“ oder „Eine Tapas-Reise mit korrespondierenden Weinen“. Schmore die Gäste in drei Stunden gar. Lasse dazu einen Winzer deiner Wahl vorsingen – aber nur, wenn er seine Kunden einlädt und die „korrespondierenden Weine“ gratis beibringt.

Regionales Gewissen: Lege dir ein Rennrad, einen Biobauern, einen Kultmetzger und einen Ziegensenn als soziale Garnitur zu. Lasse dich mit ihnen fotografieren und zeige deine Tattoos. Beziehe deine kalibrierten Filets aber weiterhin vom billigsten Höker.

Soziales Netz: Unterstütze ein Savehaus für unbegleitete minderjährige Drogenfachhändler, koche den Traumatisierten ab und zu was Warmes. Lasse dich dabei fotografieren, vergesse das Rennrad nicht.

Wenn du von alledem nichts wissen möchtest, dann halte dich an den Leitsatz der in Ewigkeit (selbst)-zufriedenen Gastronomen: „Ich habe lieber einen Stern in der Garage als im Michelin.“ 2005

Geschmacksverstärker

Die Kraft mag im Alter nachlassen, manches sieht und schmeckt man mit den Jahren trotzdem klarer. In Gasthäusern gibt es zum Beispiel einen Bereich für Nichtschwimmer und einen für Schwimmer. Viele Gäste erkennen den Unterschied nicht, sie drängen sich im Nichtschwimmerbecken. Nebenan im Tiefen ziehen Fahrtenschwimmer ihre Bahnen, gelassen und genußbereit, dem Gastgeber bekannt und gut versorgt.

Oft versammeln sich kulinarische Nichtschwimmer auch im Planschbecken, wo es all jenen besonders gefällt, die von der Willkommensdiktatur profitieren. Mancher Gasthof hat sich so nach und nach in ein Spaßbad verwandelt. Das ist in Ordnung, man darf sich nur nicht wundern, wenn es auch so schmeckt.

Auch wer sich daran aufhält, ob ein Haus einen Punkt mehr oder weniger verdient, limitiert sich selbst. Vielleicht beruht die Wahrheit über Steinbutt, Maultasche und Currywurst, über großes Gewächs und kleinen Wein nicht in einer geschmackspolizeilich korrrekten Bewertung, schon gar nicht in einer weinpäpstlich verkündeten Enzyklika. Punkte und Sterne können ja kaum alles gewesen ein. Nach ein paar

Steckerlfisch auf andalusische Art

„Aqui se siente en Andalucia" – Chiringuito in Málaga

Tausend Tellern außer Haus klingt das mediale Gourmet-Galama ohnehin nur noch wie schrille Blechmusik.

Wer eigensinnig schmeckt, braucht keine Gebrauchsanleitung. Außerdem: eine durch Bewertungen vorgetäuschte Realität behindert Lust und Laune. Wie wird das rettende Gasthaus-Licht in einer Winternacht bewertet, der am Strand gegrillte Fischspieß in Malaga, der Chiringuito-Kellner mit der Marktschreier-Stimme, die Bedienung, die kaum Deutsch, aber herzlich kann, die Currywurst auf nachtschwarz glänzendem Asphalt?

Wie sind all jene Seinsverstärker zu werten, die im Nichtschwimmerbereich der Gastronomie nicht vorkommen? Könnte es ein, daß Verwalter des Geschmacks unter einer Sehfeldeinschränkung leiden? 2004/2016/2023

Falls Sie wieder mal in **Málaga** sind: Die legendäre Chiringuito Meile beginnt im Osten der Stadt längs der Calle Playa del Chanquete, dort Möglichkeiten von riesiger Bude bis edeles Restaurant. Gegrillt wird ganzjährig, häufig unter freiem Himmel, mitunter wie seit Jahrzehnten über Wurzelholz am langen Spieß.

MONT D'OR MAXI
FAMILIAL SPECIAL FOUR AOP PIECE
MONT D'OR
AU LAIT CRU
MONT D'OR Moyen
AOP Piece
16.01.24
AU LAIT CRU
MONT D'OR
NAPIOT

Seelenessen aus der Kiste

Man nehme einen *Vacherin Mont d' Or* aus der Franche-Comté. Das ist der nur wenige Wochen gereifte französische Rohmilch-Weichkäse aus dem hohen Jura in der typischen Spanschachtel aus Nadelholz. Je nach Quelle stammt das Holz angeblich von Fichte oder Tanne, bis heute sorgen etwa 20 Familienbetriebe im französischen Jura für die Herstellung der typischen Verpackung. Wir nennen den Weichkäse hausintern einfach nur Kistenkäse. Die runden Spanschachteln gibt es in diversen Kalibern von 480 Gramm bis etwa drei Kilo, produziert wird der AOP-Käse nur im Winterhalbjahr von Oktober bis April (wenn die Kühe nicht genug Milch zur Produktion von Comté geben). Als Hauptgang für zwei Personen sollte ein Einpfünder ausreichen, mit einer kapitalen drei Kilo-Kiste bekommt man somit auch eine größere Runde satt. Und wie so oft, wenn der Backofen an die Stelle eines weniger routinierten Kochs tritt, gelingt die ganze Fuhre fast nebenher, jedenfalls ohne großen Aufwand.

Einfach gut: Vacherin, Pellkartoffel, Feldsalat

Die Vacherin-Kiste hat unten einen Holzdeckel zur Verstärkung, der bleibt, wo er ist. Der obere Deckel aus Käserinde wird rundum mit einem spitzen Messer eingeritzt, bevor die Fuhre in den vorgeheizten Backofen kommt und dort bei 200 Grad und Umluft solange bleibt, bis die Oberfläche aufwacht und magmaartige Blasen wirft. Bei 500 Gramm dauert das gut 30 Minuten. Viele Vacherin-Rezepte empfehlen, den Rindendeckel vor dem Vulkanisieren im Ofen mit einer Gabel einzustechen, über Kreuz einzuritzen, mit Weißwein zu tränken oder gar den Käselaib mit Knoblauchzehen zu spicken. Solche Zugaben müssen nicht sein. Wie der Rote im Barrique hat der Vacherin in der Kiste direkten Holzkontakt zur Parfümierung der feinen Käsearomen, weitere Applikationen wären mehr Verfälschung als Verfeinerung. Vorgewärmte Teller und ein schönes Feuer im Kachelofen sind als Beilagen jedoch immer willkommen.

Wenn der Vacherin Fahrt aufnimmt und dies durch leises Blubbern und Bräunung an der Oberfläche verkündet, ist es soweit. Der zuvor geritzte und nun hoffentlich goldbraun gratinierte Rindendeckel wird erst unmittelbar vor dem Servieren abgenommen, zum Warmhalten nach dem ersten Durchgang dient der Bodendeckel.

Als fließender Löffelkäse paßt Vacherin perfekt zu Pellkartoffeln, zur Not auch zu einem frischen dunkel gebackenen Baguette. Wichtige Beilagen sind schwarzer Pfeffer aus der Mühle sowie ein saurer Kontrapunkt zur mollig-warmen Käsespeise. Feldsalat mit einer säurefrischen Vinaigrette paßt farblich und aromatisch. Fast obligatorisch als Beigabe sind die maximal kleinfingergroßen Cornichons von Maille, sie haben präsente Säure und knackigen Biss, außerdem sind immer noch ein paar Perlzwiebeln im Glas, die im Kontext mit Vacherin gerne genommen werden.

In der Gesamtschau garantiert eine Kiste Vacherin ein ähnlich geselliges Löffeln und Beisammensein wie Raclette oder Käsefondue. Der Aufwand ist aber geringer, die Aromen sind zarter, der Mastfaktor ungleich gnädiger. Außerdem müssen Gardinen und anwesende Strickwaren hinterher nicht deodoriert werden.

Woher kommen wir, wohin gehen wir – mag man sich zu Jahresbeginn öfter als sonst fragen – vor allem aber: Was trinken wir dazu ? Weil so ein Schmelzkäseabend den Gaumen doch einigermaßen auskleidet, kommt neben Allzweckwaffen wie Winzersekt oder Rotspon nur ein Weißwein mit präsenten Aromen in Frage. Weitere Diskussionen zu Herkunft und Sorte sind sinnlos, in der Welt des Kulinarischen haben Brandmauern keinen Platz, ein seelenwärmendes Essen wie Vacherin aus der Kiste verträgt sich nicht mit wohlfeilen Dogmen. Falls das Gespräch wegen Kachelofenhetze, Käsescham oder Rohmilchbepreisung dennoch ins Politische gerät, sei an Nietzsches zehn Gebote des Freigeistes erinnert, über die bis heute mit Gewinn diskutiert werden kann. Das vierte Gebot lautet übrigens: „Du sollst den Berühmten und Einflussreichen aus dem Wege gehen." 2024

Menü 1 (ohne Einschränkung)
/WL
Abel Wolfgang
1 Brotpaket Grau
1
1 Eierlyoner 45g
1 Maasdamer 40g
1 Naturjoghurt 1,5% #AF

Brotpaket Grau

Zum jüngsten Abendmahl gab es Eierlyoner und Maasdamer, jeweils zwei Scheiben, übereinander gelegt, garniert mit Rohkost-Fragmenten. Eigentlich sagt das schon alles. Das Urteil „Krankenhauskost" klingt nicht nur unter Feinschmeckern deprimierend. Chronisch unfrisches Essen, lieblos auf den Teller geklatscht, unterste Produktqualität, warmes Essen lange vor den üblichen Essenszeiten zubereitet.

Weshalb Patienten bei einem Tagessatz von mehreren Hundert Euro auf frische, ästhetisch ansprechende Speisen verzichten müssen und mit gut fünf Euro Wareneinsatz pro Tag abgespeist werden, ist eines der Rätsel in deutschen Krankenhäusern. Jeder vierte Patient, der dort länger interniert wurde, gilt als mangelernährt. Weshalb die Gastronomiekritik das Thema so konsequent ignoriert, wäre ein Thema für sich. Ist der Wunsch von Kranken, die menschenwürdig essen wollen, etwa weniger relevant, als der Diskurs über den letzten Schrei in der Spitzenküche?

Es geht aber auch anders. „Wir kochen hier schon seit

1984 mediterran, nur nennen wir es nicht so," sagte mir Markus Walter, als er zu Beginn der 2000er Jahre Küchenchef im *Merian Iselin Spital* war. Die Basler Privatklinik, Schwerpunkt Orthopädie, leistet sich traditionell eine ambitionierte Küche. Aktuell leitet Sebastian Diegmann die Spitalgastronomie. Vom herausragenden Niveau der Küche im Spital können sich auch Besucher täglich in der Cafeteria und im *Restaurant 8* überzeugen.

Spätestens, nachdem Walter während meines Besuchs im Iselin-Spital die Tür zum Käsekühlraum geöffnet hatte, waren die üblichen Klischees von fader Krankenhauskost entkräftet. 80 Sorten lagerten dort, vom Bio-Roquefort bis zur Senneflade und natürlich wurden die Amarettobirnenschnitze zur Käseplatte im Hause gemacht: „Wir machen unsere Convenience eben noch selber", meinte Walter damals lakonisch. Im Magazin nebenan lagerten sechs Reissorten, darunter auch solche für einen handgerührten Risotto. Die Auswahl an Olivenöl und Pasta war größer als bei manchem Italiener an der Ecke.

Die Zeitspanne vom Verlassen der Pfanne bis zum Zimmerservice lag bei à la minute zubereiteten Gerichten bei maximal 10 Minuten. Zur probiotischen Wirkung eines schönen Tellers meinte Küchenchef Walter sehr helvetisch: „Wenn das Essen gluschtig aussieht, dann fließen die Säfte."

Als ich Walter nach einem Rezept für die außergewöhnliche Küche im Iselin Spital fragte, kam keine Geheimformel. Auffallend waren seinerzeit vielmehr eine Summe vermeintlicher Kleinigkeiten, von der knappen Lagerhaltung zur akribisch genauen Ablaufplanung, von der Motivation der Mitarbeiter bis zum konzentrierten, aber menschenfreundlichen Ton, der im gesamten Haus zu spüren war. Dazwischen wirkte der Küchenchef wie ein abgeklärter Pragmatiker, der weiß, daß ein guter Lauf in der Küche aus fein austarierten Prozessen besteht. Wenn jeder dranbleibt und etwas exakter abspielt als üblich, ist ein gutes Endergebnis fast schon logische Konsequenz.

Verglichen mit dem muffigen, in sich gekehrten Geschlurfe in mancher bundesdeutschen Großküche wirkte die Küchentruppe im Iselin Spital jedenfalls wach und „aufgestellt", wie es in der Schweiz so treffend heißt.

Es klingt vielleicht undramatisch, aber Paracelsus' uraltes Motto, „Experientia et ratio", Erfahrung und Vernunft, führt auch in der Küche zu dramatischen Verbesserungen. Zur regelmäßigen Anwendung im bundesdeutschen Krankenhauswesen dringend empfohlen. 2007

P.S. **Noch aktuell** – wie bei allen Kolumnen habe ich mich auch bei dieser gefragt, ob der Text 15 Jahre nach dem Erstabdruck (damals in der Badischen Zeitung) noch in die „Vier Jahreszeiten" paßt. Zwei Gründe sprachen dafür: Im Herbst 2023 mußte die Partnerin eines Freundes wegen eines komplizierten Bruchs im Fußknöchel zweimal für längere Zeit im Merian Iselin Spital einkehren. Mein Freund Felix besuchte seine Frau Laura jeden Tag zu einem gemeinsamen Abendessen. Das Mahl wurde mit passender Weinbegleitung aufs Zimmer serviert – ein zusätzliches Essen ist für Besucher von Patienten im Einzelzimmer gratis. Das Urteil der beiden zu den Speisen: besser als in den meisten Restaurants im Dreiländereck. Einen weiteren aktuellen Grund mag das Foto meines Abendmenüs vom Herbst 2023 am Anfang dieses Textes liefern. Aber keine Sorge, ich habe Menü 1 überlebt.

P.P.S. Freund Felix Ruhl ist ein sorgender Partner (und Korrekturleser dieses Buches), aber nicht nur. Seit 2020 ist Felix mit zunehmender Begeisterung als Neo-Winzer in seiner fränkischen Heimat tätig. Dort baut er mit Kollegen einen typischen **Silvaner** in bester Lage am Frikkenhäuser Kapellenberg an und baut ihn klassisch trocken aus. Der Name des kleinen Weinguts ist Programm: ***Viergramm*** befindet sich derzeit noch im Aufbau – eine Flüsteradresse, die Spitzenqualität zu sehr fairen Preisen bietet. Über die ersten Jahrgänge heißt es auf der Internetseite viergramm.de: „Unsere Weine sind keine Leichtgewichte, aber leicht zu trinken, komplex, aber nicht kompliziert und das, was Weißweine immer sein sollten: ausdrucksstarke Erfrischungsgetränke." Allen Freunden eines belebenden Silvaners dringend empfohlen, solange der Vorrat reicht.

Eine Art Free Jazz – Tapas mit Ibérico und Manchego

Jamón mit Groove

Die Stahlhelmfraktion mit der vakuumierten Karte „vom Schwein, vom Rind, vom Kalb" hat keinen Swing. Auch die Pinzettenküche mit Schnitzemöhre, Exerzierplatz-Service und Flüstergästen groovt nicht. Beim Kulinarischen beginnt der Jazz dort, wo Dinge in der Schwebe bleiben. Ein guter Kartoffelsalat lebt von der Indifferenz zwischen stückig und matschig, ein besonderer Aggregatzustand, für den in Schwaben das Wort „schlonzig" erfunden wurde. Auch ein Wurstsalat lebt vom Spiel mit dem Indifferenzpunkt. Streichholzdünner Feinschnitt ist wichtig, aber etwas Biss sollte ein Wurstsalat eben auch noch haben. Jeder gelungene Gemüse- oder Fischeintopf balanciert auf dem schmalen Grat zwischen einzelnen Zutaten und sämiger Emulsion. Im besten Fall schmecken Gaisburger Marsch oder Minestrone wie eine geglückte Improvisation.

Im freien Raum zwischen Suppe und Sirup erscheint die Sauce. Wo genau, hängt von Wetter und Laune ab. Eine Sauce für eine warme Sommerterrasse darf mit leichterem Fuß auftreten, als eine für den Winterabend am Kachelofen. Eben

Animiert zum Improvisieren – Jamón ibérico am Stück

deshalb bringt eine Küche mit Rezeptbuch und Maßband allenfalls befriedigende, selten beglückende Erlebnisse. (siehe dazu auch S. 403, „q.s.“).

Das gilt auch für den Service. In den 60er Jahren gab es in Ascona ein Ristorante Borromeo. Ein gewisser Herr Ferdinand, Künstler und Wirt, ließ seinen Gästen handgeschriebene Rechnungszettel zukommen, die er mit einem knappen F. signierte. Mitunter erschienen kuriose Positionen auf dem Beleg: „Mit der Katze gespielt 50 Rappen“ oder „nach dem Wetter gefragt 65 Rappen“. Mittlerweile wird der Dessertkäse in Asconas Ristorante Al Porto grammweise berechnet. Das mag korrekt sein, hat aber sowenig Swing, wie eine emotionsarm exekutierte Küche, die im zeitgenössisch, knappen Stakkato angekündigt wird: „Wolfsbarsch/Pestograupen/Tomate“ – Herzen gewinnt man so nicht. Menschlicher wirkt dagegen eine historische Speisekarte von 1907, die das Thema Antipasti mit Ironie angeht: „Allerlei verschied’ner Tand, als Vorspeis ist benannt.“ Auch das Dessert wurde damals mit Humor serviert: „Kompott aus den Gläsern Weck, daß es jedem Gaumen schmeckt!“

Abschließend eine Improvisation zum kulinarischen Standard „Vespern mit Artgenossen", beobachtet in Südspanien: Vier Männer in Texashosen und karierten Hemden sitzen vor einer Hafenkneipe an der Mole. Auf dem Tisch Zahnstocher, ein Spender mit seidenpapierdünnen Servietten, sowie ein Hinterschinken, eingespannt in einem Jamonero. Das ist eine Art Schraubstock, mit dem eine Schinkenkeule fixiert werden kann, um sie angemessen zu bearbeiten. Jeder der vier Schinkenbrüder hatte sein eigenes Mundwerk und ein scharfes Messer dabei, jeder hantierte reihum mit dem Jamón. In regem Wechsel folgten Soli in Schnitttechnik, Scheibengröße und Dicke. Jeder Einsatz wurde mehrstimmig kommentiert, in der kehligen Stimmlage andalusischer Landarbeiter, also zwischen Möwe und Macho. Rotwein, Brot und Oliven wurden von der Bar zugespielt. Dann und wann kamen Freunde wie aus dem Nichts vorbei, die sich ungefragt dazusetzten und etwas zu trinken bestellten. Allen wurde ein Tellerchen mit Tapas rübergeschoben. Es war ein stundenlanges Improvisieren.

Angesichts von Marmorierung und Fettschicht des Schinkens war klar, daß es sich um einen Ibérico handeln mußte. So ein Grand-Cru-Hinterschinken wiegt um die fünf Kilo. Auch wer jemanden kennt, der einen kennt, dessen Onkel ein Schinkenbaron ist, so ein Teil kostet ein paar Hundert Euro. Die Schinkenschnitzer waren erkennbar nicht mit dem goldenen Messer geboren, aber an diesem Nachmittag zogen sie ihr Ding durch. Das Quartett rockte den Ibérico runter bis auf den Knochen. Ein Schinken, vier Spanier, guter Jazz.

Der Anlass für diesen Text vom Februar 2012: Vincent Klink, Herausgeber des legendären Magazins **„Häuptling eigener Herd"**, bat seine Autoren aus Anlaß der bevorstehenden 50. Ausgabe der Lust- und Kampfschrift um Beiträge, die im weitesten Sinne etwas mit Jazz zu tun haben.

MAGGIs
Fleischbrüh-
Würfel
4
Pfennig
... der richtige!

Vorsicht Falle

Es heißt, die beste Methode, jemanden in eine Falle zu locken, sei, davor ein Schild aufzustellen: *Betreten verboten!* Vor kulinarischen Fallen stehen ebenfalls oft Schilder, zum Beispiel:

Durchgehend warme Küche = durchgehend Convenience.

Hier kocht der Chef = ja und?

Busse willkommen! (Alleinerziehende, Hundehalter, Biker) = und der Rest der Welt, weniger willkommen?

Metzgerdiesel: Ich kann mich noch daran erinnern, wie Metzger einen Daimler mit Anhängerkupplung fuhren (wg. Viehtransport). Kleingastronomen hatten was Praktisches mit ebener Ladefläche (wg. Kartoffelsack und from field to table). Sehr befriedigend aß man dort, wo das Kraftfahrzeug zur Beschaffung lokaler Lebensmittel genutzt wurde (Lehmspuren, Dellen, Transportwanne im Laderaum). Alles Geschichte, aber noch immer lassen die Fahrzeuge von Koch und Service Rückschlüsse auf die kulinarische Gesinnung zu. Insofern lohnt ein Blick, nicht nur auf den Gäste-, sondern auch auf den Personalparkplatz.

Fährt der Koch tiefergelegt, verspoilert oder aufgepimpt, so ist das ein ernstzunehmender Hinweis auf einen Psycho am Herd. Ein hochbeiniger Allrad-Jeep mit dunklen Scheiben ist eher ein Zeiger für große Portionen und Fleisch an Mehrbereichssoße.

Bitte kein Aufzug: Alte Hotelregel – kein Zimmer neben dem Aufzug. Alte Restaurantregel – Herd und Speiseraum sollten auf einer Ebene liegen. Speisen, die mit dem Aufzug ins Restaurant befördert werden, sind lauwarm, werden verwechselt oder sie taugen sowieso nichts.

Badisch-mediterran: Nachdem sich im Badischen ein dichtes Netzwerk aus Pastastuben gebildet hat, bleibt offen, wen man mehr bewundern soll: die Gäste wegen ihrer Duldsamkeit oder die Gastgeber wegen ihrer hohen mediterranen Energie. Das Hobeln Roter Bete macht aber noch kein Carpaccio, zerkochter Reis ist kein Risotto und Wackelpudding noch lang keine Pannacotta. Vielleicht sind wir alle auch nur ein bißchen badisch-mediterran, oder balla-balla?

Betreutes Einkehren: Im Eingangsbereich der strahlend reinen Gastronomie sind Hinweistafeln anzubringen, deren Größe dem Speisekartenaushang entsprechen muß. Die Warnung vor Fleisch-, Zucker- und Alkoholabusus ist obligatorisch. Mit der Novelle der Gaststättenverordnung müssen alle Anbieter von Heißspeisen mindestens ein veganes Hauptgericht bereithalten, das 25 % weniger kostet als das billigste Gericht mit Fleisch. Für Hunde ist eine allergenfreie Hauptmahlzeit zum halben Preis des Veganertellers vorzuhalten.

DFT: Unter den zahlreichen Erscheinungsformen des Touristen erscheint der DFT häufig in Weingütern. Der DFT probiert sich durch die Bestände, wiegt Glas und Kopf, sondert Kommentare ab und entschließt sich nach einer Stunde Gustation zum Kauf von drei Flaschen im Henkelkarton. Damit glaubt der DFT, die Duzfreundschaft des Winzers zu erwerben. Winzer rächen sich, indem sie solche Passanten Dreiflaschentourist nennen.

Leberwurst: Fake-Balsamico ist kaum zu stoppen, bis zur Blut- und Leberwurst wird er hoffentlich niemals kommen. Zum Kulturgut Schlachtplatte paßt noch eine weitere Maxime der klassischen Architektur: „Veränderungen der bewährten Bauweise sind nur dann erlaubt, wenn sie eine Verbesserung bedeuten."

Der 1968 im Löwen zu Unteralbis (Gemeinde Langnau im Kanton Zürich) gegründete „Verein zur Förderung des Ansehens der Blut- und Leberwürste" (www.vbl.org) fordert „bezüglich Konfektionierung und Oralhaptik" von Blut- und Leberwürsten: Abbinden mit Schnur, statt Metallabklemmer. Freundlich pralles Antlitz, statt Pfluderschlauch. Beim Anstechen darf die Wurst spritzen, es soll aber kein Fettsee entstehen. Übermäßige Feinheit der Körnung macht die Wurst langweilig."

Ouzo und Grappa: Die fachgerechte Entsorgung von Gratisdigestifs gehört zu den heikleren Aufgaben des Gastes. Beim Griechen ums Eck kann der Abschiedsouzo zum Problem werden. „Das gehört in die Scheibenwaschanlage", pflegt eine Bekannte beim berüchtigten „Grappa aufs Haus" zu fordern. Aber wie transportiere ich unverlangt servierten Fliegenlöser diskret zum Parkplatz? Manchmal hilft eine dürstende Schusterpalme auf der nahen Fensterbank.

Zierleisten: „Material und Arbeit haben ein Recht, nicht alle Jahre durch Modeströmungen entwertet zu werden". Die Forderung des Architekten Adolf Loos (1870-1933) gilt auch im Kulinarischen. Die neckisch platzierte Kapuzinerkresseblüte mag das blasse Tomatenachtel verdrängt haben, es bleibt die Frage: „Was will uns die Küche damit sagen ?"

2010/2020

Kreislaufwirtschaft – Holzlager an Bruchsteinmauer

Im Holz ist Hoffnung

Von den Untergangspropheten sind mir die Zeugen Jehovas am liebsten. Sie stehen still neben dem Eingang zum Drogeriemarkt und verursachen keinen Stau. Nachdem ihr vorhergesagter Weltuntergang in den Jahren 1914, 1925 und 1975 ausblieb, bleibt das Ereignis zwar auf Wiedervorlage, freilich ohne festen Liefertermin. Mit solchen Predigern kann man auch als Ungläubiger gut leben.

Der Club of Rome und seine Nachzehrer agitieren ungleich penetranter. Weil das 1972 angekündigte Ende des Wachstums im angepeilten Intervall von 40 Jahren partout nicht eintreten wollte, muß die Menschheit seit 2012 im Angesicht des nahen Untergangs Überstunden leisten. Die neue Deadline heißt jetzt 2052. Spätestens dann gilt Land unter, Nostradamus ahoi, unser Haus brennt und so weiter. Wer an monokausale Modelle nicht glauben mag oder gar im Statistik-Proseminar anwesend war und zwischen Korrelation und Kausalität unterscheiden kann, wird von Schwarmdummen und fünften Kolonnen medial niedergebrüllt.

Je lauter das Untergangsgetöse, desto froher stimmen mich

Kleines Brennrecht – der Grundofen hat Bestandsschutz

stille Zeichen des Mutes. Ein ansprechend aufgesetzter Stapel Brennholz ist so ein Zeichen. Wir Wenigen, die nah am Wald leben, sehen im Holzstapel nicht den drohenden Feinstaub, sondern Wärme und Geborgenheit. Wir heizen täglich und tüchtig, denn bei uns gilt auch nach 2024 der Bestandsschutz für Grundöfen, man könnte dazu auch „Kleines Brennrecht" sagen. „Den Ofen anlegen", heißt das tägliche Ritual. Holz richtig anlegen, nicht rumzündeln oder einen Haufen Holz anzünden. Mit solchen Unterschieden können die von der Deutschen Umwelthilfe aber nichts anfangen.

Ich wette, daß jede warme Ofenbank, jede Flasche Rotwein und jede entschleunigt glimmende Cohiba die humane Gesamtbilanz positiver beeinflußt als die Veitstänze von wohlstandsverwahrlosten Hysterikern. Außerdem ersparen Holzstapel den Paartherapeuten. In seiner kurzweiligen Studie „Der Mann und das Holz" (Insel Verlag) hat der Norweger Lars Myttig auf die Korrelation (nicht Kausalität) zwischen Holzbeuge und Beziehungsfähigkeit hingewiesen.

Eine neuer Zaun ist auch ein Zeichen

Gerader, solider Stapel – aufrechter Mann. Hoher Stapel – große Ambitionen, Einsturzgefahr. Halbfertiger Stapel, Scheite am Boden – unstet, faul, versoffen.

Auf die Psychodynamik im Brennholzsektor habe ich in meinen Kolumnen des öfteren hingewiesen (hierzu vgl. auch S. 33, 373, 395, 439). Leserin S. K. aus A. teilt mir dazu mit, sie käme seither an keinem Holzstapel vorbei, ohne sich den Mann dahinter auszumalen. Außerdem hat Frau K. die Holzbeugen-Theorie auf den deutschen Mann in der Sauna übertragen. Die Art, wie dieser sein Handtuch auf die Latten lege, flächig ausbreite oder auf Knick gefaltet platziere, ließe zweifeln, vereinzelt auch hoffen, jedenfalls tiefer blicken. Das Handtuch auf die Latten werfen gilt in Saunen freilich länderübergreifend als Todsünde.

Ein neuer Holzzaun ist auch ein Zeichen. Wer einen Zaun setzt, der eine Generation lang hält, versteht möglicherweise was vom Hoffen, Warten und Ernten. Damit können die im Wahrheitsministerium aber nichts anfangen. 2019

Statt Fasnacht

Wer erste Frühlingsboten dem Narrentreiben vorzieht, ist in Baden-Baden richtig. Selten kommt es zu einem so intensiven Austrieb wie an der Lichtentaler Allee, wo das Blütenmeer der Krokusse parkweit oosaufwärts reicht. Magnolien knospen, Azaleen können es kaum erwarten. Eine Vorfrühlingspromenade auf der Lichtentaler Allee hat was vom ersten Schluck eines frischen Weines. Es geht weiter.

Die Zeiten, als die großbürgerliche Pracht der Allee bis in die Kaminhalle von Brenners Park Hotel hinein schwang, sind freilich vorbei. Vor Jahren konnte man zum Nachmittagstee noch Damen im Twinset antreffen, heute krabbeln kleine Oligarchen in blinkenden Turnschuhen über den Boden und traktieren Kindermädchen und Spielkonsolen. Derweil telefonieren die Clanführer zu laut. Mit einem Kännchen Tee in der Kaminhalle von Brenners Park Hotel entkommt man somit der alemannischen Fasnacht, nicht aber einer entgrenzten Welt.

Den Krokussen ist das egal, sie blühen wie zu jener Zeit, als Zweispänner statt blinkender Turnschuhe vorbeikamen. Auch im *Café König* ist die Zeit nicht stehen geblieben. Höchstens ein bißchen. Es gibt pastellfarbene Petits Fours, ältere Herren, die Einstecktuch tragen und Damen, die weder Kostüm noch Schaumwein fürchten. Dazu stößt Laufkundschaft in Funktionskleidung, die einem Kreuzfahrtschiff entflohen sein könnte.

2016

Kleine Gaben

Die Nachbarin hat eine Tüte mit Weihnachtsbrötle an die Haustür gehängt. Nicht geklingelt, nur still und leise hingehängt. Die Nachbarin hat ihr Leben lang im Dorf als Wirtin gewirkt, gearbeitet, geackert. Am einzigen Ruhetag stand sie mit Hacke und Spaten im Garten vor dem Gasthaus. Sellerie und Rote Bete für den Rohkostteller zum Samstagstafelspitz wuchsen lange Zeit im eigenen Küchengarten. Als es in Hüfte und Knie zwickte, wurde der Garten kleiner. Das Suppengrün und die Tischblumen kamen bis zuletzt aus dem Wirtsgarten. Vor der eigenen Tür kehren, umspaten, ernten, so war das. In den Jahren, als es noch keine Biosiegel gab, und kein Gewese um Regionalküche.

Die Nachbarin hielt nie großen Reden. Im späten Ruhestand sagte sie mir zur Lebensaufgabe Gastronomie: „Die Stunden darf man nicht zählen. Man muß es wollen." Wille statt Kalkül – darüber referieren Motivationstrainer ein Wochenende lang. Die Nachbarin stand am Wochenende in der Küche, schier unsichtbar für ihre Gäste. Und am freien Tag stand sie im Garten. Wo denn sonst?

Seit jeher backen die Nachbarin und ihre Tochter, eine

Gutedel unter den Linden (2005)

Konditormeisterin, Weihnachtsbrötle. Früher im Gasthaus war der alljährlich offerierte Teller mit Zuckergebäck eine stille Geste zum letzten Kaffee vor Saisonschluß. Stammgäste haben die Gabe des Hauses wie eine kleine Messe zelebriert. Manche kamen extra noch einmal vor der Winterpause, stets mit dem Wunsch, daß es in der neuen Saison irgendwie weitergehen möge. Mit dem Wirten und Umspaten, was mitunter ja verwandte Tätigkeiten sind. Es ging lange weiter, eigentlich viel zu lange. Und jetzt hängen Zuckerbrötle an der Haustür, als stiller Gruß an die Getreuen von Vorgestern. Erinnerung an eine Zeit, die bleibt. Es bleiben Freitags-Seezungen und Samstags-Tafelspitz, die ich dort mit Vater und Mutter genossen habe, dann nur noch mit der Mutter, dann auch mal allein.

Laut oder leise, vieles Tun hat zwei Seiten. Kochen, Wirten und Gastgeben auch. Wo die Lautsprecher jubilieren, hat die leise Geste etwas besonders Bekömmliches. Sie glänzt ohne Begründung, sie schafft Verbündete, schenkt Vertrauen. Ein Dankeschön also an all jene, welche die Kunst der kleinen Form pflegen. Danke an jene unbekannten Gastgeber, die meinen Meerblick mit einem Tellerchen wohlfeiler Oliven unterstrichen haben; an alle, die eine blaue Stunde durch Tapas und Häppchen elastisch in den Abend hinein verlängert haben.

Danke an den unbekannten andalusischen Barmann, der uns vor 20 Jahren nach zehn Stunden Estrada Nacional bei 40 Grad im Schatten mit einem wortlos servierten Glas Wasser willkommen hieß – und dann mit noch einem.

Danke an alle Winzer, deren Probierstube wie eine Stube aussieht und nicht wie ein Labor. Danke an Gutsdamen und Gutsherren, die einschenken, statt Gläser zu befeuchten, die nicht mit gequirltem Weinsprech nerven, sondern zum richtigen Zeitpunkt auch mal Brot und Schinken nachschenken. Nachschenken, was für ein schönes Wort!

Dank an alle Landgasthäuser, in denen es keine eckigen, sondern vorgewärmte Teller gibt und eine Suppenschüssel, auch wenn man alleine kommt. Danke für Rechauds, Saucieren, Terrinen und Platten. Und für Tischblumen, die nicht nach lästiger Pflicht, sondern nach Garten duften. Danke für alles, was nach Leben schmeckt, nicht nach Abzählen.

Weihnachten 2016

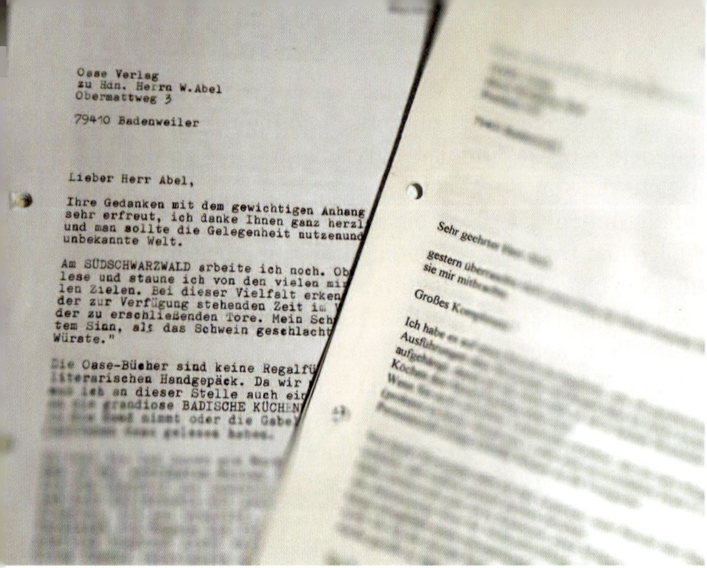

Anstelle eines Nachwortes

Seid bedankt

Worte kann man nicht essen, aber sie helfen manchmal beim Leben, Überleben und Weitermachen. Mir auch. Deshalb ein herzliches Dankeschön für *alle* Zuschriften mehr oder auch minder geneigter Leser. Um es mit dem alten Gruß unerschrockener Fahrensleute zu sagen: „Seid bedankt!“ Seid bedankt für all die Post, elektrisch und manuell. Für Anregung, Lob und Kritik – auch zu diesem Buch. Ich lese alle und alles und es nährt mich.

Und dann noch etwas: Immer häufiger fallen mir bei Leserzuschriften Wünsche auf wie „machen Sie bitte so weiter“ oder auch „nicht beirren lassen“, was einem dann doch zu denken gibt. Sind wir so weit, daß meine Texte als besonders eigensinnig und widerständig auffallen? Was ja allgemein bedenklich, aus meiner Sicht aber nicht schlecht wäre. Eben deshalb schreibe ich das eine oder andere Buch.

Seien auch Sie bedankt, lieber Leser Werner M. aus Albbruck am Hochrhein, für Ihre ausführlichen Briefe zu meinen Streifzügen, aber auch für jene zwölf eng beschriebenen Schreibmaschinenseiten, auf einer „Olympia Monika mit neuem Farbband getippt", wie Sie beiläufig mitteilen. Ihre Reiseeindrücke aus einer Zeit, als es keinen ADAC-Rückholdienst gab, haben mich sehr beeindruckt.

Ich möchte kurz zusammenfassen: 1960 fuhren Sie auf einem Papierfrachter nach Amerika und reisten dort per Autostopp sowie als temporärer Tellerwäscher durch 28 Bundesstaaten der USA. 1962 fuhren Sie dann mit einem im Schweizer Neuchâtel auf Maß gefertigten „Allegro"-Fahrrad nach Osten. Am ersten Tag kamen Sie bis Ulm. Von dort fuhren Sie die Donau abwärts und immer weiter, fast ein Jahr lang. Manchmal war es nachts in Ihrem Zelt so kalt, daß es Sie „beim Zittern fast vom Boden abhob."

An der türkisch-syrischen Grenze fragten vier Polizisten im Jeep, was Polizisten nahe der Grenze immer fragen: „Woher und wohin?" Als Sie ihre Reiseroute offenbarten, sagte einer der Polizisten: „Bleibe in der Türkei, hier hast du die besten Freunde!" Sie fuhren weiter nach Jordanien, am Toten Meer lang, zuletzt noch ein Schlag nach Afrika und den Nil runter zu den Pyramiden von Gizeh.

Fast 50 Jahre später schreiben Sie mir: „Meine Reisen bedeuten mir heute noch sehr viel. Sie ließen mich falsch einstudierten Ballast abwerfen und neue Erkenntnisse zu eigen machen."

Auch deshalb, ein letzter Satz: Werft Ballast ab und geht frohen Mutes durch alle Jahreszeiten, gleich wo.

Kommentiertes Stichwortverzeichnis

Verlag und Autor freuen sich jederzeit über Anregungen und Korrekturhinweise!

Fotos: Werner Beuschel: 239. Markus Kirchgessner: 231, 233. Alle anderen: Wolfgang Abel, Jacky Salamander, Archiv Oase Verlag.

“Solche Reisebücher
wünscht man sich auch für andere Ziele.“
GEO SAISON

„Auf krummen Touren zu kleinen Tälern
und leisem Luxus.“
BADISCHE ZEITUNG über Hoch Hinaus

„Die Ernte von 30 Jahren.“
DER SONNTAG über Freiburger Wunder

„Ein Genuß für alle,
denen nicht nur der Weg das Ziel ist.“
BADISCHE ZEITUNG über Markgräflerland

„Ein recherchesatter Reiseführer,
der wie die meisten seiner Ziele ist – abseits der Masse.“
DIE ZEIT über Lago Maggiore

„Von der Kultour im Wiesental bis zur 21. ins literarische Baden-Baden ein Buch, das man zweimal braucht, weil man es nur verschenken mag, wenn einem noch eines bleibt.“
OFFENBURGER TAGBLATT über Kultouren

2. unveränderte Auflage 2025

D-79410 Badenweiler
www.oaseverlag.de

Herstellung: Pustet • Regensburg

ISBN 978-3-88922-086-8